国家社科基金
后期资助项目
GUOJIA SHEKE JIJIN HOUQI ZIZHU XIANGMU

费边社会主义的
演变及影响(1884—2021年)

刘 健 著

社会科学文献出版社
SOCIAL SCIENCES ACADEMIC PRESS (CHINA)

图书在版编目（CIP）数据

　　费边社会主义的演变及影响：1884—2021 年／刘健
著．--北京：社会科学文献出版社，2025.4.--ISBN
978-7-5228-3738-3

　　Ⅰ.D091.6

　　中国国家版本馆 CIP 数据核字第 2025J9R538 号

国家社科基金后期资助项目

费边社会主义的演变及影响（1884—2021 年）

著　　者／刘　健

出 版 人／冀祥德
责任编辑／吕霞云
文稿编辑／孙少帅
责任印制／岳　阳

出　　版／社会科学文献出版社（010）59367126
　　　　　　地址：北京市北三环中路甲 29 号院华龙大厦　邮编：100029
　　　　　　网址：www.ssap.com.cn
发　　行／社会科学文献出版社（010）59367028
印　　装／三河市龙林印务有限公司

规　　格／开　本：787mm×1092mm　1/16
　　　　　　印　张：16.25　字　数：255 千字
版　　次／2025 年 4 月第 1 版　2025 年 4 月第 1 次印刷
书　　号／ISBN 978-7-5228-3738-3
定　　价／98.00 元

读者服务电话：4008918866

国家社科基金后期资助项目
出版说明

　　后期资助项目是国家社科基金设立的一类重要项目，旨在鼓励广大社科研究者潜心治学，支持基础研究多出优秀成果。它是经过严格评审，从接近完成的科研成果中遴选立项的。为扩大后期资助项目的影响，更好地推动学术发展，促进成果转化，全国哲学社会科学工作办公室按照"统一设计、统一标识、统一版式、形成系列"的总体要求，组织出版国家社科基金后期资助项目成果。

全国哲学社会科学工作办公室

目　录

绪　论

一　选题缘由及研究意义

英国是空想社会主义的发源地、科学社会主义的诞生地、民主社会主义的发祥地。英国最早经历了资本主义的兴衰起伏，在这里诞生的资本主义理论和社会主义理论，都在世界上产生过广泛的影响。

费边社是英国历史最悠久的社会主义团体和政治智囊团。自1884年成立至今，它一直活跃在英国政坛左翼的理论界前沿，而与它同时期成立的社会主义团体大都改头换面或销声匿迹了。费边社是英国工党的创始成员之一，并以传统的工党智囊团的角色对英国政坛施加影响。主要由费边社第一代领袖悉尼·韦伯起草的工党新章程于1918年通过后，在数十年的时间里，费边社会主义都是英国工党的主导思想。1945年工党上台执政，所依靠的也是费边社员迈克尔·杨所执笔的竞选宣言《让我们面对未来》。其在执政期间实行国有化、建设福利国家等措施，都是依据费边社会主义理论的指导。在20世纪90年代工党意识形态与时俱进的过程中，费边社也是主要的推动者。2010年工党下野以来，费边社为工党制订了详尽的复兴计划。迄今为止，所有的工党首相都是费边社员，大部分工党议员也都是费边社员。例如，1945年工党政府有229名下院议员是费边社员；1997年布莱尔政府有超过200名费边社议员；2017年作为在野党的工党在英国的上院和下院中，共有305名费边社议员；2019年基尔·斯塔默成为工党领袖，这是费边社的首位在职高管成为工党领导人。费边社对于英国政坛的影响可见一斑。

费边社会主义作为费边社的思想与理论以及民主社会主义的滥觞，发轫于英国，对欧洲发达资本主义国家的社会思潮也有着重要的影响。它产生于英国政治民主的传统中，立志用民主的原则来解决社会问题。费边社会主义起初是具有英国特色的，后来则演变为被普遍接受的社会民主主义的理论。在社会民主主义与科学社会主义是同义语的时期，其为社会民主主义注入了新的理论内涵。费边社会主义诞生在马克思主义被西欧的社会主义运动奉为圭臬之时，并向马克思主义发出了挑战。与拒绝对未来社会做细致描绘的马克思主义不同，费边社会主义者将社会主义化为实际的改革计划，期待一点一滴逐渐地来实现社会主义。实际上，除了反对马克思主义的阶级斗争、暴力革命等思想外，早期的费边社会主义与马克思主义对资本主义历史进程的分析相当一致，它们都从经济观点出发，强调经济权力集中的趋势，认为社会主义的到来是不可避免的。当然，作为一种改良主义的社会主义思潮，费边社会主义与马克思主义有着本质的区别。如果说列宁主义是列宁探索在落后的专制主义 - 资本主义国家实现社会主义的思想体系的话，费边社会主义则是一群中产阶级知识分子试图在发达资本主义国家实现社会主义的指导思想。正如马克思所说："理论在一个国家实现的程度，总是取决于理论满足这个国家的需要的程度。"① 费边社会主义对探索处在不同发展阶段的国家如何实现社会主义做出了有益的尝试，并取得了一定的成就。

此外，完全是根据第一代费边社的主要代表人物韦伯夫妇的主意创办的世界知名学府伦敦政治经济学院（the London School of Economics and Political Science，LSE）和《新政治家》（*The New Statesman*）杂志，以及在早期费边社员直接努力下实现的国家医疗服务体系（National Health Service，NHS）、最低工资制度与如今英国福利国家的大部分内容，都是费边社会主义给英国人民和社会带来的深远影响。

在英国以外，费边社会主义也产生过重要的影响。在 19 世纪末 20 世纪初的美洲、大洋洲、非洲和亚洲的一些国家，就成立了费边社的一些分社，宣传费边社会主义的主张。1940 年成立的费边殖民局的主要目标就是解决英国的殖民地问题。在使那些附属国得到解放、逐步过渡为自治国家的过程中，费边社起到了一定的作用。社员通过游说议员、部长和文职官员施加影响。殖民局还和各殖民地民族运动的领导人建立联系，帮助一个个的殖民地走向自治。在民国时期的中国，一批留学欧美的知识分子如王造时、罗隆基、胡适等，在拉斯基以及费边社会主义的影响下，在中国建立了一些费边社式的团体，如"平社"和"主流社"

---

① 《马克思恩格斯文集》第 1 卷，北京：人民出版社，2009，第 12 页。

等，并仿照费边模式进行议政和宣传。费边社会主义对民国时期的思想界也产生了一定的影响。

因此，深入研究费边社会主义的演变过程及其影响有着重要的学术价值和现实意义。

第一，研究费边社会主义的演变有助于准确把握一百多年来英国乃至西方发达资本主义国家的政治、经济和社会变迁。从1884年诞生之日起，费边社就开始对英国社会的发展施加自己的影响，以实现其社会改革的根本目标。无论是八小时工作制还是建立工党党员维持基金，都是费边社推动早期英国工党来完成的。1945—1951年工党执政期间，实行了许多按照费边社会主义思想制定的政策，如对多种工业部门实施国有化、制定各种社会福利政策、实施计划经济等。然而，工党却在20世纪50年代的大选中接连失利。费边社认识到，1945年以前的费边社会主义者将主要的精力放在了如何实现其早期所阐述的纲领上，而忽略了正在发生的社会结构性改变，由此导致1945年工党政府将费边社纲领迅速实现后所出现的理论与行动的停滞不前，当下迫切需要的是对政治、经济和社会进行重新分析来重建社会主义原则。由此，费边社推动了工党内部修正主义思潮的产生，对公有制、国有化等传统社会主义主张进行了批判。在20世纪90年代工党的现代化进程中，费边社也是主要的推动者，并积极促进了"第三条道路"理论的兴起。费边社会主义与时俱进的理论品质与英国社会、经济与社会变迁有着密切的互动性。费边社会主义所讨论的内容多是就事论事。费边社会主义在一定程度上就是对同期社会主要问题的诊断与治疗，它的演变反映了费边社试图通过社会改革，来应对不断变化的社会问题的思路。英国是西方发达资本主义国家的典型代表，在一定程度上英国的社会状况及其社会思潮的嬗变也是西方发达国家的缩影。因此，对费边社会主义的研究也有助于把握西方发达资本主义国家发展变化的历程。

第二，研究费边社会主义的演变有助于全面理解和深刻认识民主社会主义思想体系的产生和英国工党主导思想的变迁。民主社会主义与科学社会主义本是同根同源。在20世纪初期，二者逐渐开始在组织和理论上分道扬镳。在此后的百年历程中，民主社会主义与科学社会主义都经历过高潮与低谷。无论是作为思潮还是运动，民主社会主义在西方发达资本主义国家都有着重要的影响。而费边社会主义作为民主社会主义的源头，它的重要意义不言而喻。英国工党是民主社会主义政党中的大党和老党，它的百年沉浮也可以说是民主社会主义发展状况的百年缩影。费边社作为英国工党的智库与创始成员之一，它对工党的影响至关重要。无论是 1918 年帮助工党成为一个现代意义的政党，还是 20 世纪 50 年代工党内修正主义思潮的崛起，以及 90 年代"第三条道路"的兴起，都与费边社会主义密切相关。当前，费边社也正在不遗余力地为工党重新上台出谋划策，发挥其智库的应有作用。

第三，研究费边社会主义对于化解中国特色社会主义新时代的主要矛盾有一定的启示价值，并对推进中国特色社会主义新时代理论创新有着一定的借鉴意义。当前中国发展的不平衡不充分制约着人民日益增长的美好生活需要。费边社会主义作为世界社会主义的先驱，有着应对各个发展阶段社会问题的比较丰富的经验，如社会改革法治化、民主政治制度化、社会保障福利化等；以及推进理论与时俱进的优良传统，如根据所处社会发展阶段的不同，费边社会主义曾主张过国有化、所有制不是目的只是手段、"丰裕社会"更应重视社会平等等观点。因此，研究费边社会主义对化解中国特色社会主义新时代的主要矛盾、推进理论创新有着一定的启示意义。

二　概念界定

本书的题目为《费边社会主义的演变及影响（1884—2021 年）》，主要研究内容包括费边社会主义的形成与演变（1884—2021 年），以及费边社会主义的实践与影响。由于费边社会主义没有权威领袖和主导思想，费边社的出版物浩如烟海，内容既广泛又细致，而费边社的传统是即便以费边社名义出版的作品，也由著者文责自负，并不代表费边社的集体观点。因此，本书主要选取费边社会主义在现实中产生重要影响的理论、对费边社会主义的产生和发展有重要影响的代表人物和代表作品进行研究，特别是研究其中能够体现"费边主义"原则与特点的地方。譬如哈罗德·拉斯基是英国著名政治理论家，也是费边社员，还担任过新费边研究局的主席，但他的思想庞杂，除费边主义外，多元主义、马克思主义、民主社会主义也在其思想中占有重要地位。本书仅选取拉斯基的

"费边主义"思想进行研究，而对他取得其他成就的地方，不多费笔墨。再譬如所有的工党首相都是费边社员，但是他们多数人的成就显然是在费边社以外得到的，他们的这部分工作就不在本书的研究范围内。

给费边社会主义下定义是一件非常困难的事情。最主要的原因就是费边社作为一个整体并没有集中统一的政策，这是费边社自建社以来就遵循的民主、开放、不教条的传统，并且在1939年作为一项规定，写入费边社的"规则"中。① 这一规定一直传承至今。G. D. H. 柯尔（George Douglas Howard Cole，以下简称"柯尔"）在他的《费边社会主义》一书中也指出，费边社并没有正统派，它是一个"自由的"社会主义者自由思考的团体。② 费边社浩瀚的出版物多是就事论事解决当下的实际问题，少有就抽象的原则和理论进行深入探讨的长篇大论。因此，要想简要说明什么是费边社会主义是一件比较困难的事情。正如殷叙彝教授所言："民主社会主义是一个比较模糊的概念。我们不能奢望用一个定义或一篇概括性的阐述来全面地、准确地说明它，也不能拿一两个重要的社会党的理论和政策来代表它，只能以社会党国际和各国社会党的纲领性文件和有代表性的理论著作为依据，归纳出一些各党普遍或相对普遍接受的原则，从而为它大致描绘一个轮廓。"③ 费边社会主义作为民主社会主义的滥觞，情况同样如此。

以下先从费边社众多的出版物当中，挑取具有代表性的几处费边社对社会主义的概念直接讨论的地方，来对费边社会主义做一个尝试性的定义。

1896年费边社参加了在伦敦举行的国际社会主义工人和工会代表大会，在大会上提交了《关于费边社政策和决议的报告》（Report on Fabian Policy and Resolutions）。该报告是费边社重要的纲领性文件之一，并出版

① 1939年"费边社规则"第3条规定，作为一个整体，费边社除"规则2"中提到的之外，没有共同政策。规则第2条的要点是：费边社是社会主义者的组织。因此，它的目标是通过对国家经济资源的集体所有及民主管理，建立一个保障机会均等、消灭个人及阶级的经济势力与特权的社会。它寻求以政治民主的方式达到这些目的。费边社完全信奉平等公民权，它向所有献身于它的目标并保证促进它的工作的人——无论性别、种族和信仰——敞开大门。费边社附属于工党。
② 〔英〕乔·柯尔：《费边社会主义》，夏遇南、吴澜译，北京：商务印书馆，1984，第2页。
③ 殷叙彝：《民主社会主义论》，北京：中央编译出版社，2007，第7页。

成为"费边短评"第 70 号。文中第七部分内容以"费边社会主义"为题目，阐述了当时费边社对于社会主义的认识："费边社所理解的社会主义是指，国家作为一个整体通过最适当的公共当局如教区的、市属的、省级的或中央的机关，来组织和指导国家必须的工业，并且占有各种形式土地的和资本的经济租金。费边社所拥护的社会主义仅仅是国家社会主义。"①随后的部分简要说明了英国已有的、精心制造的民主国家机器与欧洲大陆的情况不同，因此，像德国那样对国家社会主义和社会民主主义的区分在英国是没有意义的。文献政策部分的最后声称："费边社并不认为社会主义是医治人类社会疾病的灵丹妙药，而仅是治疗由有缺陷的工业组织和极其糟糕的财富分配引起的疾病的良方。"②

1930 年费边社出版了它的第 233 号短评，由肖伯纳主笔的《社会主义：原则与展望》(Socialism：Principles and Outlook) 和《费边主义》(Fabianism) 组成，其中也对社会主义做出了阐释："从最简单的法律和实际的表达上来说，社会主义意味着彻底抛弃私有财产的制度，并将其转化为公共财产以及公平地和不加歧视地在整个人口中分配因之而来的公共收入。因此，它反对资本主义政策，也就是反对最大限度地建立私有或是'真正的'财产，并任由收入的分配自行其是。这一改变牵扯到完全的道德转向。在社会主义中，私有财产是令人深恶痛绝的，收入的平等分配是首要考虑。在资本主义中，私有财产是首要的，分配是在私有制的基础上由自由契约和自私利益决定的，而不论它是多么地异常。"③

柯尔在 1941 年所写的《费边社会主义》(Fabian Socialism) 一书中，将他对社会主义的理解总结为：社会主义主要就是使人人有同等机会，保证人人享有基本的生活水平，还有自由民主。公有制本身并不是目的，而是实现以上所说的目的的手段。整个社会应当拥有生产资料这一命题，没有绝对的效力。④

① Fabian Society, Report on Fabian Policy and Resolutions (London：Fabian Society, 1896), p. 5.
② Fabian Society, Report on Fabian Policy and Resolutions (London：Fabian Society, 1896), p. 8.
③ G. Bernard Shaw, *Socialism: Principles and Outlook* (London：Fabian Society, 1930), p. 1.
④ 〔英〕乔·柯尔：《费边社会主义》，夏遇南、吴澜译，北京：商务印书馆，1984，第24 页。

安东尼·克罗斯兰在 1956 年出版的《社会主义的未来》(*The Future of Socialism*) 一书中，根据英国社会最新的发展状况、资本主义呈现的新特征以及英国工党首次长期执政的经验与教训，对传统的英国社会主义的概念进行了"修正"。他的观点是，社会主义思想随着时间的变化而变化，不同的时期就会流行不同的理论，并将传统的社会主义基本理想概括为五点：一是反对资本主义所带来的物质上的贫穷和肉体上的痛苦；二是拓展"社会福利"，尤其是针对那些出于各种原因而陷入贫困、压迫或不幸的人们；三是坚信平等和"无阶级社会"，尤其是希望赋予工人"应有"权利和相应的工作地位；四是反对竞争、对抗，渴望博爱、合作；五是反对作为一种经济制度的资本主义的无效率，尤其是反对其导致大规模失业的趋势。① 他进一步论证，随着资本主义自身的不断变革，第一点和第五点很快就会失去原有的合理性，其余三点则没有完全实现，还有很大的发展空间。克罗斯兰作为工党和费边社的重要理论家，他对民主社会主义理论的创新有着深远的影响。

1994 年，英国前首相托尼·布莱尔在他为费边社所写的第 565 号"费边短评"《社会主义》(*Socialism*) 中，根据当时的世界局势和英国社会状况，重新对社会主义做出了分析。布莱尔概述了 20 世纪英国社会主义思想发展的历史，总结了英国工党对遵从在他看来过时的马克思主义的分析所造成的最终失败的反省，并提出只有伦理社会主义作为社会主义统一特点的再次出现，才能将工党重建为一个执政的政党。他对社会主义做出了新的定义："一些重要的价值和信念所规定的社会主义不仅仅还存在，并且现在还有历史性的机遇来获得领导权。这种社会主义的基础在于以下观点：个人是社会交往中相互依存的人，个人不能脱离他所属的社会。如果你愿意，可以称之为社会 – 主义 (social-ism)。"②

本书按照殷叙彝教授所说的方法，以费边社的纲领性文件和有代表性的理论著作为依据，对费边社会主义的概念做一个尝试性的概括：费边社会主义是费边社所提倡的用民主的、渐进的、非暴力的方式来实现其社会改良目标的理论。它的社会改良目标早期强调集体主义的公有制、

---

① 〔英〕安东尼·克罗斯兰：《社会主义的未来》，轩传树、朱美荣、张寒译，上海：上海人民出版社，2011，第 65 页。

② Tony Blair, *Socialism* (London：Fabian Society, 1994), p. 1.

国有化等，逐渐过渡到重视个人机会与权利的平等，以及公平、公正地分配财富和权力。

费边社会主义（Fabian Socialism）和费边主义（Fabianism）都是用来特指费边社的理论和思想，它们在费边社的文献和学者对费边社的研究中经常出现。费边主义是费边社会主义的同义语，下文将视情况使用这两个术语。

三　国内外研究现状及文献综述

（一）外文文献综述及国外研究现状

关于费边社会主义的外文文献有很多，有专著，有兼论，有写人物的，有写活动的，有写思想的，其中绝大多数是英文文献。本书将这些文献划分为费边社出品（包括费边社员的作品）以及其他学者出品两大块，两块内再做细分。

1. 费边社关于费边社会主义的文献

作为一个社会主义组织和英国工党的智囊团，费边社的传统就是关注社会实际问题，并通过报告、评论、小册子来表达观点。因此费边社的出版物称得上汗牛充栋，并且大都在伦敦政治经济学院的图书馆保存完好。研究费边社会主义思想最直接的文献当属费边社出版的"费边短评"（Fabian Tracts），从1884年的第1期到1997年共计出版583期，其中有10期没有存档，其余均可在费边社网络文库中查阅、下载。1997年后，费边社停止了出版"费边短评"，但是它在2001年后出版的所有杂志、小册子、报告等，均可在费边社的官方网站上以及伦敦政治经济学院的电子图书馆中查到，其中部分可以免费查看、下载，另有部分需要付费购买。费边社几乎每年都出版年度报告，对该年度费边社的发展状况，如会员数量、机构设置、财务状况、理论动态等进行总结。1920年以前的年度报告费边社也没有保留，之后也有若干年的报告丢失，近年的年度报告可在费边社网站上下载。

费边社会主义产生的标志就是1889年出版的《费边论丛》（*Fabian Essays in Socialism*），这本书由7位费边社员的演讲和文章汇编而成，就他们对社会主义各个方面的认识进行阐述，费边社会主义的一些基本原则和观点就蕴于其中。这本书取得了很大的成功，使费边社以及费边社会主义为人所知，并且一版再版。也正是由于这本书的过于成功，费边社想要出版第二本论文集的实际工作一再推迟，直到 1952 年才出了《新费边论丛》（*New Fabian Essays*）。在这 60 多年的时间里，费边社出版了大量的作品，但是没有任何出版物可以与《费边论丛》相提并论。《新费边论丛》与第一本一样，也是由若干学者就相关的话题所写的文章汇编而成，作者中有克罗斯曼、克罗斯兰和玛格丽特·柯尔等著名社会主义理论家。第二本论文集的名声虽不及第一本，但仍有不小的影响力。1984 年费边社在成立百年的时候推出了第三本论文集《费边社会主义思想论文集》（*Fabian Essays in Socialist Thought*），1996 年出版了第四本《社会主义与公共利益——新费边论丛》（*Socialism and the Common Good: New Fabian Essays*）。这两本书也是由数位学者就不同社会问题的论文编辑而成。应该说费边社虽然出版物众多，但在出版费边论文集的时候还是非常谨慎，在其 130 多年的历史中仅出版了四本。这四本书也可以看作费边社在不同时期的重要代表作，反映其不同时期的研究重点与理论动态。本书对费边社会主义 100 多年演变的考察，就主要以"费边短评"和这四本书为重点研究对象，并兼顾同时期其他重要的出版物和其他学者的研究成果。

除了这四本论文集，关于费边社历史最重要的著作也是由费边社自己人写的。爱德华·皮斯是费边社的创始元老，并多年担任费边社的书记。他于 1916 年出版了《费边社的历史》（*The History of the Fabian Society*），以当事人的视角将早期费边社的历史展现给世人。玛格丽特·柯尔作为曾任费边社社长、主席的柯尔的妻子，其本身也曾担任新费边研究局的名誉书记，她在 1961 年出版了《费边社史》（*The Story of Fabian Socialism*）。这本书将费边社的历史讲述到了 1960 年，并且由于作者的身份，其对费边社历史的描绘细致入微，人物与事件的关系条分缕析，尤其是其中对早期费边社员性格的刻画非常独到。除了这本书，玛格丽特·柯尔还撰写与主编了《G. D. H. 柯尔的一生》（*The Life of G. D. H. Cole*）和《韦伯夫妇与他们的事业》（*The Webbs and Their Work*），对其丈夫——著名的社会主义理论家、史学家柯尔的一生与韦伯夫妇以及他们的事业做了详尽的介绍。这两本书是研究第一代与第二代费边社领导人的重要作品。类似的作品还有比阿特丽丝·韦伯自传性质的《我们的合作》

（*Our Partnership*），将其与悉尼·韦伯早年的合作、社会活动、政治生活等一一展示，对了解他们二人生活经历和思想发展以及费边社早期的活动与影响很有裨益。此外还有乔治·肖伯纳的自传《十六幅自画像》（*Sixteen Self Sketches*），是书有鲜明的肖伯纳风格，他以文学创作的风格将其思想的转变刻画了出来，对于考察其思想发展也很有帮助，例如在该书中肖伯纳就承认，"马克思把我变成了社会主义者，避免了我成为一个文学青年"。①

最后，一些著名费边社员的著作与费边社会主义有着种种的联系，非常值得关注。柯尔是英国著名政治理论家、经济学家、作家和历史学家，是一个坚定的社会主义者。他曾担任费边社的主席。柯尔的一生著作颇丰，他与拉斯基、托尼一道，被称为英国的三大"红色教授"。柯尔以基尔特社会主义者自称，也以多元主义著称。柯尔很早就提出了社会主义道路的多样性，他自称既不属于共产党也不属于社会民主党。他的思想对民主社会主义的发展有着重大的影响。中国人对他的了解始于20 世纪 20 年代，民国时期国内就翻译出版了他的多本著作。1949 年以后，商务印书馆陆续组织翻译了柯尔的一些重要作品，如五卷本的《社会主义思想史》（*A History of Socialist Thought*）、《社会学说》（*Social Theory*）、《费边社会主义》（*Fabian Socialism*）等。除了翻译柯尔的著作，国内关于他的生平与思想研究的专著及论文和国外的研究成果相比较仍显不足，国内学术界对柯尔的研究还有很大的提升空间。

2. 非费边社学者的费边社会主义文献

费边社外的学者研究费边社会主义重要的作品首推帕特丽夏·佩什的《教育、鼓动、组织：费边社会主义的百年历史》（*Educate, Agitate, Organize: 100 Years of Fabian Socialism*），这本书是作者受费边社之邀为纪念费边社成立 100 周年而著。作者在书中对费边社 100 年的兴衰起伏做了细致的描绘，其中尤其注重费边社发展的关键节点，如新费边研究局的成立以及韦尔斯对费边社的挑战等。最重要的是，这本书使关于费边社历史的系统研究达到完整的 100 年之久。在这本书之后，费边社还没

---

① Bernard Shaw, *Sixteen Self Sketches*（London：Constable and Company Limited，1949），p. 50.

有关于其历史的更加完整的深度研究成果。

A. M. 麦克布莱尔的《费边社会主义与英国政治（1884—1918）》（*Fabian Socialism & English Politics 1884 – 1918*）是研究早期费边社会主义十分优秀的作品，也是国内学者研究早期费边社会主义引用较多的一本书。这本书将费边社会主义的理论来源、早期主张分析得十分透彻，并将费边社对自由党、独立工党、工党的影响也阐述得十分清楚。作者是将费边社会主义作为一种学说来研究，试图考察它对英国政治的影响，只有在个别的情况下才涉及费边社以及费边社员。

除了以上专著，关于社会主义历史、政治理论的书，尤其是关于英国社会主义历史的书，都不可避免地会涉及费边社会主义，例如马克斯·比尔的《英国社会主义史》、唐纳德·萨松的《欧洲社会主义百年史》都结合时代背景，从不同的角度对费边社会主义做了简明扼要的介绍与分析。欧内斯特·巴克的《英国政治思想——从赫伯特·斯宾塞到现代》与约瑟夫·熊彼特的《资本主义、社会主义与民主》也都对费边社会主义进行了精辟的点评，给予了甚高的评价。譬如前者认为，"未来的历史学家很可能会像当今的历史学家重视边沁主义那样重视费边主义"[①]。后者更是认为"费边社成员在某种意义上说是比马克思本人更好的马克思主义者"[②]。再如马克·贝维尔的《英国社会主义的形成》（*The Making of British Socialism*）、斯坦利·皮尔森的《马克思主义与英国社会主义的起源》（*Marxism and the Origin of British Socialism*）、彼得·贝尔哈兹的《工党的乌托邦：布尔什维主义、费边主义和社会民主主义》（*Labour's Utopias: Bolshevism, Fabianism, Social Democracy*）、威拉德·沃尔夫的《从激进主义到社会主义》（*From Radicalism to Socialism*）、亨利·佩林的《英国工党简史》（*A Short History of the Labour Party*）等。这些书从不同角度对费边社会主义做了介绍、进行了分析，并各有特点。《马克思主义与英国社会主义的起源》着重分析了费边社会主义是如何从马克思主义中汲取养料，并形成自己独特的社会主义思想的。《英国工党简

---

① 〔英〕欧内斯特·巴克：《英国政治思想——从赫伯特·斯宾塞到现代》，黄维新、胡待岗等译，北京：商务印书馆，1987，第148页。

② 〔美〕约瑟夫·熊彼特：《资本主义、社会主义与民主》，吴良健译，北京：商务印书馆，2009，第469页。

史》则通过介绍英国工党的历史，来反映费边社会主义对英国工党的发展所起到的重要作用。

　　此外还有一些关于费边社著名人物研究的成果，也对了解费边社会主义思想大有裨益。因为费边社没有领袖和正统思想，所以对费边社重要人物思想的研究就显得尤为重要，这方面的代表作除了上述的关于韦伯夫妇和肖伯纳的著作外，还有 L. P. 卡彭特的《G. D. H. 柯尔：一个知识分子的一生》（*G. D. H. Cole: An Intellectual Biography*）、A. W. 怀特的《G. D. H. 柯尔与社会主义民主》（*G. D. H. Cole and Socialist Democracy*）、诺曼·麦肯齐与珍妮·麦肯齐的《费边人》（*The Fabians*）等。《费边人》是费边社纪念成立 120 周年时，选取 12 位费边社历史上重要的代表人物，对他们的主要思想和事迹进行简要的介绍与分析，结集而成的著作。

　　总结国外关于费边社会主义研究的现状可以看出，对费边社著名人物的思想以及生平的研究取得了丰硕的成果，例如对韦伯夫妇、肖伯纳、柯尔等人的社会主义思想、福利思想以及社会民主主义思想的研究。对于费边社会主义思想作为一个整体进行研究的著作不多，而且主要集中在费边社的早期，对 20 世纪 50 年代以后费边社会主义的研究比较少见。这也是本书试图弥补的地方。

（二）中文文献综述及国内研究现状

　　国内对于费边社和费边社会主义的研究比较广泛，并不具体和深入。总的来说，翻译不少，研究不多；兼论不少，专著不多；人物不少，活动不多。据本书考证，国内最早介绍费边社的著作是 1922 年共学社翻译的费边社元老爱德华·皮斯 1916 年所著的《费边社史》，以及同年在报纸《吴江》上刊登的侣琴为该书所作的序。1928 年上海太平洋书店翻译出版的日本人川原次吉郎所著的《英国费边协会发达史》也是国内较早介绍费边社的专著。关于费边社会主义著作的重要中文译本，除了以上提到的两本书，还有肖伯纳主编的《费边论丛》、柯尔的《费边社会主义》、克罗斯兰等著的《新费边论文集》（1953 年香港出版）、玛格丽特·柯尔的《费边社史》等。这些书的作者都是费边社历史上的著名人物，这些作品都是费边社出版物中具有代表性的著作，也是国内外研究费边社历史与费边社会主义思想最权威的资料。除了翻译的著作外，中文的关于费边社会主义的专著就只有中国台湾学者张明贵所著的《费边社会主义思想》一书。这本书于1985年在台北出版,比较系统地对费边社会主义思想的各个方面进行了分析。该书条理清晰,结构合理,并参考了众多的外文文献,是一本出色的关于费边社会主义的学术作品。但是,此书脱胎于作者的硕士学位论文,并受选题所限,将研究侧重于费边社会主义的思想方面,再加上作者所处的时代背景限制,其研究时段截止于20世纪70年代。因此,在这本书的范围之外,关于费边社会主义的研究仍大有值得深入、拓展之处。此外,近年来还有一些关于费边社著名人物研究的专著值得重视。这方面的专著有曹婉莉的《韦伯夫妇研究》、郭海龙的《自由人的联合:G. D. H. 柯尔的社会主义思想研究》。《韦伯夫妇研究》对韦伯夫妇的生平进行了深入的考察,该书作者认为将对韦伯夫妇的研究与对费边社的研究脱离是一个进步,其在书中研究了韦伯夫妇与费边社的关系,但又不囿于此,而是对韦伯夫妇的福利思想、社会学理论及其社会实践也做了深入研究。《自由人的联合:G. D. H. 柯尔的社会主义思想研究》将柯尔一生社会主义思想的演变划分为三个阶段,分别是基尔特社会主义、基础社会主义和超国家社会主义,对它们进行了单独及整体的研究,提供了独特的研究视角。此外,一些中国学者的学术成果中也附带有讨论费边社会主义的内容,但一般仅限于介绍性质,如钱乘旦、许洁明的《英国通史》,阎照祥的《英国政治思想史》,张志洲的《英国工党社会主义意识形态变迁研究》等。

相比于专著,国内关于费边社会主义的期刊论文与学位论文相对较多。受时代环境的影响,1949年后直到20世纪80年代初学术界对费边社会主义都持批判态度。例如曹绍濂的《费边社思想的批判》就称费边社思想是马克思主义的死敌,是软化工人阶级斗志的麻醉品。[①] 关勋夏的《费边社会主义的产生及其反动本质》把费边主义者说成道貌岸然的伪君子,认为他们一本正经地把自己打扮成社会主义的忠诚战士,实际上却是一帮骗子、欺诈者和投机钻营之徒。[②] 这种情况到1980年以后才有了改变。中央编译局的陈慧生在20世纪80年代写作和翻译了数篇关

---

① 曹绍濂:《费边社思想的批判》,《武汉大学学报》1956年第1期。
② 关勋夏:《费边社会主义的产生及其反动本质》,《华南师院学报》(哲学社会科学版)1980年第2期。

于费边社的文章，如《费边派对待马克思学说的态度》《费边社的理论活动近况》《费边社纲领》等，对费边社的相关活动和思想发展，做了详尽的介绍和分析，观点客观公正。尤其是其《费边派对待马克思学说的态度》一文，分析了至少三代费边主义者对马克思学说的态度，认为费边主义者尽管批判马克思主义，但仍受其影响，而且费边主义有一些与马克思主义相一致的观点。这篇文章改变了以往学术界将马克思主义与费边主义划清界限、认为二者截然对立的做法和态度，有助于客观看待费边社会主义的作用与影响。同一时期王凤鸣的硕士学位论文《费边社及费边社会主义述评》对费边社以及费边社会主义思想的产生与发展做了介绍，并进行了分析。这篇论文从科学社会主义与国际共产主义运动专业的角度来研究费边社会主义，采取了客观公正的态度，并给予费边社会主义较高的评价。此外，张文成的《十九世纪末二十世纪初费边社的工人运动政策及其实践》一文，对费边社早期关于工人运动态度的变化做了细致的考察，对其批判也是实事求是，并没有预设立场。

国内关于费边社会主义的研究从 2000 年前后开始呈现出增长的趋势，并表现出多样、细化的特点。徐孝明的两篇文章《英国费边社会主义产生的历史背景与思想渊源》和《试论早期费边社会主义的思想特点》从整体角度对费边社与费边社会主义进行研究。此后关于费边社以及费边社会主义的研究，更多地从费边社代表人物和费边社的具体政策，尤其是福利政策的角度来进行。

关于费边社代表人物的研究主要集中在早期著名费边主义者韦伯夫妇、肖伯纳、拉斯基和克罗斯兰等人身上。吴韵曦的博士学位论文《哈罗德·拉斯基的社会主义思想研究》对拉斯基的社会主义思想的形成与演变做了细致的考察，并将之划分为"自由的社会主义者""渐进的社会主义者""激进的社会主义者""民主的社会主义者"等几个阶段进行研究。张明爱的博士学位论文《萧伯纳①的费边社会主义思想》介绍了早期费边社会主义以及肖伯纳费边社会主义的一些观点，并分析了其来源与影响。毛杰的博士学位论文《悉尼·韦伯社会主义思想研究》认为韦伯兼具社会主义思想家和社会改革家的双重身份，这二者之间既有联

---

① 即肖伯纳。

系又有区别，其社会主义思想指导着他的社会改革对象和改革方式，但是他的具体改革实践又时常会出现与其社会主义思想不一致的地方。徐学谦的博士学位论文《韦伯夫妇社会改良思想与实践研究》，从韦伯夫妇的生平、社会调查、社会改良、工业民主、工人运动等方面进行了研究。钟丽丽的博士学位论文《克罗斯兰的社会主义思想及影响研究》，对克罗斯兰社会主义思想的生成与发展及其对英国工党的影响进行了详尽的梳理、考察与评析。这些较新的学术成果对费边社重要人物进行了研究，有助于了解费边社会主义在不同时期的主张。

费边社福利政策的研究近年来吸引了不同专业越来越多的学者。代表文章有郭心悦的《费边主义中的社会福利思想及其对中国的启示》，刘淑青的《论费边社的现代福利理论》，毛杰、于文杰的《略论费边社的社会福利思想》，以及万璐的硕士学位论文《早期费边社会主义社会福利思想及其评价（1884—1914）》。

此外，卢少鹏的硕士学位论文《费边社会主义思想研究》从世界史专业的角度对费边社会主义思想的历史背景、理论渊源和主要内容进行了考察，并分析了其影响，对其进行了评价。毛杰还就费边社早期的帝国主义政策以及对工党的影响写了两篇文章，分别是《费边社帝国主义观念的矛盾及其原因》和《费边社对初期英国工党的影响（1900—1918)》，对于了解早期费边社的活动以及费边社会主义的主张有着一定的意义。

国内对于费边社会主义的研究在民国时其实就有一个高潮，研究也比较客观、深入。在20世纪20—40年代，《新生命》《国际译报》《国际周报》《新中华》《主流》《新月》等报纸杂志多次刊登介绍费边社的文章以及翻译的费边社作品。在此期间，一批留学欧美的知识分子如王造时、罗隆基、胡适、徐志摩等在拉斯基以及费边社会主义的影响下，建立费边社式的团体"平社"，并仿照费边模式进行议政。费边社会主义受到一些既不满意马克思主义，也不满意资本主义的知识分子的推崇，对民国时期的思想界产生了不小的影响。国内学术界研究费边社会主义对民国思想界影响的作品并不少见。除了上文提到的吴韵曦的博士学位论文《哈罗德·拉斯基的社会主义思想研究》，还有沈卫威的《中国式的"费边社"议政——胡适与"平社"的一段史实》，卢毅的《平社与费边社渊源初探——兼论拉斯基学说在中国》，刘是今的《一个鲜为人知的费边社会主义宣传团体——主张与批评派初探》《拉斯基思想对20 世纪 30 年代中国思想界的影响——以罗隆基、王造时为例》《20 世纪 30 年代王造时费边社会主义思想述论》，刘雅丽的《王造时早期国家理论探析——"费边社会主义式的想法"》，等等。这些文章虽观点各异，但基本是从不同人物或者不同角度来研究民国的一批自由主义知识分子——其中有些是拉斯基的学生——如何在拉斯基以及费边社会主义思想的影响下探索救国的道路。

最后，需要特别指出的是河北大学的李柏红博士在 2014 年完成了其博士学位论文《费边社会主义思想研究（1884—1984）》。该论文与笔者的博士学位论文，即本书的雏形，在研究对象以及内容方面有一些重合和近似的地方。李柏红的博士学位论文的答辩时间是 2014 年 5 月，几乎正是笔者博士学位论文的开题时间，彼时笔者博士学位论文的结构已经基本定型。而且笔者查阅到李博士论文的时间是在 2014 年的 12 月，当时博士学位论文的主要内容已经基本完成。尽管两篇的研究重点都是费边社会主义思想，但是李柏红的论文是对费边社会主义的经济、社会、教育、政治等方面思想进行解析，重点仍在于分析早期费边社会主义。而笔者侧重于对费边社会主义发展脉络的梳理和比较，对被以往学者所忽略的费边社会主义 20 世纪 50 年代后的发展花费了相当的笔墨，进行了一定的创新性研究。两篇博士学位论文各自有着不同的侧重点和价值。

四　研究难点、研究方法、特色与创新

（一）研究的难点

本书研究费边社会主义的难点主要有三个方面。

其一，费边社的出版物浩如烟海，内容广泛细致，如何抓住其中属于费边社会主义的主线，是困难之处。费边社仅仅从其出版的 583 期"费边短评"所涉及的话题范围中，就概括出文化、经济、选举改革、对外政策、工业关系、工党、地方政府、政治、贫穷、社会改革、社会主义、妇女问题等主题。难点一就是如何界定费边社会主义，一般认为，1889 年《费边论丛》的出版与成功是费边社会主义产生的标志，费边社会主义思想的一些基本原则与内容体现在该书中七位作者所写的文章里。因此，本

书尝试通过对不同时期费边社的主要代表作品——《费边论丛》《新费边论丛》《费边社会主义思想论文集》等的分析来研究费边社会主义思想的演变，其中也会兼顾同一时期的"费边短评"等其他出版物，并参考相关的国内外学者对费边社会主义的研究成果。

其二，如何界定费边社会主义思想以及费边社会主义者行为的影响。这一难点在于有时很难判断某一政策或者观念是否是由费边社会主义思想产生的，或者说某些费边社员的行为或思想在多大程度上可以算作属于费边社会主义的。若按照韦伯的说法，"费边社的工作是由每个费边主义者的工作所组成的"[①]，这无疑夸大了费边社会主义的影响。费边社的影响并不都像英国工党或者伦敦政治经济学院与费边社的关系那样一目了然。以韦伯夫妇为例，近年来国内研究其福利思想的文章渐多，如曹婉莉在《韦伯夫妇研究》书中提到的，韦伯夫妇不再只是作为研究费边社或工人运动、工党政治等成果的一部分而存在，而是以独立的人物研究加以呈现，韦伯夫妇以社会科学家、社会改革家、社会调查家和社会主义者等不同的身份及其思想和社会实践，得到了人们从不同的角度的关注。[②] 但在实际研究中则难以对这些角色进行区分，韦伯夫妇的福利思想显然是属于费边社会主义的内容，他们的福利思想实现为具体的国家政策也无法与费边社的活动与宣传脱离关系。因此本书力图以事实为依据，考察由费边社会主义者努力推动及宣传的行为和观念所造成的影响，来判断某一事实或者政策与费边社的关系。

其三，所有研究费边社和费边社会主义的学者都面临的费边社发展"头重脚轻"的问题。由于费边社最辉煌的时期是19世纪末和20世纪初，之后1945—1951年工党的首次长时间执政也可视为费边社会主义思想得以大力实施的阶段。人们耳熟能详的费边社代表人物也主要是20世纪50年代以前的韦伯夫妇、肖伯纳、柯尔、拉斯基和50年代对费边社会主义有重要贡献的克罗斯曼、克罗斯兰等人。此后的费边社活动日渐趋于平寂，费边社会主义也少有重大的理论突破，它的影响不能够与辉煌时期同日而语。其本身的发展特点决定了关于费边社会主义的研究，

---

① 〔英〕玛格丽特·柯尔：《费边社史》，杜安夏、杜小敬等译，北京：商务印书馆，1984，第36页。

② 曹婉莉：《韦伯夫妇研究》，上海：上海社会科学院出版社，2012，第9页。

重点几乎都放在20世纪前半叶。本书在收集材料方面也遇到同样的问题。尽管如此，笔者还是通过与费边社进行联系，获取了它部分近年来的资料，对费边社会主义的最新动态进行了一定的研究，试图弥补对费边社会主义近况研究的缺失。

（二）研究方法

1. 文献分析法

文献分析法主要指搜集、鉴别、整理文献，并通过对文献的研究，形成对事实科学认识的方法。本书除借鉴国内外已有的关于费边社与费边社会主义的研究成果外，还直接从费边社的原始文献中进行研究，其中包括"费边短评"、费边社年度报告以及费边社官方网站上的资料等。通过对众多文献的整理，力求完整展现费边社会主义思想的演变脉络以及费边社的完整发展历史。

2. 历史研究法

历史研究法是指运用历史资料，按照历史发展的顺序对过去事件进行研究的方法，是比较研究法的一种形式。本书无论是对费边社发展历史的追溯还是对费边社会主义思想演变的研究，都是按照历史发展的顺序进行的，并且将费边社会主义发展的历程置于世界社会主义运动的范畴内，特别注重其与不同流派的社会主义的关系以及相互影响。

3. 比较研究法

本书将对费边社会主义的研究置于世界社会主义运动的视域下进行，不仅研究费边社会主义本身的发展与演变，同时也注重费边社会主义与不同流派社会主义的比较研究，探索它们之间的联系与影响。重点比较的对象有费边社会主义与科学社会主义、费边社会主义与社会民主主义等。

（三）研究价值和创新之处

本书对费边社的成立与发展，以及费边社会主义从形成到现在的演变（1884—2021年）做了比较系统的梳理、分析和研究。在前人研究的基础上，本书主要根据费边社出版的第一手材料，对费边社会主义的演变、它的目标以及影响都做了比较深入、细致的研究。相较于已有的对费边社会主义的研究成果，本成果的研究价值主要体现在以下三个方面。

其一，研究对象时间跨度长。本书的研究时段为从1884年费边社成立到2021年底（包括费边社对英国脱欧的态度等）。这是国内外研究费边社会主义所没有的，是目前为止国内外对费边社会主义研究较为完整的成果。

其二，开拓了新的研究角度。与国内外学者多从历史学、社会学、经济学等角度进行研究不同，本书将费边社会主义置于世界社会主义运动的范畴内进行研究，不仅关注费边社会主义对世界社会主义运动的影响，还特别注意其与不同社会主义流派的关系及相互影响，如马克思主义对费边主义的影响，费边社会主义与社会民主主义的关系，恩格斯、列宁对费边社会主义的评价等。

其三，建立了整体性研究思路。国内外研究费边社会主义的学者往往将其割裂，将研究对象集中在费边社的著名人物以及某领域的政策方面。本书将费边社会主义作为一个整体进行研究，以费边社发表的英文文献为主要研究对象，通过归纳总结来梳理费边社会主义产生、发展的过程，着重研究其在现实中发生重要影响的内容。

本书希望做到以下两点创新。

一是研究领域创新。开辟关于费边社会主义的新研究领域，本书对以往国内外学者研究费边社会主义所未涉及的地方进行了深入的研究。例如费边社近年的活动和理论动态、费边社会主义在中国的传播及影响等。

二是学术观点创新。其一，马克思主义在费边社会主义形成过程中发挥了重要作用，早期的费边社员对马克思主义的经典著作进行了仔细的研读，费边社会主义的形成受到了马克思主义的重要影响。其二，费边社会主义是民主社会主义的理论雏形和直接源头，在社会民主主义是科学社会主义同义语的时期，为其注入了新的理论内涵。

（四）研究思路和基本框架

本书研究的基本思路是：面向文本，针对现实。在科学社会主义的指导下，以费边社会主义的演变轨迹和产生的重要影响为核心问题，以史论结合的方式为基本的论述模式开展研究。习近平总书记指出：实践没有止境，理论创新也没有止境。推进理论创新的重要途径就是要虚心学习借鉴人类社会创造的一切文明成果，但不能数典忘祖，不能照搬别国的发展模式。本书研究时遵循这一立场与态度。

一是面向文本。以费边社的原版英文文献为主要研究对象，通过收集、甄别和整理原始文献来梳理费边社会主义产生、发展的过程。并将费边社会主义的演变历史置于世界社会主义运动的范畴内，注重其与不同社会主义流派的互动与相互影响。

二是针对现实。本书对费边社会主义的研究侧重于其在现实当中产生重要影响的内容。例如费边社会主义的福利思想如何帮助英国建成福利国家；费边社会主义如何主导英国工党的思想变迁；以及在中国特色社会主义进入新时代，中国社会主要矛盾发生转化的情况下，如何发掘费边社会主义一百多年的发展经验对化解当前中国社会主要矛盾的启示等。

全书正文部分共五章内容。

第一章，费边社会主义思想形成的时代背景和理论渊源。

费边社会主义诞生之时，是英国社会主义运动复兴，马克思主义在欧洲大陆盛行之时。费边社会主义所阐述的以渐进的、和平的方式，实现社会主义，与马克思主义所论证的通过暴力革命、无产阶级专政来实现社会主义代表了两种不同的社会主义道路。费边社会主义实际上是民主社会主义的直接源头。费边社会主义对社会主义必然性的论证受到了马克思主义的很大影响，它是在吸收和借鉴马克思主义的基础上才形成的。此外，费边社会主义还受到了功利主义、社会有机论等理论的影响。

第二章，费边社会主义思想的生成与演变（1884—2021 年）。

1884 年费边社成立的时候并不是一个明确的社会主义团体，它是在随后的发展中逐渐地拒绝了工联主义、无政府主义，并形成了独具特色的费边社会主义。

早期费边社会主义最主要的特点就是集体主义，以国有化和公有制为主要的主张。以柯尔夫妇和拉斯基为代表的第二代费边社会主义者，批判了费边社会主义的集体主义思想。他们都是多元主义者，强调权力不宜过度集中。

第二次世界大战后，以克罗斯兰、克罗斯曼为代表的费边社理论家发起了对传统费边社会主义的全面修正。他们反对早期费边社会主义者对集体主义的强调，进一步发展了柯尔提出的公有制不是目的而是手段的思想。从 20 世纪 50 年代以后，费边社会主义的公有制主张越来越边缘化，对个人自由和社会平等越来越重视。

当前费边社为英国工党重新执政提出了工党的复兴计划，并且对英国"脱欧"也发表了自己的见解。

第三章，费边社会主义目标的变迁及策略。

费边社会主义的早期目标中最突出的就是公有制和国有化主张。随着英国社会主义的不断发展、费边社会主义的不断与时俱进，它的目标主张也在发生变化。20 世纪 50 年代后，费边社不再单纯主张公有制、分配的社会化等思想，而是认为无论是所有制形式，还是分配的方式都有多种类型；不再一味地反对市场经济，而是认为市场是不能被取代的；不再过于强调国家的作用，而是主张发挥社区的功能；以及特别重视平等。随着费边社会主义的演变，它的目标也经历了从生产资料公有制、分配社会化到平等发展的转变。

第四章，费边社会主义对英国的影响。

费边社作为英国工党的智库和创始成员之一，在很长的时间里主导着英国工党指导思想的变迁。1918 年以来，费边社会主义在数十年的时间内是工党的主导思想，也是工党在二战后执政期间实行国有化、建设福利国家的理论来源。在 20 世纪 90 年代工党的现代化进程中，费边社也是主要的推动力。

韦伯夫妇创办的伦敦政治经济学院和《新政治家》杂志，以及在早期费边社员直接努力下实现的国家医疗服务体系、最低工资制度与如今英国福利国家的大部分内容，都是费边社会主义给英国人民和社会带来的深远影响。

第五章，费边社会主义对世界社会主义运动的影响。

伯恩施坦流亡英国期间与费边社员有密切的交往，受到了费边社会主义的重要影响，从而形成了他的修正主义理论。费边社会主义是当代民主社会主义思潮的主要源头，社会民主主义正是受了费边社会主义的影响，才从科学社会主义的"同义语"开始向民主社会主义转变。此外，恩格斯、列宁也都十分了解费边社早期的历史与主张，并对费边社会主义发表过不少真知灼见。

1919 年五四运动之后，中国迎来了一个传播社会主义的热潮，各种社会主义思潮纷至沓来，费边社会主义也在这个时期传入了中国。以徐志摩、罗隆基、王造时等为代表的中国自由主义学者，深受拉斯基费边社会主义思想的影响。这些学术精英学成回国后，也把拉斯基的思想带回了中国。他们建立费边社式的团体"平社"，并仿照费边模式进行议政，对民国时期的思想界产生了一定的影响。费边社会主义在中国转瞬即逝的历史证明了中国不能照搬他国的政治模式。

第一章　费边社会主义思想形成的
时代背景和理论渊源

费边社正式成立于 1884 年 1 月 4 日，地点是伦敦的奥斯内伯格大街 17 号（17 Osnaburgh Street）。费边社的成立是一个叫新生活伙伴会（The Fellowship of New Life）的团体活动的结果，因此有必要首先对这个团体做一简单介绍。

新生活伙伴会的成立与一位名叫托马斯·戴维森的苏格兰学者有着直接的关系。戴维森曾任苏格兰一所学校的校长，后来为了探求哲学漫游四方而辞去教职。他本人的哲学内容混乱、模糊不清，带有强烈理想主义的色彩。这种哲学认为：改进世界生活方式的途径在于由一群个人保证按照四海之内皆兄弟的博爱的崇高理想来生活，并在可能的时候为此目的建立公社，如果这一点做不到，就应一面继续从事自己的正常职业，一面实践自己的理想。[①] 1883 年的秋天，戴维森在伦敦逗留期间，召集了一些他的热诚的信徒，举行了几次会议来讨论新的生活。这些会议的参与者就组成了新生活伙伴会。在其中的一次会议上，与会者做出决议，认为应当成立一个协会，其终极目的是尽可能用最高的道德标准来重建社会。也就是在这最初的几次会议上，与会者中便产生了分歧。从相关的会议记录来看，他们主要是在协会的物质或经济目标与精神目标孰重孰轻，以及协会的精神基础方面未能达成共识，以致无法做出相关决议。1884 年 1 月 4 日，在会议分歧的情况下，经过投票表决，新成立的协会取名为费边社（the Fabian Society），并将之前已经通过的决议中的最高目标改为"尽可能用最高的道德标准来争取重建社会"。那些不同意该决议的人继续以新生活伙伴会的名义一直活动到 1898 年，该团体不复存在为止。

---

① 〔英〕G. D. H. 柯尔：《社会主义思想史》第 3 卷（上），何瑞丰译，北京：商务印书馆，1981，第 114 页。

费边社的名称取自古罗马将军昆图斯·费边（拉丁文：Quintus Fabi-us），他在第二次布匿战争中采用拖延战术对抗汉尼拔，挽救罗马于危难之中，故以拖延者（Cunctator）的名声著称。费边社会主义后来以其鲜明的渐进、折中、多元与和平的特点为人所知，因此人们往往误以为在其建社之初，采用"费边"之名称即树立了费边社的原则。其实不然。费边社出版的第一期"费边短评"刊头关于费边战术的原文是："适当的时机是必须等待的，正像费边与汉尼拔作战时那样，尽管许多人指责其贻误战机；然而一旦时机来到，必须像费边那样全力出击，否则等待就是徒劳无益的。"（For the right moment you must wait, as Fabius did most patiently, when warring against Hannibal, though many censured his delay; but when the time comes you must strike hard, as Fabius did, or your waiting will be in vain, and fruitless.）因此，最初选用"费边"这个名字，并不说明费边社的创始者预见到社会主义的实现要靠逐步分阶段来完成，而只是表明他们持审慎的态度来完成他们"重建社会"的目标，"等待"是为了"出击"，而不像后来渐进主义成了费边社的原则后那样，只"等待"而不"出击"。

从以上费边社成立的历史可以看出，费边社是作为一个立志从事社会改革的小团体诞生的。它并非一开始就是一个社会主义团体。费边社是在 19 世纪后期英国独特的社会环境下和马克思主义思潮在欧洲工人运动中兴起的背景下，在排除了工联主义、无政府主义后，选择了社会主义作为实现社会改良、革除资本主义弊端的道路，并逐渐形成了独具特色的费边社会主义思想。

第一节　费边社会主义思想形成的时代背景

费边社成立于 1884 年 1 月，费边社会主义思想的逐渐形成是在 1884—1889 年，费边社的第一个兴旺时期是从 1889 年《费边论丛》的问世到 1893 年独立工党的成立（独立工党成立后许多刚成立的费边社地方分社转投到它的阵营）。因此，19 世纪后期特别是 80 年代和 90 年代英国社会的经济、政治发展状况和社会思潮对费边社会主义思想的形成有着重要的影响。大约同一时期，德国社会民主党在《反社会党人法》

的迫害下坚持发展，为他们赢得了巨大的威望，使许多国家都成立了奉行马克思主义的工人阶级的政党。费边社会主义在这种情况下的发展显得独树一帜。

一　经济衰退与社会动荡

英国是工业革命的发祥地，是世界上第一个工业化国家，它也最早经历了资本主义发展的兴衰起伏。在19世纪中期英国经历着资本主义发展的一个黄金时期。从1847年到1873年，持续的经济增长使大多数英国人享受了资本主义的好处、议会政治的优越性、大英帝国的显赫和维多利亚式道德的睿智。[①] 1850年，英国的五金制造占世界的40%，棉花和铁的产量占世界的50%，煤产量占2/3。到1870年，英国产出的钢铁占世界的50%。到19世纪80年代，英国拥有了世界1/3的商船；同一时期，英国建造的轮船和铁道占据了更大的比例。[②] 这时的英国无愧其"日不落帝国"的称号。然而这样的光鲜外表之下已经隐藏着深刻的危机。英国的繁荣发展一直持续到1873年，自这一年开始，物价、利润和收入开始下跌，并超出了正常的幅度。1896年商品价格跌到了1873年的1/3以下。1884—1889年，技术工人的失业率达7%，非技术工人则更高。[③] "早在1883年不列颠协会绍斯波特会议上，该协会的经济部主席英格利斯·鲍格雷夫先生就曾直截了当地说：'英国获得巨额营业利润的日子已经过去了，各大工业部门的发展进入了停顿时期。几乎可以说，英国正转入不再发展的状态。'"[④] 与英国进入一个长期缓慢的经济增长阶段形成鲜明对照的是，德国和美国的快速崛起对英国世界霸主的地位发出了挑战。英国在世界工业生产的领先地位逐渐在丧失，并且这种丧失不是暂时的现象。

之前数十年繁荣安定的突然终结，以及接下来的大萧条，极大地动

---

① 〔美〕克莱顿·罗伯茨、戴维·罗伯茨、道格拉斯·R.比松：《英国史》（下），潘兴明等译，北京：商务印书馆，2013，第345页。

② 〔美〕克莱顿·罗伯茨、戴维·罗伯茨、道格拉斯·R.比松：《英国史》（下），潘兴明等译，北京：商务印书馆，2013，第227页。

③ 〔美〕克莱顿·罗伯茨、戴维·罗伯茨、道格拉斯·R.比松：《英国史》（下），潘兴明译，北京：商务印书馆，2013，第345页。

④ 《马克思恩格斯选集》第1卷，北京：人民出版社，2012，第76页。

摇了英国人的优越感和自信心。他们开始对资本主义产生了怀疑，社会上也浮动着不安分的情绪。其中失业问题是最让人绝望的，因为只要有工作就还能勉强维持生计，一旦失去工作就只能忍饥挨饿，或是面对当时带有侮辱性质的《济贫法》的救济了。韦伯夫妇在《英国工会运动史》中记载，1878—1879 年"全国各地大厂家均告破产，矿山及铁工厂均停止工作，船泊于岸。一种失望怀疑之情，有似病菌一般，侵入产业界之各个角落。每种产业中皆有成群之失业工人，载在工会簿籍上之失业工人比例有时高至 25%。资本家利用此种艰难时期，企图收回前数年所已允许工人之其余让步，自在意料之中"①。对此恩格斯一针见血地指出："真相是这样的：当英国工业垄断地位还保存着的时候，英国工人阶级在一定程度上也分沾过这一垄断地位的利益。这些利益在工人阶级中间分配得极不均匀：享有特权的少数人捞取了绝大部分利益，但广大的群众至少有时也能沾到一点。而这就是自从欧文主义灭绝以后，社会主义在英国未曾出现的原因。随着英国工业垄断的破产，英国工人阶级就要失掉这种特权地位，整个英国工人阶级，连享有特权和占据领导地位的少数在内，将同其他各国工人处于同一水平。而这就是社会主义将重新在英国出现的原因。"② 当时随着经济的衰退，工人工资下降并伴随着经常性的失业，工人中的贫困现象变得日益普遍。伦敦城里的一些贫民窟的情况甚至比 19 世纪 50 年代有过之而无不及。一些有良知的知识分子对这些情况的调查和揭露出来的事实，让人更加不能容忍。了解真相的人都认为，在整个国家创造出来的财富增长得十分显著的情况下，还有如此多的人过着如此贫困的生活，实在是一件可耻的事情。

　　与工业衰退相呼应的是英国农业繁荣的终结。从 1875 年至 1896 年，英国的农业始终处于消沉状态。而此时的美国农业正陡然兴起。与英国农业遭受天灾连年减产相反，美国农业连年丰收，剩余农产品越过大西洋，充斥着欧洲市场。这让英国的农业发展雪上加霜，农产品如小麦、肉类、奶制品及羊毛的价格不断下跌，农场主接连破产，农业人口逐渐

---

① 〔英〕韦伯夫妇：《英国工会运动史》，陈建民译，北京：商务印书馆，1959，第 247 页。
② 《马克思恩格斯选集》第 1 卷，北京：人民出版社，2012，第 77 页。

减少，多数农民也陷入穷苦不堪的地步。造成农民难以为生的根本原因在于英国的土地私有制度。英国的土地私有制度比欧洲各国更为严重。19世纪末期，英格兰与威尔士的土地，有50%以上属于4200名左右的地主。另外的土地，就农地来说是属于3.4万余人所有。苏格兰则有约1700人占有9/10的土地。整个言之，全英的土地有1/10是属于27个贵族院议员的财产。① 许多大地产世代传袭，不能转售，也不能抵押和分割。尽管地主阶级在此次农业萧条中也损失惨重。但是，土地私有制度仍是造成英国贫富悬殊的一大根源。

当时人们普遍认为以自由贸易和土地私有制度为基础的资本主义，在经济制度上的缺点暴露无遗，社会制度到了必须加以改革的时候，如果不改革后果不堪设想。社会主义思想已经日渐流行，劳工运动蓄势待发，罢工活动此起彼伏，整个社会处于一种不安的状态。玛格丽特·柯尔总结道："经济的不稳定，改革的缓慢，社会耻辱感，所有这些都促成了产生社会主义组织的思想条件。此外，还有第四种因素——恐惧。因为社会制度需要加以认真改革的感觉又加上一种不十分强烈、但实际存在的感觉，即假使不试图改革或者拖延太久，就会发生更为糟糕的事情。"② 在这种情况下，英国的社会主义运动在沉寂了三四十年后又复苏了，费边社是这时成立的若干个社会主义组织之一，并且是唯一一个延续到今天的。

二　英国社会主义运动的复兴

19世纪中期英国经济繁荣发展的时期，也正是自由主义的全盛时期。宪章运动失败以后的20年，正是中间阶级自由主义的黄金时代。③ 随着繁荣的终结、衰退的来临，自由主义的光辉已经黯淡下来。人们发现自由主义的缺点越来越多地暴露出来，英国的内政与外交都不能令人满意，贸易每况愈下，失业人数却在激增。正统的政治经济学和自由主

---

① 张明贵：《费边社会主义思想》，台北：联经出版事业公司，1985，第66页。
② 〔英〕玛格丽特·柯尔：《费边社史》，杜安夏、杜小敬等译，北京：商务印书馆，1984，第19页。
③ 〔德〕马克斯·比尔：《英国社会主义史》（下），何新舜译，北京：商务印书馆，1959，第172页。

义的意识形态自然而然遭到了攻击。向他们发出挑战的主力正是日益觉醒的工人阶级的运动和以约翰·拉斯金、克利夫·莱斯利、阿诺德·汤因比为代表的新政治经济学派。他们的理论及实践活动共同为 19 世纪 80 年代英国社会主义运动的兴起奠定了基础。

一般认为，自 19 世纪 50 年代宪章运动的彻底平息至 1881 年民主联盟的成立，这段时间英国的社会主义运动处于停滞甚至倒退状态，许多英国人将社会主义视为舶来品。但是在这期间一些运动的发展，为 19 世纪 80 年代英国社会主义的复兴做出了铺垫。例如，1869 年成立的土地与劳动同盟就直接提出了土地国有化的要求，马克思还曾对此寄予希望。对于大多数未来的社会主义者来说，土地改革是他们从激进主义走向社会主义的中途站。① 此外，柯尔还提出，有四个代表激进趋势的团体也为英国社会主义的复兴铺平了道路，它们是以爱德华·斯宾塞·比斯利教授为代表的实证论者，以斯图尔特·赫德兰姆牧师为首的新基督教社会主义运动，以约瑟夫·张伯伦为首的伯明翰激进派和查尔斯·布莱德洛领导的共和激进教育宗教分离论者。② 正是在这些激进运动的铺垫下，英国社会主义发展的时机已经到来，从激进主义走向社会主义的条件已经成熟。

此外，需要强调的是，尽管此时马克思主义在英国的影响远不及欧洲大陆，但是此次英国社会主义运动的复兴中，很多领导人物是受到了马克思和恩格斯的影响才走上了社会主义道路，这一时期英国活跃的三个主要的社会主义组织——社会民主联盟（Social Demrcratic Federation）、社会主义同盟（Socialist League）和费边社也都在很大程度上受到了马克思主义的影响。莫尔顿认为，英国的社会主义从披荆斩棘的草创时期起，实际上就是处在马克思的影响之下。马克思的大部分著作都是以英国的经验为基础并且用英国的情况来作为例证的。恩格斯在整个 19 世纪 80 年代和 90 年代初期都住在伦敦，他和英国许多积极活动的社会主义先驱者保持着密切的联系。欧文时代的空想社会主义已经烟消云散，费边社

---

① 〔英〕莫尔顿、台德：《英国工人运动史》，叶周、何新等译，北京：生活·读书·新知三联书店，1962，第 167 页。

② 〔英〕G. D. H. 柯尔：《社会主义思想史》第 2 卷，何瑞丰译，北京：商务印书馆，1981，第 382 页。

改良主义的社会民主主义还没有诞生。所以早期的英国社会主义者都是马克思主义者，或者自认为是马克思主义者。[1] 马克斯·比尔称马克思是英国近代社会主义上具有决定意义的人物，1882 年以来英国近代社会主义的兴起，以及 1907 年以后整个劳工的不安状态，从它们的领袖力图给予一种理论基础这一点来说，都是与马克思主义紧密联系在一起的。[2] 应该说，马克思、恩格斯和他们的学说深刻影响了 19 世纪后期英国社会主义运动的发展。马克思、恩格斯启蒙了英国的许多社会主义者，并对他们进行理论与实践的指导，马克思主义也构成了英国社会主义重要的理论来源，为它奠定了科学的基础。本部分接下来以史论结合的方式论证马克思主义对此次英国社会主义运动复兴过程中所产生的两个重要社会主义团体——社会民主联盟、社会主义同盟的影响，马克思主义对费边社的影响详见下一节。

1. 亨利·迈耶斯·海德门与社会民主联盟

海德门在英国社会主义史上是一个非常重要又极具争议的人物。马克思主义者批评他的改良主义、沙文主义和独裁个性分裂了英国的马克思主义者，妨碍了英国真正马克思主义政党的出现。其他的社会主义者则普遍认为海德门和社会民主联盟[3]过于激进，在吸引英国工人阶级方面输给了独立工党。海德门在 1880 年去美国的途中阅读了法文版的《资本论》，从而对马克思主义产生了兴趣。他主要接受了马克思的阶级斗争学说、剩余价值理论和唯物史观。海德门深信马克思的《资本论》对英国的社会发展提供了独特的、无懈可击的分析。这一发展的关键特征就是在经济条件成熟的情况下，会带来有组织和有阶级意识的无产阶级。联盟的主要任务就是促成此阶级的形成并提供领导。海德门指出："马克思、恩格斯著名的《共产党宣言》第一次以鲜明的形式阐述了阶级斗争的伟大真理——只要阶级存在，阶级斗争就不可避免。"[4] 在《英格兰社

---

[1] 〔英〕莫尔顿、台德：《英国工人运动史》，叶周、何新等译，北京：生活·读书·新知三联书店，1962，第 174 页。

[2] 〔德〕马克斯·比尔：《英国社会主义史》（下），何新舜译，北京：商务印书馆，1959，第 178—179 页。

[3] 民主联盟于 1881 年成立，1884 年改名社会民主联盟，同年底社会民主同盟从中分裂出去。下文一般不区分前两者，前两者一般简称为"联盟"，后者一般简称为"同盟"。

[4] William Morris and H. M. Hyndman, *A Summary of the Principles of Socialism*, https://www.marxists.org/archive/morris/works/1884/principles/principles_xml.htm.

会主义的历史基础》一书中，海德门尝试应用马克思主义解释英国的历史。他写道："自农村公社解体至今的人类历史进步的最重要因素是阶级对抗，忽视这一点是非常幼稚的。"① 在该书前言中，他提到"我受益于由卡尔·马克思领导，弗里德里希·恩格斯和洛贝尔图斯紧随其后的著名的德国政治经济学的历史学派，对此我是有充分认识的"。② 此外，海德门还提到，马克思的价值理论及其对剩余价值和资本主义制度一般运行的分析，在当代具有极其重要的价值："40 多年前，马克思和他的学派就预言了 19 世纪资本主义发展的方向。"③ 可以看出，海德门对马克思的著作有着比较充分的了解，受到了马克思主义的显著影响。

此外，海德门确实做了一些有助于马克思的学说在英国传播的事情。海德门主要通过联盟及其分部，开课教育工人有关经济剥削和阶级斗争的知识。他还在各种媒体上进行马克思主义宣传。1881—1890年，他在《正义报》上发表了 154 篇关于马克思主义的文章。1884—1885 年，海德门主持翻译并公开发表了马克思《资本论》中的"工资"、"劳动"和"资本"等章节。1885—1889 年，《今日报》连载了海德门翻译的《共产党宣言》以及他的讲解和注释。④《今日报》的连载不完整，发行量也不大，但是它标志着马克思著作严肃英译的开始。⑤马克斯·比尔指出："马克思主义能在英国土地上得到一定程度的传播，却不能不说是海恩德曼（即海德门——引者）的功绩。因为，虽然韦伯、肖伯纳和摩里斯（即莫里斯——引者）也多少受马克思学说的影响（甚至可以说受到他的学说的鼓舞），但是，变成他的英国门生而始终宣传他的理论，而且还创立一个以马克思学说为根据的组织的

---

① H. M. Hyndman, *The Historical Basis of Socialism in England* (London: Kegan Paul, Trench & Co., 1883), p. 476.

② H. M. Hyndman, *The Historical Basis of Socialism in England* (London: Kegan Paul, Trench & Co., 1883), p. 4.

③ H. M. Hyndman, *Marx's Theory of Value*, https://www.marxists.org/archive/hyndman/1889/04/theory-value.htm.

④ 刘慧、王学东：《试论海德门与马克思的关系及其对马克思主义的态度》，《当代世界社会主义问题》2017 年第 2 期。

⑤ Kirk Willis, "The Introduction and Critical Reception of Marxist Thought in Britain, 1850 – 1900", *The Historical Journal*, Vol. 20, No. 2, 1977, pp. 417 – 459.

却是海恩德曼。"①

　　尽管海德门学习和宣传了马克思主义的一些基本原理，但他对于马克思主义的理解是有严重缺陷的。这些缺陷集中体现在对待革命和工人运动的态度方面。海德门同意资本主义即将崩溃，社会主义必然到来，革命已经迫在眉睫。海德门几乎是英国社会主义者当中唯一一个警告他的同胞们民众正在变成革命者的。② 但在革命的方式上，海德门提出了不同的看法。作为一个保守党家庭出身的保守激进分子，海德门反对自由主义的有限政府，认为人们需要国家的指导；真正的政治家能够提供贵族式的指导，而不是俾斯麦式的镇压。海德门期待一场危机使政治家走向前台，以确保不可避免的革命是和平的，而他就是这样一个政治家。因此在实践中海德门率领联盟采取议会行动，推行不流血的变革，促使向社会主义的和平过渡。

　　马克思、恩格斯支持每一次真正的工人运动，不管在他们看来这些运动的效果多么有限，海德门则不同。出于对拉萨尔工资铁律的信仰，海德门认为工会是无用的。他和恩格斯一样，认为工会为提高工资进行的斗争是不够的。但恩格斯相信这个有限的运动会发展成为一个更广泛的政治运动。而海德门和联盟则认为应该放弃工会运动，以一个政治运动来取代它。因此，尽管联盟鼓励其成员加入工会，但是其目的是劝说工会会员相信罢工所付出的牺牲和金钱如果用在其他方面将会取得更大的成果。这种观点一直持续到1914年前后，这也是联盟难以赢得众多工人支持的重要原因。

　　海德门与马克思有过短暂的交往。与马克思几次交谈后，海德门出版了《大家的英国》一书，书中大量引用《资本论》的段落，却没有提到马克思的名字。这引起了马克思的不快，也成为他与海德门断交的导火索。恩格斯认为海德门对待马克思相当卑鄙。因此海德门和联盟始终没有得到过恩格斯的支持。恩格斯唯一一次对联盟表示认同是在1883年，这一年联盟发布了一份宣言——《社会主义简述——民主联盟社会

---

① 〔德〕马克斯·比尔：《英国社会主义史》（下），何新舜译，北京：商务印书馆，1959，第202—203页。

② Mark Bevir, *The Making of British Socialism* (Princeton：Princeton University Press, 2011)，p. 71.

和政治宣言》，表达了明确的社会主义立场。恩格斯对这个宣言是认可的。他在给倍倍尔的信中说道："重要的仅仅在于：现在他们终于不得不公开承认我们的理论。"① 随着后来联盟在机会主义泥潭中越陷越深，1894 年恩格斯又指出："社会民主联盟竟把我们的理论变成了正统教派的死板的教条。"② 可以看出，海德门和联盟试图在英国打出马克思主义的旗帜，但未能在实践中取得成功。联盟后来参与了英国共产党的创建，是它最优秀的前身。③ 列宁对海德门的评价一针见血："他虽然是本阶级的最优秀的分子，最终走向社会主义，但是从来没有完全抛弃资产阶级的传统，资产阶级的观点和成见。"④

2. 威廉·莫里斯与社会主义同盟

与海德门不同，莫里斯长期以来是英国社会主义者的偶像，激励着众多的思想家和政治家，如艾德礼、柯尔、麦克唐纳等。每个社会主义阵营都试图宣称他是自己阵营中的一员。早期的评论家认为莫里斯是一个道德社会主义者；20 世纪 50 年代以后，一些历史学家将莫里斯置于马克思主义的传统中；到了 20 世纪末，一批学者又把他和无政府共产主义者放在一起。⑤ 莫里斯的身上体现出了多种意识形态的混合。

莫里斯从小酷爱艺术，受到浪漫主义的影响。在他看来，艺术是人类精神的最高表达，好的艺术可以把个人与自然、社会、历史结合起来。从艺术角度出发，莫里斯认识到了资本主义艺术的衰败与商业制度的贪婪和阶级对立的增长密切相关。他以文艺作品为武器，对资本主义制度进行斗争。

19 世纪 80 年代初，莫里斯对艺术的新曙光和社会重生的可能性彻底绝望，也对传统的政治方法失去了信心，开始转向马克思主义。莫里斯 1883 年阅读法文版《资本论》，1887 年又阅读英文版，他把这两种版

---

① 《马克思恩格斯全集》第 36 卷，北京：人民出版社，1975，第 59 页。
② 《马克思恩格斯全集》第 39 卷（上），北京：人民出版社，1974，第 293 页。
③ Mark Bevir, *The Making of British Socialism* (Princeton：Princeton University Press, 2011)，p. 65.
④ 《列宁全集》第 20 卷，北京：人民出版社，2017，第 391 页。
⑤ Mark Bevir, *The Making of British Socialism* (Princeton：Princeton University Press, 2011)，pp. 85 – 86.

本都放在他的图书室里，经常翻阅。① 通过阅读《资本论》，他意识到了阶级斗争的意义。在他最早的一篇题为《商业战争》的社会主义演讲中，莫里斯指出："这里有两个相互对立的阶级……在社会里，保持中立是不可能的，袖手旁观是不可能的；你必须参加这个阵营或那个阵营；你要么就做反动派，被民族前进的车轮辗得粉碎，这样来发挥作用；要么就加入进步的队伍，摧毁一切的敌对力量，这样来发挥作用。"② 在莫里斯看来，社会主义首先是相信劳动条件不仅决定了艺术的性质和个人生活的质量，而且也决定了社会和政治关系的性质。劳动条件将公民社会划分为利益对立的阶级。对阶级斗争的强烈信仰使莫里斯谴责国家是阶级压迫的工具。国家的性质和阶级斗争的现实都被意识形态所掩盖。除了阶级斗争理论，莫里斯也受到剩余价值理论的影响。他在一次演讲中讲道："资本家通过对生产资料的垄断，迫使工人以低于他应得的那部分生产资料的价格工作，也就是说，以低于他所生产的东西的价格工作，他必须工作，否则就会死，因为资本家拥有原材料，他必须同意执行他们的条款。"③ 这两个敌对阶级以不同的方式发生无休止的斗争。为了消灭剥削，使广大人民能够按劳分配，一切生产资料必须公有化。这只能通过革命的国际社会主义去实现。

尽管受到了马克思主义的影响，莫里斯的社会主义仍然具有浓厚的乌托邦色彩。他像早期的空想社会主义者一样，更乐意用文学手法描绘美好的生活，而不试图分析资本主义的经济逻辑和实现社会主义的现实手段。莫里斯说过他很享受阅读《资本论》的历史部分，纯粹的经济部分则让他感到头疼。④ 在《乌有乡消息》中，他用对比的方法，一方面揭露和抨击19世纪末资本主义社会的罪恶，另一方面描绘了未来共产主义社会的幸福生活：在这个社会里，没有私有财产，各尽所能，人人热爱劳动，过着丰衣足食的生活。

---

① Mark Bevir, *The Making of British Socialism*（Princeton：Princeton University Press，2011），p. 85.

② 〔英〕威廉·莫里斯：《乌有乡消息》，黄嘉德译，北京：商务印书馆，2007，第4—5页。

③ Mark Bevir, *The Making of British Socialism*（Princeton：Princeton University Press，2011），p. 93.

④ 转引自 Mark Bevir, *The Making of British Socialism*（Princeton：Princeton University Press，2011），p. 85。

　　莫里斯的社会主义最大的弱点就是无法将理论运用到实际中去。1883年他加入民主联盟，1884 年底，莫里斯和巴克斯、爱琳娜·马克思 – 艾威林、爱·艾威林等人退出联盟，另行组建社会主义同盟。分裂的原因既有对海德门独裁作风的不满，也有目标和策略的根本分歧。莫里斯认为海德门是一个机会主义者，满足于眼前的现实利益，忽视了鼓动工作。莫里斯坚持认为同盟的首要任务是教育，以此造就社会主义者。在宣传中，他强调废除私有财产，生产资料、分配和交换的集体化是根本目标。他希望能够教育出掌握理论、了解自身地位和潜在力量的工人。与马克思主义者不同，莫里斯判断社会主义运动的进展是基于其原则的纯粹性。他反对一切可能危及社会主义意识纯洁性的行为，拒绝将社会主义的理想同现存人类社会相结合，表现出强烈的无政府主义倾向。在这种思想的指导下，莫里斯反对议会、罢工和一切不包含革命的改革。因而，莫里斯和同盟难以赢得众多的追随者，后来同盟也落入无政府主义分子手中。恩格斯对莫里斯非常了解，准确地指出了他的不足："莫利斯（即莫里斯——引者）纯粹是一个感情用事的空谈家，具有真正的善良意志……他落入了革命空谈的陷阱，成了无政府主义者的牺牲品。"[①]

　　海德门和莫里斯代表了当时英国社会主义运动的两个不同流派，体现了社会主义者对 19 世纪英国巨大经济和社会变化的不同反应。海德门和费边社会主义者受马克思主义和功利主义的影响，接受了这种变化，希望通过努力使商品和服务的分配更有效率和更公正，但他们采取了不同的方法。以莫里斯为代表的社会浪漫主义者，拒绝新兴的工业秩序，倾向于从历史中寻找灵感，带有很大的空想社会主义的色彩。莫里斯转向马克思主义就是因为它为实现这一理想提供了方法。莫里斯的浪漫主义视野与马克思主义的融合，为英国的社会主义发展开辟了一条新路。

　　由此可见，从 1885 年开始，英国有三个主要的社会主义团体在活动，并且都受到了马克思主义不同程度的影响。不过此时的费边社正在摸索当中，不大出名。有趣的是，尽管这些不同的社会主义团体的存在本身就证明着意见和信念的分歧，并且它们还常常相互指责。但是它们的成员之间却一直存在交流，有些还有双重身份，例如社会主义同盟的

---

① 《马克思恩格斯全集》第 36 卷，北京：人民出版社，1975，第 500—501 页。

莫里斯同时也是费边社成员，费边社的弗里德里希·凯德尔也是社会民主联盟的成员，肖伯纳也常常为社会民主联盟演讲。他们之间的交叉活动在一定程度上体现了英国的民主传统对社会主义者的影响，欧洲大陆不同社会主义团体之间相互攻讦、互不相容的现象在英国的社会主义者身上体现得不多。

三　资产阶级民主政治制度的确立

英国自光荣革命以来，形成了不流血改革的传统。工业革命不仅使英国走上了工业化的道路，也使英国逐步走向民主化。随着工业革命的进行和资本主义的发展，旧的封建社会逐渐解体，国王、贵族和教士不再拥有特权。中产阶级的统治开始替代封建贵族的统治，参政权一步一步地扩大，这些都是伴随着 19 世纪英国政治改革的不断进行取得的成果。用韦伯的话说就是："自从 1832 年以来，英国政治的历史乃是纯粹在时代趋势的逼迫下，一个阶级勉强地把参政权交与另外一个阶级的记录。"[①]

1832 年国王威廉四世签署了著名的《1832 年改革法案》(The Reform Act of 1832)，这项改革的力度超过了光荣革命以来的任何变革，被认为是产生了中产阶级的英国的标志。这项法案的实质性举措包括废除一些自治市镇向议会选送议员的权利，并且赋予一些新的自治市镇这样的权利，最重要的是它给所有的自治市镇设置了一个选举资格的标准，任何达到这种标准——拥有或租有每年价值 10 英镑房屋的成年男子都可以投票选举。尽管这个法案的保守条款仍有诸多的限制，选举资格的标准也设置得过高，例如它规定在苏格兰在郡选区有选举权的是年收入 10 英镑以上的地主，年收入 10 英镑以上或租期在 57 年以上的租地农，或年收入为 50 英镑以上租期在 19 年以上的租地农和年收入 50 英镑的佃农。[②] 但它确实终结了贵族对权力的垄断，为中产阶级登上政治舞台打开了一扇门，增加了 45 万以上的中产阶级选民。法案颁布前，每 10 名

---

① 〔英〕塞德尼·韦白：《社会主义的历史基础》，载〔英〕肖伯纳主编《费边论丛》，袁绩藩、朱应庚、赵宗煜译，北京：生活·读书·新知三联书店，1958，第 93 页。韦白即韦伯。

② 钱乘旦主编《英国通史》第 5 卷，南京：江苏人民出版社，2016，第 117 页。

成年男子中有 1 人可以参加选举；法案颁布后，每 5 名中有 1 人能参加选举。但是，绝大多数的人民，尤其是劳工阶级仍然毫无选举权可言。

　　紧接着《1832 年改革法案》而来的是《1835 年市政法案》（The Municipal Corporation Act of 1835），这个法案废除了自治市镇的旧的统治团体，成立市镇议会取而代之，目的是让取得了选举权利的中产阶级再进一步获得管理城市的权利。尽管民主的进程不断深入，大多数的人民特别是工人阶级仍旧没有选举权利，而正是他们中的许多人与资产阶级的进步派一起斗争才赢得了《1832 年改革法案》的通过。因此，工人阶级要求参政权利的呼声始终没有停息，最终发展成为 1838 年开始历经十余年的宪章运动。宪章运动虽然最终被镇压下去，但是工人阶级的参政意愿，却在英国人的政治生活中留下了深刻的印迹，成为自由党和保守党都不能忽视的诉求。在这里需要指出的是，英国工人运动的先进性和战斗性曾远远走在欧洲大陆工人的前面，宪章运动就是英国工人阶级革命的最高潮。列宁曾称英国宪章运动为"世界上第一次广泛的、真正群众性的、政治性上已经成型的无产阶级革命运动"[1]。但是宪章运动以后，英国工人阶级的革命性就被磨灭了，改良主义从此逐渐在工人中发展壮大。这也为后来费边社会主义的改良主义和渐进主义的形成埋下了伏笔。

　　又经过一个世代的宣传与鼓动，1867 年通过的《改革法案》进一步将选举权利授予城市居民的户主，民主政治已经来到了城市化的英国。这个法案赋予了 93.8 万名新选民选举权，所有的城市户主从此获得了选举权。[2] 它规定除 1832 年改革法规定的选民外，增加年值 5 英镑以上的土地持有人和租约农，以及缴纳 12 英镑以上地租并付清济贫税的土地佃租人作为选民。这些规定使选民人数从 110 万增加到 200 万，成年男子中有 1/3 得到选举权，其中包括大量的工人阶级选民。[3] 肖伯纳对此评价道："参政权的扩大在 1867 年被获得了，这种参政权实际上是民主主义制度的一个组成部分，而不是像 1832 年的改革法案那样，仅仅是向着民

①　《列宁全集》第 36 卷，北京：人民出版社，2017，第 292 页。
②　〔美〕克莱顿·罗伯茨、戴维·罗伯茨、道格拉斯·R. 比松：《英国史》（下），潘兴明等译，北京：商务印书馆，2013，第 252 页。
③　钱乘旦主编《英国通史》第 5 卷，南京：江苏人民出版社，2016，第 124 页。

主主义前进。"[①] 1867 年的《改革法案》第一次使工人阶级中的许多人获得了选举权，这在英国的民主化进程中有着重大的意义，但是选举资格仍然是以财产为依据的，选民仍然只占总人口中的小部分。

　　随着 19 世纪下半叶自由党和保守党的交替执政，以及具有深明远见的两党领袖格莱斯顿和迪斯累利的倡议，两党相继出台了一些法案，促进英国政治改革的继续深化和社会改革的稳步向前，进一步巩固了民主政治的基础。一般来说自由党政府的改革力度要比保守党大一些。例如，自由党推出了《1871 年地方政府法案》（Local Government Act of 1871），该法案将监督地方政府的主要中央机构合并为一个强大的地方政府委员会（Local Government Board），从此，所有政府人员的任命都要经过文官考试。自由党人认为，社会应该是所有职业都向有才能的人开放的社会，而无论其阶级。接着，1872 年自由党政府通过了《投票法案》（Ballot Act），该法案规定，投票人只需将候选人的名字写在选票上，而无须像以前那样采用口述的方式，就此确立了秘密投票的制度。1883 年，第二度任首相的格莱斯顿针对贿选问题的愈演愈烈，出台了《贿选处置条例》（Corruption Practices Act）来革除选举制度的弊端。1884 年，自由党政府更是通过了《选举权法》（The Franchise Act，1884），使农村居民获得了与城市居民相同的选举权利，选民数量增加了 200 万人，选民总数达到 500 万，选民比例增加了 40%，民主制度已经基本确立。[②] 而保守党在执政时（1874—1880 年）也推出了一系列的法案，如《工厂法案》（Factory Act）、《工会法案》（Trade Union Act）等，反映出保守党人力图通过运用政府的力量来实现公平公正社会的愿望。这届政府通过的社会立法多于 19 世纪的任何一届政府。[③]

　　19 世纪后半叶的英国政治史确实是一部立法改革的编年史。无论执政的是哪个党都不得不做出推动改革的举措，否则就无法执政，资产阶级民主政治制度就是这样一步一步确立的。但也应当指出，自由党和保

① 〔英〕肖伯纳：《向社会主义过渡》，载〔英〕肖伯纳主编《费边论丛》，袁绩藩、朱应庚、赵宗煜译，北京：生活·读书·新知三联书店，1958，第 255 页。
② 钱乘旦主编《英国通史》第 5 卷，南京：江苏人民出版社，2016，第 128—129 页。
③ 〔美〕克莱顿·罗伯茨、戴维·罗伯茨、道格拉斯·R. 比松：《英国史》（下），潘兴明等译，北京：商务印书馆，2013，第 260 页。

守党都不是真正代表大多数人民利益的政党，它们的改革多是迫于社会的压力而进行的，因此它们的改革并不触及资本主义制度的根本。"格莱斯顿和迪斯累利、自由党人和保守党人都不会赞成根本的社会改革，或者设法运用政府权力对最底层的第四阶层——残余阶层的状况进行改善。两个党在这些问题上没有分歧。"① 韦伯一语道破这种资产阶级两党制的实质："在这些早已得到选举权利的阶级中，从来没有一个阶级衷心地愿意允许新的选民去分享他们已经取得的特权并力图把他们已经取得的权力贬低；但是为了和自己的对手相竞争，每一个政党都轮流地被迫去采取冒险的行动。"② 英国资本主义民主制度的成功之处就在于它能够采取各种办法来遏制来自社会下层的压力，使社会的不满通过各种渠道得到释放。需要采取强力手段的时候它也会毫不犹豫地镇压，但还是尽量采取避免暴力冲突的方针。这一政体始终尽可能致力于遏制而绝非助长民众行使决策权和处理国事的权利。③

由上述史实可以看出，在费边社成立的时候，英国已经建立了比较完备的资产阶级民主制度。一方面，英国议会的权力很大，它很早就将王室任免政府的权力转为己有。另一方面，议会的代表性还在逐步地扩大。1885 年后，全国大约有 2/3 的成年男子已是选民。④ 除还没有获得选举权的妇女外，可以说几乎每户英国人都获得了选举权。因此，对费边社的成员来说，议会是一个可以加以利用的工具，并且民主的进程还在继续，社会主义很有可能通过议会道路来逐渐地实现。无论如何，这种做法是有希望的，而且比走革命道路付出的代价要小得多。

世界社会主义运动的历史证明，凡是民主制度比较健全的国家，社会主义者往往采取改良、渐进的议会道路。而在存在专制政府的国家，社会主义者往往采取革命的道路。例如 1917 年的俄国，无论是布尔什维克还是孟什维克——他们尽管存在诸多分歧，但他们都是革命者——面对沙皇的

① 〔美〕克莱顿·罗伯茨、戴维·罗伯茨、道格拉斯·R. 比松：《英国史》（下），潘兴明等译，北京：商务印书馆，2013，第 261 页。
② 〔英〕塞德尼·韦白：《社会主义的历史基础》，载〔英〕肖伯纳主编《费边论丛》，袁绩藩、朱应庚、赵宗煜译，北京：生活·读书·新知三联书店，1958，第 93 页。
③ 〔英〕拉尔夫·密利本德：《英国资本主义民主制》，博铨、向东译，北京：商务印书馆，1988，第 2 页。
④ 钱乘旦主编《英国通史》第 5 卷，南京：江苏人民出版社，2016，第 128—129 页。

专制政权，除了革命，别无他路。在沙皇俄国，不可能仿照西方国家的形式建立一个走议会道路为主的社会民主党。因此，"如果在 1917 年初告诉俄国共产党人，他们只应该以合乎宪法的议会方式行事，那是胡闹"①。

德国社会民主党的例子更好地说明了民主制度对于实现社会主义方式的影响。1867 年成立的北德意志邦联议会，在德国统一后成为 1871 年的德意志帝国议会，它一直实行成年男子选举制，可以说是一个有广泛代表权的议会。但是，政府并不对这个议会负责，德皇在行政方面直接或者通过总理或首相进行统治。议会对行政部门没有控制权，也不分享行政权。在这种条件下，德国社会民主党必然是坚持正统马克思主义的革命思想。然而随着社会民主党的不断发展壮大，在议会中越来越成为一支举足轻重的力量，它的正统马克思主义的革命原则也开始发生动摇。在 19 世纪末期，德国社会民主党越是坚持它的革命目标，想要赢得议会的胜利以便夺取国家机器，它在实践中就越是需要温和，以便赢得更多的选票。德国社会民主党人在理论上都是革命者，在实际中则踌躇于马克思主义与修正主义之间，既无法抛弃前者，也无法摆脱后者。尽管在 1918 年以前，专制的德皇仍支配着帝国议会的联邦上议院，责任制政府仍然可望而不可即。但是德国社会民主党已经完成了由革命政党向议会政党的转变。后来的历史发展表明，西欧国家的社会主义政党大都走上了议会道路来实现社会主义目标。

四　马克思主义主导的西欧社会主义运动

1875 年，德国工人运动中的两个派别——拉萨尔派和爱森纳赫派正式合并成为统一的德国社会民主工党。② 统一之后的社会民主党摆脱了两派之前的斗争状态，确立了马克思主义的主导地位，使党的鼓动工作更加健康地向前发展。随着社会民主党的力量一天天地壮大，俾斯麦对社会主义运动的敌意也一天天地增强。"到了 1878 年，即使一个眼光不如俾斯麦锐利的人也完全能想象到，总有一天社会主义运动会吞没自由主义分子，并领导反对力量向君主政体发动比德国自由主义历来所能发

---

① 〔英〕G. D. H. 柯尔：《社会主义思想史》第 4 卷（下），奚瑞森译，北京：商务印书馆，1994，第 366 页。

② 该党于 1890 年改称德国社会民主党，以下一般不做区别，统称为社会民主党。

动的更加坚决的攻击。"① 因此，想要保留君主政体或封建主义传统的俾斯麦想尽办法要消灭德国的社会主义运动。1878 年，俾斯麦利用与社会民主党人毫无关联的两次刺杀德皇的事件，使国会通过了《反对社会民主党进行普遍危害活动法》（以下简称《反社会党人法》），允许警察禁止一切社会主义报纸出版，解散了所有的社会主义组织，在"社会民主活动对公众安全构成威胁"的地区限制集会自由，并且可以根据法庭的判决将鼓动者从这些地区驱逐出境。这项法令的有效期几经延长，到 1890 年俾斯麦辞职后的几个月一直有效。由于这项法令，社会主义者遭到普遍迫害，社会民主党和其他社会主义团体无法开展组织活动，不得不转入地下或是流亡国外。尽管如此，国会并没有完全按照俾斯麦的意愿将社会主义者"赶尽杀绝"，社会主义者作为选民和国会议员的地位没有被剥夺，他们仍然勇敢地利用极为有限的机会来传播社会主义观点。

德国的社会主义运动不仅没有被《反社会党人法》消灭，反而更加地发展壮大，从而使这项法令遭遇彻底的失败。选票的数量最好地证明了这一点。在 1877 年的普选中，社会主义者共得 49.3 万票，次年减至 43.7 万票。1881 年，在《反社会党人法》生效后第一次普选中，社会主义者得票又有所减少。但在此后的历次普选中，他们的票数不断增加，到 1890 年即《反社会党人法》有效的最后一年，有 150 万选民投社会主义者的票，这个数字超过了任何其他党派的得票数。② 俾斯麦下台，《反社会党人法》被废除后，德国社会民主党 1891 年在爱尔福特举行会议以制定新的纲领，目的就是要清除马克思所竭力反对的保留在 1875 年《哥达纲领》中的拉萨尔派因素，并全盘接受马克思主义。德国社会民主党由于在遭到压迫的情况下不屈不挠、顽强斗争而赢得了巨大的威望，从而成为各国社会主义者争相模仿的对象。列宁 1918 年 6 月在莫斯科工会和工厂委员会第四次代表大会上关于目前形势报告的总结发言中说道："从 1871 年到 1914 年将近半世纪以来，德国工人阶级一直是全世界社会

---

① 〔美〕卡尔·兰道尔：《欧洲社会主义思想与运动史》（上），群立译，北京：商务印书馆，1994，第 362—363 页。

② 〔美〕卡尔·兰道尔：《欧洲社会主义思想与运动史》（上），群立译，北京：商务印书馆，1994，第 363 页。

主义组织的榜样。"① 1920 年 4 月他在《共产主义运动中的"左派"幼稚病》中更明确指出："革命的德国社会民主党……同革命无产阶级取得胜利所必需的那种政党最相近。"② 德国社会民主党之所以能够在半个世纪的时间里为世界社会主义、共产主义运动起到首建垂范作用，马克思、恩格斯的长期不懈的指导与帮助起到了至关重要的作用。

在 19 世纪后期的欧洲和美国，随着资本主义的迅速发展，资本集中和垄断趋势加强，劳资矛盾日益加深，再加上德国社会民主党的榜样作用，相当多的国家内成立了宣布奉行马克思主义的工人阶级政党或组织，来领导无产阶级进行反对资产阶级、争取自身利益的斗争。1879 年西班牙社会民主党和丹麦社会民主党相继成立。1882 年茹尔·盖得的法国工人党已经具有明确的形式；1883 年海德门的民主联盟通过了一个社会主义的纲领，并于 1884 年改称社会民主联盟。1883 年普列汉诺夫和阿克雪里罗得建立了形成俄国社会民主党前身及核心的劳动解放社。挪威社会民主党成立于 1887 年，奥地利和瑞士的工人阶级政党成立于 1888 年，瑞典社会民主党成立于 1889 年。意大利、荷兰、波兰、芬兰的马克思主义政党也几经波折最终于 1890 年前后相继成立。在美国，丹尼尔·德·里昂 1890 年参加的社会主义工党后来拥护左翼的马克思主义，造成党的分裂，于 1900 年成立了更正统的社会民主党。③ 尽管在这一时期成立的工人阶级政党内仍存在形形色色的非马克思主义的思潮，但是马克思主义此时无疑对这些工人党发挥着最重要的影响。很多工人阶级政党是在马克思和恩格斯直接或间接指导下成立的。马克思和恩格斯并不能总是像 1869 年德国工人党和 1879—1880 年法国工人党建立时那样，直接参加新的阶级政党的创建工作。但是，每当某个国家的工人创立革命的先锋队时，马克思和恩格斯总是间接参与的——或者对一些工人代表提出建议，在报章上发表关于纲领、战略和策略的指示；或者告诉他们一个关键性的问题，那就是：如果不去接受（至少是部分地接受）科学共产主义的基本理论，要想组成一个党，是不

---

① 《列宁全集》第 34 卷，北京：人民出版社，2017，第 432 页。
② 《列宁选集》第 39 卷，北京：人民出版社，2017，第 13—14 页。
③ 〔英〕G. D. H. 柯尔：《社会主义思想史》第 2 卷，何瑞丰译，北京：商务印书馆，1978，第 423—424 页。

会成功的。此外，在马克思于 1883 年去世后，恩格斯独自承担了指导国际工人运动的重任。恩格斯晚年既没有领导某个国家的任何一个组织，也没有领导国际的任何一个组织，但是所有的社会党人，如列宁所说，"都从年老恩格斯的知识和经验的丰富宝库中得到教益"。恩格斯实际成为国际工人运动思想上和实践上的导师。这一批受马克思主义影响的社会主义政党继承了第一国际的革命传统，于 1889 年结合成第二国际，在欧美重新振兴世界社会主义运动。

费边社在这一时期一方面吸收和借鉴了马克思主义理论的部分内容以形成和发展费边社会主义思想，另一方面又对马克思主义进行批判。费边社会主义在一定程度上影响了伯恩施坦并促成了他的修正主义思想的形成。因此，费边社会主义也被认为是民主社会主义的滥觞。关于这一方面的论述详见第五章费边社会主义与社会民主主义的关系部分。可以说，在 19 世纪的最后十几年，费边社会主义与马克思主义存在某种交集，从而为 20 世纪初社会民主主义的盛行奠定了基础。

第二节　费边社会主义的主要理论渊源

费边社正式成立于 1884 年 1 月。在成立时，费边社没有自己明确的理论，更没有后来可以称为费边社会主义的东西，仅是一个希望从事社会改革的小团体。1885 年第 3 号"费边短评"《致有远见的地主与资本家——建议与警告》才首次公开宣布它是社会主义团体，但也不清楚它到底想要什么样的社会主义。一般认为，1889 年《费边论丛》的出版和成功，奠定了费边社会主义的原则基础，标志着费边社会主义的成型。柯尔指出，费边社会主义，只是在《费边论丛》出现时，才成为一种明确的理论体系。1884—1889 年是当时默默无闻的费边社关键的准备期，不仅年轻的肖伯纳和韦伯等人在此期间加入该社，而且这些人的社会主义思想成长和成熟于

① 〔德〕海因里希·格姆科夫等：《恩格斯传》，易廷镇、侯焕良译，北京：生活·读书·新知三联书店，1978，第 416 页。
② 《列宁全集》第 2 卷，北京：人民出版社，2013，第 11 页。
③ 〔英〕G. D. H. 柯尔：《社会主义思想史》第 3 卷（上），何瑞丰译，北京：商务印书馆，1981，第 113 页。

这一重要时期。马克斯·比尔总结道："他们研究马克思、拉萨尔、蒲鲁东、欧文以及英国经济学家斯密、李嘉图、穆勒、克利夫·莱斯利和凯恩斯的学说，并逐渐摆脱了旧日社会主义传统思想的束缚。"① 应该说，费边社会主义思想的理论渊源是比较庞杂的，但是其中的主要脉络也是有迹可寻的。

韦伯在1894年对费边社的一次演讲中讲道："虽然我们不能指望在我们的行列中有人具备边沁和穆勒的才干，虽然我们既没有钱财也没有19世纪初哲学激进派的地位，但是我认为摆在我们面前的工作是可以和他们的相提并论的。我们就是当代的功利主义者。"② 麦克布莱尔指出费边社会主义来源于两条思想主线：一条是英国自由主义传统，经由约翰·斯图尔特·穆勒的晚期作品发起，最终在19世纪80年代混乱的情况下形成伦敦激进主义；另一条是社会主义的，尤其是其中最有力量的一派——马克思主义。③ 德罗兹指出，他们（费边主义者——引者）的思想的形成主要归功于约翰·斯图亚特·穆勒和边际效用经济学家及实证主义，其次才归功于马克思。其实，他们对马克思主义的研究比大家通常所说的还要下功夫。④ 由此可见，马克思主义和功利主义在费边社会主义的理论渊源中占据着突出的地位。此外，在梳理费边社会主义思想形成的脉络时，还可以发现社会有机体理论和租金理论对它的显著影响。因此，以下分别就马克思主义、社会有机体理论、功利主义、租金理论等方面分析它们对于费边社会主义形成的影响。

一　马克思主义

费边社会主义对马克思主义的批判是众所周知的，恩格斯曾经指出："他们之所以疯狂地仇视马克思和我们大家，就是因为阶级斗争问题。"⑤

---

① 〔德〕马克斯·比尔：《英国社会主义史》（下），何新舜译，北京：商务印书馆，1959，第243页。
② Sidney Webb, *Socialism: True and False* (London: Fabian Society, 1899), p. 6.
③ A. M. McBriar, *Fabian Socialism & English Politics 1884 – 1918* (London: Cambridge University Press, 1966), pp. 7 – 8.
④ 〔法〕雅克·德罗兹：《民主社会主义（1864—1960年）》，叶波译，上海：上海译文出版社，1985，第94页。
⑤ 《马克思恩格斯选集》第4卷，北京：人民出版社，2012，第90—91页。

事实上费边社会主义者对于每一种学说的态度都是如此，他们并不简单地肯定或者否定前人的思想，而是有选择地吸收其中的某些内容，加以费边主义的解释。他们对待马克思主义也是采取这种批判加吸收的态度。实际上，马克思主义对费边社会主义的影响是相当深远的。

费边社虽然没有公认的领袖和正统的思想，但《费边论丛》的七位作者在早期费边社中有着很大的影响力，其中的肖伯纳、韦伯、奥利维尔和华莱士更是被称为费边思想的"四巨头"。[①] 本节就从费边社早期代表人物的作品和活动中探讨马克思主义对早期费边社会主义的影响。

（一）早期费边社员与马克思主义著作的接触

费边社成立时，入社的知识分子们对马克思及其作品仅限于有所耳闻。他们是在后来费边社会主义逐步形成的过程中，不断地了解和学习马克思主义的。费边社创始元老，多年担任书记的爱德华·皮斯说过："我们当然都知道马克思，我发现我有一本标注日期是 1883 年 10 月 8 日的法文版《资本论》。但是我不认为在费边社成立的时候，有哪个创始成员读过它或是从中汲取了它的一些思想。"[②] 事实上不仅是马克思主义，最早的费边社员们对于社会主义的认识也不可一概而论。柯尔在《社会主义思想史》中指出，费边社的主要创始者都是二十几岁的青年人。这些青年人对社会主义深感兴趣，但是除了悉尼·韦伯这个突出的例子外，都还完全不能肯定社会主义的意义是什么。[③] 肖伯纳也用他特有的自嘲和生动的笔调描绘过费边社员早期对社会主义知识的缺乏：他们批评一切他们认为是非社会主义的东西，却不知道他们想要的社会主义是什么；他们不断地学习和充实自己，才在短短几年内就从被人指责对于政治、经济学无知，到使人敬畏他们在这些方面取得的成就。肖伯纳和他的费边伙伴们学习的一个重要途径是汉普斯泰德历史俱乐部（Hampstead Historic Club）。这个组织是费边社员们为了阅读马克思和蒲鲁东的著作而成立的，后来则成为系统学习历史的课堂。通过这种学习，

① 〔英〕玛格丽特·柯尔：《费边社史》，杜安夏、杜小敬等译，北京：商务印书馆，1984，第 10 页。
② Edward Pease, *The History of the Fabian Society* (New York: Book Jungle, 2008), p. 16.
③ 〔英〕G. D. H. 柯尔：《社会主义思想史》第 3 卷（上），何瑞丰译，北京：商务印书馆，1981，第 117 页。

他们都从学生变成了教授。① 肖伯纳承认《资本论》给他留下了深刻的印象："马克思把我变成了一个社会主义者。"②

此外，在费边社 1891 年出版的第 29 号"费边短评"《社会和经济课题阅读书目》中，也列出了马克思和恩格斯的一些经典著作，如《资本论》《社会主义从空想到科学的发展》《共产党宣言》《英国工人阶级状况》《法兰西内战》等。③ 除直接接触马克思主义著作外，由于早期费边社的一些成员与亨利·海德门领导的社会民主联盟交往甚密，例如凯德尔同时是费边社和社会民主联盟的成员，肖伯纳也差一点就加入社会民主联盟，他们从海德门的作品《大家的英国》和《英国社会主义的历史基础》中也间接地了解了其中属于马克思主义的一些内容。

由此可见，费边社会主义思想从无到有是通过费边社员不断地学习来完成的。在学习的过程中，他们逐渐熟悉了马克思主义的一些主要内容和基本原理。当然，费边社会主义的理论基础构成多元，除了马克思主义外，斯宾塞的社会有机体学说、边沁的功利主义思想、穆勒的政治经济学理论和社会主义思想，都对费边社会主义的产生做出过贡献。从费边社的大量出版物中可以看到，费边社会主义的显著特点是取百家之长，为我所用，并不盲从任何人的观点。费边社会主义者往往汲取一家的观点，根据自己的需要（经常是为了符合当时英国的实际状况）加以改善和发展，而对不符合他们要求的地方则加以批判或唾弃。他们也正是以这种方式来对待马克思主义的。

（二）费边社会主义对马克思主义的借鉴

麦克布莱尔认为费边主义的思想来源有两条主线，一条是英国的自由主义传统，另一条是社会主义，尤其是其中最有影响力的一派——马克思主义。④ 曾任费边社主席和工党政府内阁大臣的安东尼·克罗斯兰

---

① G. Bernard Shaw, *The Fabian Society: Its Early History* (London: Fabian Society, 1899), p. 16.

② Bernard Shaw, *Sixteen Self Sketches* (London: Constable and Company Limited, 1949), p. 50.

③ Fabian Society, *What to Read on Social and Economic Subjects* (London: Fabian Society, 1901), pp. 1 – 47.

④ A. M. McBriar, *Fabian Socialism & English Politics 1884 – 1918* (London: Cambridge University Press, 1966), pp. 7 – 8.

在《社会主义的未来》一书中回顾英国社会主义的发展历史时，直言不讳地指出："费边主义传统并没有有效地抗拒马克思主义——事实上，费边主义著名领导人后来都背弃了自己的传统，而成为马克思主义信条的重要支持者。（这种转变，最显著的莫过于韦伯派了。他们基本上都是开始的时候远离马克思主义，最后却完全信奉马克思主义。其中，年轻一代的费边主义杰出代表，G. D. H. 柯尔，就是马克思主义的主要支持者。）"① 费边社会主义者受马克思主义影响最深的就是马克思的历史观。费边主义者和马克思一样，从经济的观点出发来解释历史，认为经济决定着社会的政治条件，他们强调经济权力集中的趋势，并且同样认为社会主义的到来是不可避免的。

关于费边社会主义受马克思主义历史观影响的一个明显的例子，就是韦伯 1888 年所做的一次演讲，后来出版成为第 15 号"费边短评"的《英国迈向社会民主主义》。这篇短评中关于社会历史发展进程的描述和《共产党宣言》中的相关段落有着显著的相似性。例如韦伯在该文中总结道，每一种社会形态都以一个主要的经济特征为基础。每当社会生产出超过基本生存所需要的产品时，就会发生为了争夺这些"剩余产品"（surplus product）的激烈斗争。这种争夺剩余产品的斗争就是欧洲混乱历史进步的关键，也是所有革命根本的、无意识的动机。韦伯还指出，文明的进步使奴隶制与社会的发展不相适应，奴隶就变成了封建制度下的农奴。随着社会的进一步发展，封建制度也被历史抛弃，依附于土地和封建主的农奴消失了，"自由劳工"出现了。人是自由的，却只有为糊口而工作或是挨饿的自由，除此之外一无所有，甚至工作的自由也常常由于失业而被剥夺。工人的境遇比起奴隶和农奴还不如。而改变广大群众悲惨境遇的途径就在于劳工阶级的政治进化，以此夺回对工业的控制，并用逐渐集体化的方式来废除对生产工具、土地、矿产等的私有制。这种社会进化的趋势是不可阻挡的。②

此外，《费边论丛》也有多处透露出费边社会主义从马克思主义中

---

① 〔英〕安东尼·克罗斯兰：《社会主义的未来》，轩传树、朱美荣、张寒译，上海：上海人民出版社，2011，第 4 页。括号中内容为原文脚注④。

② Sidney Webb, *English Progress towards Social Democracy*（London：Fabian Society, 1893），pp. 4 - 5.

所汲取的理论和观点。韦伯在《社会主义的历史基础》中描写劳工的悲惨境遇时，在注释中指出有关情况可见马克思在《资本论》中引用的其他许多事实，也可以参阅恩格斯的《英国工人阶级状况》。[①] 肖伯纳在《社会主义的经济基础》里，"不仅吸收了李嘉图、杰文斯的许多思想，而且还大量采纳了马克思的观点"[②]。他论证说，土地可以产生地租，资本可以产生利息，当它们一旦变为收益的源泉时，它们之间就没有区别。所有这些收入，最后都是由劳动者的劳动所创造的东西的价格和劳动本身在公开市场上以工资、薪金、赏钱或利润的方式出售的价格之间的差别支付的（劳动的产品超过了它的价值的这个余额曾被马克思作为一个单独的范畴而有深刻影响地讨论过。他把它称为"剩余价值"）。[③] 肖伯纳将马克思所说的"剩余价值"称为"租金"，而租金理论是费边社会主义思想的一个重要组成部分。需要指出的是，肖伯纳虽然认真学习了《资本论》，却没有正确地理解马克思的剩余价值理论，导致在汉普斯泰德历史俱乐部的讨论会上，他竭力维护马克思的剩余价值理论却被驳倒，后来他自己也否定了剩余价值理论，转而接受杰文斯的经济学思想。尽管如此，他本人一直为马克思辩护，始终认为马克思比杰文斯伟大。英国著名马克思主义经济学家莫里斯·多布指出，肖伯纳的思想就其形式而言，是受亨利·乔治和杰文斯的鼓舞，但就其对资本主义财产和它带来的收入所进行的直截了当的斥责而言，却一直带有受到马克思的鼓舞的强烈印迹。[④]

除了这两个费边社最著名的人物外，安妮·贝赞特在《社会主义制度下的工业》中对快速增长的失业大军的描绘也可以看出受到马克思的影响；而威廉·克拉克以《社会主义的工业基础》向费边社做演讲时曾大量引用《共产党宣言》的原文，只是后来出版时才被删掉。[⑤] 即便如

---

① 〔英〕塞德尼·韦白：《社会主义的历史基础》，载〔英〕肖伯纳主编《费边论丛》，袁绩藩、朱应庚、赵宗煜译，北京：生活·读书·新知三联书店，1958，第 95 页。

② 〔英〕玛格丽特·柯尔：《费边社史》，杜安夏、杜小敬等译，北京：商务印书馆，1984，第 31 页。

③ 〔英〕肖伯纳：《社会主义的经济基础》，载〔英〕肖伯纳主编《费边论丛》，袁绩藩、朱应庚、赵宗煜译，北京：生活·读书·新知三联书店，1958，第 77—78 页。括号中内容为原书脚注。

④ 陈慧生：《费边派对待马克思学说的态度》，《国际共运史研究》1988 年第 2 期。

⑤ A. M. McBriar, *Fabian Socialism & English Politics 1884 - 1918* (London：Cambridge University Press, 1966), p. 63.

此，克拉克的这篇文章还是"完全按照马克思的方式（虽然未用马克思主义的术语）解释制造业的发展以及随后托拉斯的组成"①。例如他在文中总结道，托拉斯和联合企业正在迅速发展，小规模的生产者注定要在竞争中破产，资本主义集中趋势的结果必然是生产资料、分配资料和交换资料的社会化，也就是说，资本家在无意识中已经为社会公有制创造了条件。克拉克受马克思主义的影响是比较大的，他完全赞同马克思的经济理论。此外，华莱士对《资本论》进行过比较认真的研究。他认为马克思的经济理论是自由竞争时代的产物，自垄断企业出现后，劳动价值论已经不再反映客观经济规律了。

以上所列的一些费边社会主义受到马克思主义影响之处，一般也被费边社会主义者所承认。费边主义者也非常尊重马克思和恩格斯。费边社曾请求恩格斯为他们撰稿，但被恩格斯婉拒了。1895 年恩格斯逝世后，费边社在唁函中称他为世界公认的科学社会主义学说的泰斗。② 同时，费边社允许不同观点存在。因此，批判马克思主义的观点也一直存在，其中也包括韦伯、肖伯纳这些接受马克思主义部分思想的费边社员。简单地说，科学社会主义的两大理论基石中，费边社会主义受唯物史观影响较大，而较少接受剩余价值论。

（三）早期费边社会主义与马克思主义的主要分歧

柯尔曾经指出，马克思主义理论的一部分遭到费边主义者的全盘反对，其彻底程度就像他们完全赞成另一部分一样。③ 赞成的部分是指马克思的历史唯物主义，反对的是他的辩证法和阶级斗争导致革命、导致无产阶级专政这部分理论。费边社的主要目标是解决具体的、现实的社会问题，而较少对抽象的哲学原则产生兴趣。在他们眼里马克思主要是历史学家和经济学家。从上文所列的费边社会主义者感兴趣的马克思主义作品就可略见一斑。费边社会主义者和马克思主义者都认为在经济力量作用下，社会主义的到来是不可避免的。二者的主要区别在于马克思

① 〔英〕玛格丽特·柯尔：《费边社史》，杜安夏、杜小敬等译，北京：商务印书馆，1984，第 32 页。
② 陈慧生：《费边派对待马克思学说的态度》，《国际共运史研究》1988 年第 2 期。
③ 〔英〕G. D. H. 柯尔：《社会主义思想史》第 3 卷（上），何瑞丰译，北京：商务印书馆，1981，第 123 页。

认为社会革命是过渡的必然形式，费边社会主义者则不从阶级斗争或革命的角度来看待这一社会改变的过程。他们的出发点是在英国已有的民主制度下，由选民施加压力，以民主的方法逐步地、渐进地改变社会制度。英国已经在社会主义必然到来的那个进程上走过了很长的一段道路。他们论证说，资本主义制度的建立，不是由于突然地爆发革命推翻封建制度，而是一个长期渐进的渗透到旧制度的过程。社会主义也会以同样的方式渗透到资本主义社会中，直到最终取而代之。

在以上分歧的背景下，早期的费边社会主义者对马克思主义展开了激烈的批判。韦伯夫妇认为马克思是想在历史事实上加上一个先验的模式，马克思的历史理论仅是许多描绘社会进化现象的假设之一，而不是全部。华莱士更进一步批评马克思是想把所有的历史动机减少成经济动机。一些参加汉普斯泰德历史俱乐部的费边社员否定马克思的剩余价值理论，而且攻击马克思主义把人类的全部活动狭隘地、僵硬地归结为经济动机，把社会革命看作自动的过程。奥利维尔则以社会主义的道德基础向马克思主义进行挑战，提出一种伦理社会主义同马克思主义相对立。他试图用实证的伦理科学成果所支持的判断道德的准则来为社会主义的理想进行辩护。

这些费边社会主义者对马克思主义的批判无疑有误解和错判之处。但是要想理解费边社会主义与马克思主义的主要分歧，有一个基本前提必须首先明确。费边社会主义和马克思主义的研究起点是不一样的，马克思主义研究的是无产阶级和全人类的解放，更具体的是改变资本主义世界和建设社会主义世界的一般规律。费边社会主义者的大部分论点和证明都是从英国资本主义的历史中引申而来的，他们所关心的只是随着现代资本主义的兴起而开始的那个阶段，特别是注意产业革命以来的时期。费边社会主义者没有像马克思那样提出一整套能普遍应用的历史理论，他们也没打算那么做。了解这一研究起点的差别，有助于理解费边社会主义和马克思主义关于实现社会主义方式上的分歧。这一分歧也反映出马克思主义与资产阶级改良主义在理论上的本质区别。

从《共产党宣言》发表所处的时代和马克思主义更宽广的视角来看，马克思、恩格斯最初主张的是首先实现彻底的民主革命，然后才能够进一步向社会主义革命过渡。他们虽然有时对革命的进程及结果做出了过于乐观的估计，但是并不主张超越阶段。后来鉴于德国资产阶级在革命中表现出来的软弱性和妥协性，马克思、恩格斯得出结论，在资本主义社会，工人阶级必须夺取政权并且打碎旧的国家机器，建立无产阶级专政，才能够实现社会主义。这实质上是让工人阶级完成本该由资产阶级完成的任务。在《费边论丛》出版的 1889 年，可以说只有英国真正彻底地完成了资产阶级民主革命。如韦白所说："还不到一个世纪，民主主义在英国战胜了经过十个世纪的成长的、政治上的中古精神。这种胜利的全部重大意义还没有被普通的政治活动家所发觉。工业方面的进化使得劳动者在自己的国家里成为一些没有土地的异乡人，可是政治方面的进化却迅速地使他们成为自己国家的统治者。"① 在 10 年之后的 1899 年，威廉·李卜克内西指出："德国工人阶级担当了这样的任务：把争取政治解放的斗争同争取社会解放的斗争结合起来，或者换句话说，他除了自己的阶级任务以外，不得不完成在正常发展的国家中早已由资产阶级完成的事情。"② 由此可见，对费边社会主义者来说，社会主义仅仅是将政治领域取得胜利的民主主义进一步扩展到经济领域。"民主主义在经济方面的理想，实际上也就是社会主义本体。"③ 而更多国家的马克思主义者则始终面临政治革命和社会革命的双重任务。暴力手段就成为马克思主义者试图尽快将两种革命完成的最重要的方式。

伯恩施坦在反驳别人指责他学费边社会主义的榜样才转向修正主义时说过："由于和费边协会及其杰出领袖的熟识，我懂得了尊重它和它的作用，但是他们的特殊宣传方式是如此彻底地适合英国情况，以致任何企图在大陆上加以模仿的尝试都必然要失败，这一点我从来没有发生模糊。"④ 换个角度说，任何想要把植根于更加宽广的历史视角的马克思主义不加变动地应用于英国的做法，无疑也是教条的。

---

① 〔英〕塞德尼·韦白：《社会主义的历史基础》，载〔英〕肖伯纳主编《费边论丛》，袁绩藩、朱应庚、赵宗煜译，北京：生活·读书·新知三联书店，1958，第 94 页。
② 〔德〕威廉·李卜克内西：《不要任何妥协，不要任何选举协议！》，姜其煌等译，北京：生活·读书·新知三联书店，1964，第 65 页。
③ 〔英〕塞德尼·韦白：《社会主义的历史基础》，载〔英〕肖伯纳主编《费边论丛》，袁绩藩、朱应庚、赵宗煜译，北京：生活·读书·新知三联书店，1958，第 87 页。
④ 〔德〕爱德华·伯恩施坦：《一个社会主义者的发展过程》，史集译，北京：生活·读书·新知三联书店，1962，第 25—26 页。

阶级斗争、暴力革命显然是马克思主义的重要内容,但是它的创始人从来都没有不加条件地施用自己的理论。他们也从未断言为了达到自己的目的,到处都应该采取同样的手段。马克思在 1872 年《关于海牙代表大会》中就提到:"有些国家,像美国、英国,——如果我对你们的制度有更好的了解,也许还可以加上荷兰,——工人可能用和平手段达到自己的目的。"① 在 1871 年《纪念国际成立七周年》的文章中,马克思更是直接指出:"英国是唯一的这样一个国家:它的工人阶级的发展和组织程度,使这个阶级能够利用普选权来为自己谋利益。"② 恩格斯在 19 世纪后期也多次提到在民主国家走议会道路实现和平变革的可能性。例如恩格斯在 1886 年《资本论》英文版序言中指出:"这个人(指马克思——引者)的全部理论是他毕生研究英国的经济史和经济状况的结果,他从这种研究中得出这样的结论:至少在欧洲,英国是唯一可以完全通过和平的和合法的手段来实现不可避免的社会革命的国家。"③ 再如恩格斯在《1891 年社会民主党纲领草案批判》中指出:"可以设想,在人民代议机关把一切权力集中在自己手里、只要取得大多数人民的支持就能够按照宪法随意办事的国家里,旧社会有可能和平长入新社会,比如在法国和美国那样的民主共和国,在英国那样的君主国,英国报纸上每天都在谈论即将赎买王朝的问题,这个王朝在人民的意志面前是软弱无力的。"④ 由此可见,费边社会主义者所批判马克思主义的暴力革命,马克思主义者并不认为在有着悠久民主传统和比较完备资产阶级议会制度的英国是一定会发生的。而早期的费边社会主义者也很少将注意力放在英国以外,例如最初的"费边短评"就鲜有涉及国际问题的内容。因此就英国如何实现社会主义的方式,费边社会主义者和马克思主义者,实际上已经有了趋于一致的结论,也就是可以通过议会道路来逐渐地实现社会主义。当然,马克思、恩格斯是将英国作为一个例外情况来看待的,他们从未放弃暴力革命这条道路,这也是马克思主义与修正主义的根本区别之一。

---

① 《马克思恩格斯全集》第 18 卷,北京:人民出版社,1964,第 179 页。
② 《马克思恩格斯文集》第 3 卷,北京:人民出版社,2009,第 619 页。
③ 《马克思恩格斯文集》第 5 卷,北京:人民出版社,2009,第 35 页。
④ 《马克思恩格斯选集》第 4 卷,北京:人民出版社,2012,第 293 页。

费边社会主义在产生的时候是具有英国特色的，后来则演变成为被普遍接受的社会民主主义的理论。在费边社会主义形成的过程中，无论早期的费边社会主义者对马克思主义的态度是赞成还是批判，马克思主义对费边社会主义的影响都是不容忽视的。熊彼特说过，费边社成员在某种意义上可以说是比马克思本人更好的马克思主义者。集中注意力于实际政治范围内的问题，与社会事物进化的步调保持一致地前进，暂且不问最终目标，这些实际上要比马克思本人任意嫁接在他基本理论上的革命思想意识更符合他的基本理论。① 从马克思主义者的角度来看，这种说法失之偏颇，但也为理解费边社会主义与马克思主义的关系提供了一个新的视角。

二 社会有机体理论

赫伯特·斯宾塞是英国著名的社会学家、哲学家，是社会进化论和社会有机体论的早期代表人物。他在达尔文的《物种起源》之前就提出了社会进化的思想。斯宾塞认为，进化是一个普遍的规律，社会同生物一样也是一个有机体，这两种有机体之间有着许多的相似之处。因此他极力主张将生物学中的"生存竞争、适者生存"的学说应用于社会领域。《社会静力学》是斯宾塞的第一部学术著作和代表作。他在该书中集中阐释了自己的社会进化论和社会有机体的观点。斯宾塞论证道，一个社会与一个个别的人一样，是完全按照相同的体系组织起来的，以致我们可以感到他们之间有着超过类似的某种东西。② 社会在从发展的最低阶段进步到最高阶段时所采取的各种不同的组织，原则上和各种不同的动物组织是相似的。③ 斯宾塞的这一思想对费边社会主义产生了直接的影响。韦伯就明确提出："主要是由于孔德，达尔文以及赫伯特·斯宾塞的功绩，我们不能再把这种理想的社会认为是一种不会发生变动的'国家'。社会的理想已经从静态的变成了动态的，社会有机体不断成长

---

① 〔美〕约瑟夫·熊彼特：《资本主义、社会主义与民主》，吴良健译，北京：商务印书馆，2009，第469页。

② 〔英〕赫伯特·斯宾塞：《社会静力学》，张雄武译，北京：商务印书馆，2012，第261页。

③ 〔英〕赫伯特·斯宾塞：《社会静力学》，张雄武译，北京：商务印书馆，2012，第262页。

与发展的必要性已经为人们所公认了。"① 斯宾塞对韦伯夫人比阿特丽斯·韦伯的影响则更为重要。比阿特丽斯早年是斯宾塞的学生及好友，正是受到他的亲自教诲与指点，孩童时代的比阿特丽斯就决定将来要成为一名社会调查员。② 后来担任英国首位工党首相的费边社员拉姆齐·麦克唐纳（因与韦伯等人意见分歧后来退出了费边社）是生物学社会主义的代表，他主张建立社会有机体，并出版了《社会主义和社会》一书，书中充满了社会与生物机体的类比，并大量引用赫伯特·斯宾塞的词汇来说明社会是一个由生理器官所组成的有机体，这些器官对社会的共同生活分别发挥自己的作用。尽管柯尔对该书的评价不高，认为此书不折不扣地是一本二流著作，③ 但该书却反映了社会有机体理论对费边社员的影响之深。费边社会主义受社会有机体理论的影响之处，主要体现在社会有机体的特征和社会有机体与个人的关系方面。

1. 社会有机体的特征

费边社会主义者认为社会是一个有机体，和其他任何有生命的物体一样是逐渐成长、发展的。社会也像生物一样会生病、衰退甚至死亡。他们反对把社会视为一成不变的静止状态。

韦伯在《社会主义的历史基础》一文中就记录了社会主义内部发展的历史。他写道，从古到今，有志于社会改革的人们，自然会提出一种对新社会制度加以详细说明的精辟计划，来为他的理想的切实可行做辩护，似乎在他们所计划的新社会制度中，当时存在的一切罪恶就会被消除了。恰恰就像柏拉图有他的共和国（Republic）以及托马斯·莫尔爵士有它的乌托邦（Utopia）那样，巴波弗也有他的"平等宪章"（Charter of Equality），卡贝特有他的"伊卡利亚"（Icaria），圣西门有他的"工业制度"（Industrial System），以及傅立叶有他的理想的"法兰斯泰"（Phalanstery）。罗伯特·欧文花费了一笔财产去把他的"新道德世界"（New Moral World）的理想强加于并不相信它的一代人的身上；甚至奥古

---

① 〔英〕塞德尼·韦白：《社会主义的历史基础》，载〔英〕肖伯纳主编《费边论丛》，袁绩藩、朱应庚、赵宗煜译，北京：生活·读书·新知三联书店，1958，第82—83页。

② Beatrice Webb, *Our Partnership*（Cambridge：Cambridge University Press, 1975），pp. xii-xiii.

③ 〔英〕G. D. H. 柯尔：《社会主义思想史》第3卷（上），何瑞丰译，北京：商务印书馆，1981，第243页。

斯丁·孔德——虽然比较他同时代的许多懦弱的人高明得多，也必须在他的"实证主义哲学"中加上一个详细的"国体"（Polity）计划。所有这些主张的主要特色可以说就是它们的静态性质。他们把那理想的社会描写为处于完全相称的均衡状态并且无须或者不可能在未来发生根本的变革。① 韦伯接着说，正是由于孔德、达尔文以及赫伯特·斯宾塞的功绩，社会是一成不变的静止状态的观点已经被抛弃。社会有机体成长与发展的观念成为人所共知的常识。

在承认社会也是像生物一样是成长和发展着的以后，费边社会主义者进一步论证社会发展演变的方式。他们认为既然在生命体的正常生长过程中，细胞不断地新陈代谢，不停地慢慢改变，由此生命得以延续和发展；那么社会的发展也是如此，如果旧的社会制度不能适应社会的需要，那么新的制度就会逐渐形成，并取而代之。这种新旧制度之间的更替变迁就足以维持社会的生存。即使社会出现了问题，也就是疾病，只要社会的大部分细胞仍是好的，社会就不至于死亡。韦伯认为，哲学家们现在不再去寻求什么别的东西，他们所寻求的乃是从旧制度逐渐进化到新制度，并且认为在这种进化过程中，任何时候都无须破坏整个社会组织的连续性或者把整个社会组织突然地加以改变。新制度本身是会变成旧制度的，而且往往在它被人们有意识地认作新制度以前就已经变成了旧制度。我们在历史上还找不到乌托邦式的和革命的突变例子。② 由此可见费边社会主义的渐进原则的哲学根源受到了社会有机体理论的影响，也正是在这一点上它与马克思主义产生分歧。费边社会主义者拒绝承认马克思开出的革命药方是治疗社会疾病的方法。但同时，他们对于自己的观点又有所保留。认为不同社会有机体的发展情况可能不一样，可能有不同的变迁方式。

韦伯进一步将社会有机体的理论应用到自己的政治思想方面，他总结道，正是通过群众心理缓慢地、逐渐地向着新的原则的转变，社会的改组才能一点一滴地实现。所有关心自己时代的事物的社会学者、

① 〔英〕塞德尼·韦白：《社会主义的历史基础》，载〔英〕肖伯纳主编《费边论丛》，袁绩藩、朱应庚、赵宗煜译，北京：生活·读书·新知三联书店，1958，第 82 页。
② 〔英〕塞德尼·韦白：《社会主义的历史基础》，载〔英〕肖伯纳主编《费边论丛》，袁绩藩、朱应庚、赵宗煜译，北京：生活·读书·新知三联书店，1958，第 83 页。

社会主义者以及个人主义者都认识到，重大的、根本的变革只能是：①民主主义的变革，因为只有如此，对大多数人民来说，才是可以接受的，并且才能使所有的人在思想上有所准备；②渐进的变革，因为只有如此，无论进步的速度多快，才不致引起脱节现象；③被人民大众认为是合乎道德的变革，因为只有如此，才不致在主观上对他们来说是道德败坏的；④合乎宪法的与和平的变革，至少在英国应当如此。① 这四个要点几乎就是费边社会主义的核心原则，直接反映了社会有机体理论对于费边社会主义的影响。但同时，韦伯也谨慎地表明英国这个社会有机体可能会与其他的有机体的进化方式有所不同。

此外，费边社会主义思想还受到达尔文"物竞天择、优胜劣汰"观念的影响。他们认为社会有机体不但是发展的、渐变的，而且不同有机体的生死存亡还受着某种规律的影响。对费边社会主义者来说这种规律就是效率。韦伯举例说明，法国人在普法战争中被德国人打败了，这并不是因为一般的德国人较一般的法国人高出一寸半，或者是因为一般的德国人多读了五本书，而是因为德国人的社会有机体，为了达到当时的各种目的，在效率方面要比法国人的社会有机体优越。② 可以看出，费边社会主义者认为社会有机体是超乎个人之上的，个人的力量大小、智慧多少不足以决定整个社会有机体的优劣。社会有机体本身效率的高低，才是决定其优劣的关键。因此，为了使社会有机体发挥最大效率，需要讨论个人与社会有机体的关系。

2. 社会有机体与个人的关系

有机体是由许多各个独立的细胞构成的，但是每个单独的细胞不能代表整个有机体。不同的细胞必须各司其职，有机体作为一个整体才能够健全地存在。韦伯论证道，一个社会不仅只是许多个人个体的总和，社会的存在和它的任何一个组成部分的存在是有区别的。社会无论是有意识地或无意识地必然是以本身作为一个社会而继续存在为目的，也就是说，社会的生命要超过它的任何一个成员的生命，而作为一个组成单位的个人的利

---

① 〔英〕塞德尼·韦白：《社会主义的历史基础》，载〔英〕肖伯纳主编《费边论丛》，袁绩藩、朱应庚、赵宗煜译，北京：生活·读书·新知三联书店，1958，第 87 页。

② 〔英〕塞德尼·韦白：《社会主义的历史基础》，载〔英〕肖伯纳主编《费边论丛》，袁绩藩、朱应庚、赵宗煜译，北京：生活·读书·新知三联书店，1958，第 115—116 页。

益，必然时常和整体的利益发生冲突。个人的有意识的行为动机，对他自己来说，也许是（并且必须经常是）个人的行为动机，但是，只要这种行为表明对社会的福利是敌视的，那么，这种行为迟早必须由社会整体来加以制止，以免社会整体会通过它的成员的错误而陷于毁灭。因此，社会有机体的继续存在，乃是个人的至高无上的目的。① 韦伯指出，在低等动物中，生理上的力量或敏捷乃是有利的品质。对于高等动物而言，智力可以使一个野蛮人变成他的同伴中的征服者和优胜者。但是这些都已经被社会组织所替代了。有教养的雅典人、撒拉森人（Saracens）以及普罗文沙尔人（Provencals），在生存竞争中，都在他们各自的竞争者面前失败了。这些竞争者作为个人来说是低劣的，可是他们却具有一种更加可贵的社会组织。②

　　韦伯进一步用社会有机体理论来批判放任自由的个人主义。他认为每一个人的完满而恰当的发展，并不一定就是他自己人格的至高无上的修养，而不过是他以最可能的方式在这个伟大的社会机器中履行了他的卑微的义务而已。人们必须放弃那种认为每个人是独立的个体的自高自大的幻想，并把那种只注意于自己的修养的忌妒心转变过来去服从那个更高的目的——公共福利。随着社会学知识的每一步进展，人们愈来愈了解到，人不仅可以主宰"事物"，而且也可以有意识地控制社会命运本身。③ 也就是说，个人的利益不一定会促进整个社会有机体的利益，有时还会损害整个社会的利益，而社会有机体的存在及健康发展，才是个人自由与利益的必要保障。韦伯以此批判了传统的自由主义者所主张的公共利益会随着个人追求自己的利益而自然实现的观点，强调人们应该更加注意公共利益。奥利维尔在《社会主义的道德基础》一文中也指出："到了现在，社会不仅已发展成为人类获得食物和保护所不可缺少的保证，同时也成为人类去幻想和取得千万种更为文雅的满足机会的保证。……而且自从社会产生以后，它就不断地发展、日趋完善，

---

① 〔英〕塞德尼·韦白：《社会主义的历史基础》，载〔英〕肖伯纳主编《费边论丛》，袁绩藩、朱应庚、赵宗煜译，北京：生活·读书·新知三联书店，1958，第114页。
② 〔英〕塞德尼·韦白：《社会主义的历史基础》，载〔英〕肖伯纳主编《费边论丛》，袁绩藩、朱应庚、赵宗煜译，北京：生活·读书·新知三联书店，1958，第115页。
③ 〔英〕塞德尼·韦白：《社会主义的历史基础》，载〔英〕肖伯纳主编《费边论丛》，袁绩藩、朱应庚、赵宗煜译，北京：生活·读书·新知三联书店，1958，第116页。

它的每一步发展都是为了那些积极活动的个人的方便，一直发展到今天，人一生下就像是大树上的一片叶子，就像海绵里的珊瑚虫一样，可以过他的私生活，在他这样的生活的时候，他也就改变着包括他自己在内的那个社会有机体。"①韦伯还援引赫胥黎教授的话来佐证自己的观点：进化就是在每一种有机体的各个个体当中，以有意识的受到管理的那种协调去代替那种盲目的、无政府状态的竞争。经过逐步的推导和论证，韦伯终于达到了自己的结论：政治家们不自觉地放弃了陈旧的个人主义，人们无可抗拒地要滑进集体性质的社会主义（collectivist socialism）。②

总结以上关于费边社会主义对个人与社会有机体的论述可以得出：个人应当以一种最佳的方式发挥自己在社会有机体中的作用，也就是抛弃竞争，代之以合作，社会就能健康存在，个人就能自由发展。这个观点是费边社会主义社会有机体说的核心，也是识别费边社会主义为一集体主义的标志，更是整个费边社会主义的伦理基础。③

由此可以看出，费边社会主义者正是借助社会有机体理论才形成自己的社会主义思想的，但在论证社会有机体的发展过程的同时，他们也表明自己受到了其他思想的影响。

三 功利主义

功利主义是源于18世纪末19世纪初英国的一种激进主义哲学，它是英国古典自由主义的一部分。功利主义最主要的代表人物是杰里米·边沁和约翰·斯图亚特·穆勒。他们认为所谓的善就是快乐或者幸福，恶就是痛苦。一件事情所包含的快乐超过痛苦的程度大于另一件事情，或者痛苦超过快乐的程度小于另一件事情，它就比另一件事情更善。在所有的事情中，快乐超过痛苦盈余最多的那件事情是最善的。由此他们得出"最大多数人最大幸福的原则"。功利主义者还将这种原则应用于法律、经济和政治中。他们认为，这项原则乃是私人道德和公共政策的

---

① 〔英〕塞德尼·奥利维尔：《社会主义的道德基础》，载〔英〕肖伯纳主编《费边论丛》，袁绩藩、朱应庚、赵宗煜译，北京：生活·读书·新知三联书店，1958，第170—171页。"塞德尼"又译"西德尼"。

② 〔英〕塞德尼·韦白：《社会主义的历史基础》，载〔英〕肖伯纳主编《费边论丛》，袁绩藩、朱应庚、赵宗煜译，北京：生活·读书·新知三联书店，1958，第118页。

③ 张明贵：《费边社会主义思想》，台北：联经出版事业公司，1985，第119页。

唯一合理的指导原则。

费边社会主义者受到了功利主义的重要影响。费边社会主义思想从功利主义者那里汲取了大量的养料。其中以穆勒的影响最大。特别是1848—1880 年，穆勒的思想从放任自由主义转变为国家进行社会调节，成为从政治激进主义发展到经济社会主义的桥梁。费边社会主义思想受此影响，试图发展成为新的理论以取代边沁的个人主义学说。韦伯指出："虽然我们不能指望在我们的行列中，有人具备边沁和穆勒的才干，虽然我们既没有钱财，也没有 19 世纪初哲学激进派的地位，但是我认为摆在我们面前的工作，是可以和他们的相提并论的。我们就是当代的功利主义者。"[1] 马克·贝维尔认为："韦伯通常扮演着 19 世纪前期古典自由主义继承者的角色，穆勒在韦伯由自由主义向社会主义的信仰转变中发挥了决定性作用……费边社会主义者的作为说明了社会民主和福利国家思想均来自倡导社会改革启蒙的自由主义和功利主义传统。"[2] 一位德国作家在谈到费边社会主义时曾经说过，韦伯等于边沁，肖伯纳等于穆勒。[3]韦伯所说的我们是当代的功利主义者，就是说他们力图为英国的社会主义，做出相当于 19 世纪初功利主义者所领导的激进哲学派为英国的自由主义所做的事业。边沁的原则是"最大多数人的最大幸福"，费边社会主义的公式是"最大多数人的最大效能"。[4] 边沁的实际活动主要是反抗地主的寡头政治，韦伯和肖伯纳始终反对的是资本主义和自由主义的寡头政治。对于边沁来说，民主政治是来自社会契约还是功利学说是没有区别的。对费边社会主义者来说，社会主义的确立是根据劳动价值论和阶级斗争的推理，还是根据租金理论和集体的努力也是没有区别的。19世纪 30 年代边沁主义对英国立法的影响，与费边社会主义 1900 年前后对英国立法的影响有很大的相似之处。他们都是由少数的思想家和活动家组成，与政治家保持秘密的接触，并力图用他们的理论"渗透"别人

① Sidney Webb, *Socialism: True and False* (London: Fabian Society, 1899), p. 6.

② Mark Bevir, "Sidney Web: Utilitatianism, Postisism, and Social Democracy", *The Journal of Mordern History*, Vol. 74, No. 2, 2002, pp. 218 – 229.

③ 〔英〕欧内斯特·巴克：《英国政治思想——从赫伯特·斯宾塞到现代》，黄维新、胡待岗等译，北京：商务印书馆，1987，第 147 页。

④ 〔德〕马克斯·比尔：《英国社会主义史》（下），何新舜译，北京：商务印书馆，1959，第 244 页。

的思想。费边社会主义者和功利主义者同样是中产阶级的知识分子，他们在气质上非常相像。因此，费边社会主义者在很大程度上是在模仿功利主义者的行为方式。英国著名政治学者欧内斯特·巴克认为："未来的历史学家很可能会像当今的历史学家重视边沁主义那样重视费边主义。"[1]

总而言之，功利主义对费边社会主义的形成产生了重要的影响。费边社会主义从功利主义的角度出发，发展了它的社会学说。这一点非常突出地体现在费边社早期的思想家格雷厄姆·华莱士身上。他的代表作《政治中的人性》从边沁的功利主义出发，认为政治的最高目的就是使人快乐，每个人都有权利在社会的总结构中按照自己的性情追求幸福。因此，20 世纪的社会应该考虑可以在多大的程度上使个体成员接受标准行为；集体行为方式怎样才能在总的格局中得到自由发展；如何改革教育才能在制定社会行为方式的过程中增加理性因素；以上这些问题如何才能由人民自己以民主的方式完成，而不是使人民在统治者的压力下来完成。这本书和华莱士的另外一本著作《伟大的社会》一起重新阐述了费边式的功利主义。柯尔认为，这种功利主义放下了自由放任主义，主张国家出面干涉，以防大众受苦，并通过集体手段积极增进大众幸福。不论是韦伯夫妇还是肖伯纳都从来没有明确说明过这个概念，虽然它是他们为费边社所写的许多著作的基础。[2]

四　租金理论

租金理论既是早期费边社会主义的经济理论的基础，也是费边社会主义在经济学及社会主义理论方面一个重要的和独到的贡献。它在费边社会主义理论体系中占有非常重要的地位。麦克布莱尔指出，费边主义者对社会理论的最早贡献就在经济领域。[3] 爱德华·皮斯在《费边社的历史》中表示，费边主义者抛弃马克思不正确的"剩余价值"一词，而

---

[1]　〔英〕欧内斯特·巴克：《英国政治思想——从赫伯特·斯宾塞到现代》，黄维新、胡待岗等译，北京：商务印书馆，1987，第 148 页。

[2]　〔英〕G. D. H. 柯尔：《社会主义思想史》第 3 卷（上），何瑞丰译，北京：商务印书馆，1981，第 234 页。

[3]　A. M. McBriar, *Fabian Socialism & English Politics 1884 – 1918* (London：Cambridge University Press, 1966), p. 29.

以地租法则为社会主义的基础。① 皮斯对"剩余价值"学说的批判当然站不住脚，但却反映了费边社会主义经济学的立论基础。对费边社租金理论的研究，有助于了解费边社会主义的形成以及早期费边社会主义在经济方面的主张。因此，本部分对费边社会主义租金理论的形成及其实质进行比较详尽的分析。

在费边社早期，只有韦伯和肖伯纳致力于研究抽象的经济学理论，其他的社员则较少注意到经济学理论与社会主义的关系。由于韦伯是约翰·斯图亚特·穆勒的信徒，肖伯纳则受亨利·乔治的影响很大。因此，可以说费边社会主义的经济思想源自李嘉图功利主义学派的经济学。也就是说，早期的费边社会主义者主要是以古典经济学派的地租理论为经济思想的出发点，而不是和马克思一样着眼于劳动价值论。②

前文提到，费边社成立之初，社员们的社会主义知识十分匮乏，他们是在 1884 年之后的几年内通过如饥似渴地学习各种知识，才提出了自己的主张的。租金理论就是这一时期费边社会主义的一个重要的理论创新。肖伯纳在回顾这段历史的时候曾经生动地描绘道："这一时期，我们最重要的工作就是更新费迪南·拉萨尔曾经吹捧过的社会民主主义的历史与经济装备，而这些装备在拉萨尔与卡尔·马克思的时代之后逐渐变得生锈与过时了。……在 1885 年，我们还在不厌其烦地重述着马克思的价值论和拉萨尔的工资铁律，就好像我们仍处于 19 世纪 70 年代一样。除了亨利·乔治以外，没有一个社会主义者有任何关于经济租金的知识，当费边社员首次在讲座及讨论中介绍'能力租金'时，更是遭到闻所未闻的听众们的嘲笑。至于当代的价值论，则被视为是对马克思的亵渎。"③ 由此可见，在 1885 年时，费边社尚未形成其租金理论。而该理论的正式公开提出，则要到 1888 年 1 月韦伯在《经济学季刊》上发表的文章以及同年欧利佛执笔的第 7 号"费边短评"《资本与土地》。④

在这大约三年的时间里，费边社员们兼容并蓄地吸收和批判各种社

① Edward Pease, *The History of the Fabian Society*（New York：Book Jungle，2008），p. 89.

② 张明贵：《费边社会主义思想》，台北：联经出版事业公司，1985，第 145—146 页。

③ G. Bernard Shaw, *The Fabian Society: Its Early History*（London：Fabian Society，1892），p. 15.

④ A. M. McBriar, *Fabian Socialism & English Politics 1884 – 1918*（London：Cambridge University Press，1966），pp. 35 – 36.

会主义思想和当时流行的经济学理论，从而构建了租金理论。除了古典
经济学派的地租理论是费边社会主义经济思想的出发点外，对费边社会
主义的租金理论有直接影响的经济学家和理论主要有马克思的劳动价值
论和剩余价值学说、威廉·斯坦利·杰文斯的边际效用说、乔治·亨利
的单一税主张以及弗朗西斯·沃克的高薪与高利润主张等。韦伯、肖伯
纳、华莱士与欧利佛等人在汉普斯泰德历史俱乐部与学术期刊上对上述
思想进行了激烈的辩论、批判与辩护，终于形成了独具特色的租金理论。
韦伯、肖伯纳和华莱士等人对租金理论给予了相当高的评价，他们认为
这是对社会主义思想的一个重要贡献。

（一）租金的来源

　　对于租金理论的起源和演变最清晰与形象的阐述当属肖伯纳的《社
会主义的经济基础》一文。文章一开始就指出："所有的经济分析都是
从土地的耕种开始的。"① 这是他以李嘉图的地租理论为出发点，为讨论
租金的来源埋下伏笔。根据李嘉图的地租理论，为了使用土地天然而永
不毁灭的力量，将土地生产所得付给地主的部分即为地租。实际上，地
租的多少是取决于最肥沃的土地与位于耕种边际的土地之间生产所得的
差别。接着肖伯纳以李嘉图的地租理论为基础，通过建构一种案例分析，
来说明租金的起源与演变。

　　首先，肖伯纳虚构了一个原始的社会状态，在这个社会中，人们所
采用的是自由经济的私有制。肖伯纳假设在这种条件下，有一个名为亚
当的最初移民者，他有一块"私有财产"的土地。这块土地是最肥沃和
位置最好的，后来的亚当们只能寻求接近第一个亚当的、次一等的土地。
他们因为远离市场，还要承担道路、负重的牲口和来回旅行的时间等额
外的费用。假设亚当与后来者同样勤劳，而第一个亚当的土地每年可生
产价值 1000 镑的农作物。耕地边缘的后来者的土地每年生产的农作物价
值为 500 镑。这些人的土地与亚当的土地在农作物的产出上，有 500 镑
的差额。这两个人同样地劳动，而其中一人仅仅因为土地较为肥沃和地
位上的便利，就比另外的人每年多得 500 镑。这种由于土地肥沃而多获

---

① 〔英〕肖伯纳：《社会主义的经济基础》，载〔英〕肖伯纳主编《费边论丛》，袁绩藩、
　　朱应庚、赵宗煜译，北京：生活·读书·新知三联书店，1958，第 51 页。

的部分就是地租。① 由此一来，亚当仅仅由于土地的条件十分有利，就可以将土地出租给后来者，从而得到 500 镑不劳而获的收益。此即土地租金的最初来源。肖伯纳认为自己用简单而易于理解的例子，就说明了斯图亚特·穆勒、马歇尔与李嘉图等人在教科书上关于地租的难以理解的定义。

接下来，肖伯纳进一步假设，随着人口的继续增加，耕种土地的边界继续延伸，从 500 镑直至边际土地每年的产出仅为 100 镑为止。此时，亚当的地租也涨至 1000 镑与 100 镑之间的差额——900 镑。亚当可以选择将他的耕地以每年 500 镑的价格租给一个佃户，该佃户则以每年 900 镑的价格将土地租给一个新来者。新来者所得仍是 100 镑，无论是耕种边际的土地，还是亚当的土地，对他来说在收入上没有差别，但是亚当的土地位置更佳，生活更为便利。因此，新来者肯定倾向于耕种亚当的土地。这样一来，新来者耕种亚当的土地，每年收 1000 镑，自己留下 100 镑，交给佃户 900 镑，佃户自己留下 400 镑，交给亚当 500 镑。亚当土地上的私有财产就这样分了三份，第一个人无所事事而得了产出的 1/2，第二个人无所事事得到产出的 2/5，第三个人干了所有的工作却只得到产出的 1/10。肖伯纳认为当所有的土地都成为私有财产，而每一个人都是一个所有主——即使这种所有也许只是一个租赁权，到那时所有这种地租都是经济地租：地主既不能把它抬高，而佃户也无法把它降低，它是自然而然地被所租的这块土地和那个国家内的最劣等的耕地之间的肥沃程度的差异所决定。在这种社会状态下，每个人都是有产阶级，即使仅仅只有土地的所有权，也比现代社会更加自由和快乐。②

然而，随着人口的不断增长，土地被分配殆尽。这时这块土地上又出现了一个新的寻找土地的人。他发现没有一块土地不是别人的财产，他没有粮食、没有房屋、无以为生，他是第一个无产者。这个无产者虽然一无所有，但他拥有智力与体力，为生存所迫他必须运用头脑。假若肥沃的土地产生地租，为什么丰富的头脑却不能呢？结果，在土地每年

① 〔英〕肖伯纳：《社会主义的经济基础》，载〔英〕肖伯纳主编《费边论丛》，袁绩藩、朱应庚、赵宗煜译，北京：生活·读书·新知三联书店，1958，第 54 页。

② 〔英〕肖伯纳：《社会主义的经济基础》，载〔英〕肖伯纳主编《费边论丛》，袁绩藩、朱应庚、赵宗煜译，北京：生活·读书·新知三联书店，1958，第 57 页。

生产仍然是 1000 镑的情况下，他大胆地以 1000 镑的代价来承租土地，他运用自己的聪明才智，使土地每年的产出高达 1500 镑，自己也因此有了 500 镑的剩余可供支配。这就是他的利润——他的能力租金——也就是他的能力超越了一般愚昧者的产品。① 但是，与此同时，在同一个地方，还有另外一个无产者，他不比其他的人更聪明，与大多数人的能力相同，也就是说，他不能够像第一个无产者那样，可以获取"能力租金"。那他又该如何立足呢？肖伯纳认为，到那个时候，劳动分工、工具与货币的使用以及对文化经济地加以利用，都将大大地增加人们向大自然取得财富的能力。所有这些增加了的财富，对于拥有土地所有权的人来说，是很有利可图的。以前的地主们所预想不到的产品的额外增加，会使土地租用者的所得大大增加。也就是说，边际耕地的产量会大大地增加，而边际耕地的产量决定着整个地区内耕种者的剩余产品。因此，很可能出现这种情况：土地的总产量增加了 1 倍，这样，以前付出 900 镑地租剩余 100 镑的租户，现在由于总产量增加到了 2000 镑，在仍然付出 900 镑地租的情况下，自己还可剩余 1100 镑。在这种情况下，那个一无所长的无产者，就有了生存的机会。他可以用每年 1600 镑的代价去租种那块土地，而自己每年还可以剩余 400 镑。这样将会使上一个出租者作为一个不劳而获的人而退休，他每年得到 700 镑的纯收入，也就是从每年 1600 镑的总收入中，用 900 镑去付给地主，而这个地主又以每年 500 镑的收入转付给最初的那个土地所有者。这个每年 700 镑的收入并不是经济地租，它与边际土地没有关系，它不是最上等土地与最劣等土地之间的差额。它完全是为了获得土地特权的一种支付。这种支付是由土地所有者的安逸和无产者的生存需要所决定的。"用当前流行的经济术语来说，那个价值是决定于供给与需求的。"② 由于新的无产者的到来，使土地的需求增加了，于是地价便上涨，成交的条件越来越苛刻。租金会一直涨到支付给头一个地主的地租和退休地租与中间各种租赁转让者的收益比起来已经毫无意义。租赁权的价格会涨到实际耕种者除能够维持

① 〔英〕肖伯纳：《社会主义的经济基础》，载〔英〕肖伯纳主编《费边论丛》，袁绩藩、朱应庚、赵宗煜译，北京：生活·读书·新知三联书店，1958，第58—59页。
② 〔英〕肖伯纳：《社会主义的经济基础》，载〔英〕肖伯纳主编《费边论丛》，袁绩藩、朱应庚、赵宗煜译，北京：生活·读书·新知三联书店，1958，第60页。

生活外将别无所有。到那个时候，租赁权的再度转让便宣告终结。

　　一旦到了土地的转让现象不存在的时候，那时一个人生下来是无产者，则终身是无产者。无产者一无所有，只有自己可供出卖。无产者很快发现，租用土地的人没有足够的时间和精力去充分利用土地的最大生产能力。如果租用土地的人能够从市场上购买一些人来，而付出的代价比这些人的劳动力对生产所增加的价值还少，那么购买这些人是一种绝对的收益。肖伯纳指出，实际上，这些人是不花一文就可以得到的，因为他们除了会生产出他们自己的那项买价之外，还会替买主生产出一个剩余价值。在买与卖的历史上，从来没有过对买方这样有利的交易。[①]无产者不仅丧失了他自己的劳动果实，也丧失了为自己打算以及按照自己的喜爱去从事事业的权利。现在劳动力在市场上与其他任何待售的商品毫无二致。

　　劳动力既然成为一种商品，肖伯纳就将杰文斯的边际效益学说融入租金的概念中，来讨论劳动力这种商品的价值如何形成租金的来源。根据肖伯纳的观点，任何东西的交换价值都取决于它的效用，交换价值是随着供给的增加而减少的，交换价值的大小并不决定于效用最大的物品，而是决定于人们所积存的物品中效用最小的物品。不管一种商品是怎样有用，如果把它的供给量增加到超过人们的需要量时，它的交换价值就要贬低到一文不值。无产阶级的劳动力，一旦成为商品，无产阶级本身实际上无法控制这种商品的供给量。而且这种商品，随着无产阶级人数的迅速增加，供给量有增无减。这就是英国劳动者们当时的状况：他们甚至比泥土还要下贱，他们是毫无价值的，而且是不花一文就可以得到的。找不到买主的失业者的存在，就为上述情况提供了证明。[②]对于已经就业的无产阶级，肖伯纳指出：他们的工资并非他们本身的价格，因为他们是不值一文的，他们的工资不过是他们的维持费罢了。只要给予维持生存的最低工资，资本家就能够尽量地雇佣到所需要的普通劳动者，而且在刑法许可的范围内，资本家还可以为所欲为地去使用这些劳动者。

---

① 〔英〕肖伯纳：《社会主义的经济基础》，载〔英〕肖伯纳主编《费边论丛》，袁绩藩、朱应庚、赵宗煜译，北京：生活·读书·新知三联书店，1958，第 61 页。

② 〔英〕肖伯纳：《社会主义的经济基础》，载〔英〕肖伯纳主编《费边论丛》，袁绩藩、朱应庚、赵宗煜译，北京：生活·读书·新知三联书店，1958，第 69 页。

因此，无产阶级即便可以得到工作，所得也仅是勉强糊口而已。

此外，在资本主义社会下，资本家的利益也是建筑在大量廉价的劳动力身上的。例如，当资本家投资兴建铁路，而铁路需要1000个劳动力以5年的时间来完成时，那么这条铁路的所有者所花费的便是维持这1000人5年生存所费的东西。肖伯纳指出，这个生活最低维持费的专门名词就叫作资本。① 5年以后，修好的铁路就是资本家的财产，而筑路的工人仍像过去那样无依无靠地回到劳动市场去。对此，肖伯纳认为："按俗话讲，一份有农场在上面的财产，叫作产生地租的土地；而在它上面筑有铁路的另外一份财产，就叫作产生利息的资本。但是从经济上说，一旦它们变为收益的源泉时，它们之间就没有区别。"② 因此，利息也只是一种具有特别的形式的租金而已。

综上所述，根据肖伯纳的见解，租金的来源在观念上大致可以划分为三个演变的阶段：第一个阶段，租金是由土地的使用权而来；第二个阶段，除了由土地的使用权而来的租金外，租金亦可以由转让土地的使用权，或由特殊的能力而来；第三个阶段，租金又可以由资本的运用而来。③ 他总结道："所有这些收入，最后都（是）由劳动者的劳动所创造的东西的价格和劳动本身在公开市场上以工资、薪金、赏钱或利润的方式出售的价格之间的差别而支付的。"④ 肖伯纳在原文中加了一个注释，来进一步解释他的理论："劳动的产品超过了它的价值的这个余额曾被马克思作为一个单独的范畴而有深刻影响地讨论过。他把它称为'剩余价值'。"⑤

韦伯对租金的来源的观点与肖伯纳近似。只是韦伯的论述比较抽象，其中所使用的经济学术语也较多。韦伯关于租金的理论可以大致总结为

① 〔英〕肖伯纳：《社会主义的经济基础》，载〔英〕肖伯纳主编《费边论丛》，袁绩藩、朱应庚、赵宗煜译，北京：生活·读书·新知三联书店，1958，第70页。
② 〔英〕肖伯纳：《社会主义的经济基础》，载〔英〕肖伯纳主编《费边论丛》，袁绩藩、朱应庚、赵宗煜译，北京：生活·读书·新知三联书店，1958，第71页。
③ 张明贵：《费边社会主义思想》，台北：联经出版事业公司，1985，第164页。
④ 〔英〕肖伯纳：《社会主义的经济基础》，载〔英〕肖伯纳主编《费边论丛》，袁绩藩、朱应庚、赵宗煜译，北京：生活·读书·新知三联书店，1958，第77页。
⑤ 〔英〕肖伯纳：《社会主义的经济基础》，载〔英〕肖伯纳主编《费边论丛》，袁绩藩、朱应庚、赵宗煜译，北京：生活·读书·新知三联书店，1958，第78页。

三点。①在最差的自然环境与雇主运用最少的资本于当时最无用的土地等情况下，受雇用的一般是非技术性工人，其劳动力所得的报酬，就是所有非技术性工人的标准工资。②假定人口毫无节制地增加，一般非技术性工人的最低工资将仅足以维持最低限度生活之所需。而最低限度生活之所需则视当时当地一般的最低生活水准而定，通常只能维持一家人之生存。③缺乏技术与资本的边际耕地的总生产额，即"经济工资"（economic wages），其他地方若以同样的劳动量，而能获得较大的生产额，必定是由于运用较为有利的土地、较有效的劳动力或资本所造成的结果。而这超出"经济工资"的较大生产额，其多出的部分就是"剩余产品"，也就是"租金"。①

因此，总结肖伯纳与韦伯两人对于租金来源的见解，可知费边社会主义主张在任何的社会中，由于土地、资本与能力相对有所不同，因而生产力也随之而有所不同，这也就是租金的来源。简言之，每当生产力超过了生存所需的量，就形成了租金。

（二）租金理论的实质

前文用了较多的篇幅来引述肖伯纳关于租金理论起源的假设及推导，有助于全面地了解租金理论创立的实质。早期的费边主义者创立租金理论的目的是十分明确的，他们想将李嘉图的地租说从土地扩展到资本等其他的领域，甚至在一定程度上试图以租金理论来取代马克思所指的"剩余价值"。马克斯·比尔就明确提出，韦伯的社会主义以地租理论的扩展和民族的社会道德成长为根据。② 柯尔也指出，费边社早期"基本纲领"的重点并不在于社会管理，而在于把剩余交给社会，费边主义者称这种剩余为"租金"，而不用马克思的名词"剩余价值"。③

需要指出的是，费边主义者并不是最早试图将李嘉图的地租说扩展到其他生产因素的理论家。与他们同时代的德国学者约翰·卡尔·罗德

---

① 张明贵：《费边社会主义思想》，台北：联经出版事业公司，1985，第 165 页。
② 〔德〕马克斯·比尔：《英国社会主义史》（下），何新舜译，北京：商务印书馆，1959，第 248 页。
③ 〔英〕G. D. H. 柯尔：《社会主义思想史》第 3 卷（上），何瑞丰译，北京：商务印书馆，1981，第 132 页。

贝图斯、英国经济学家阿尔弗雷德·马歇尔等人都进行了扩展地租理论的尝试，其中对费边主义者影响较大的是19世纪末的美国经济学会主席弗朗西斯·沃克。韦伯正是通过对沃克工作的扩展发展出了租金理论。[1]费边主义者的贡献是进一步完善和扩展了地租理论，提出了能力租金、工业租金和利息等概念，并将这些概念糅合进社会主义的主张。费边社所说的能力租金是指由于每个人的能力有所不同，因而较有能力的工人应该获得较高的报酬作为他的能力的租金。工业租金与地租类似，是源于工厂与商业机关的地址、发明和专利的应用、组织管理方式的差异，比较占优势的工厂由于差别利益就会产生大量的工业租金，这些租金的大部分都是不劳而获的，因为这些差别不是资本家劳动的结果，他们的报酬与其社会服务毫无关系；利息则是运用资本产生的额外的生产利益，费边主义者在提到土地时使用的是租金，提到资本时使用的是利息。肖伯纳认为，一旦它们变为收益的源泉，它们之间就没有区别。在费边主义者看来，租金是一"类"，地租不过是其中的一"种"而已。[2]它们共同的特点是都具有剥削性，因为它们都是占有者从人民的劳动中所榨取的。

在认识到租金剥削性的基础上，费边主义者主张要对一切形式的租金实行社会占有，方法是以赋税作为租金让渡的主要工具。也就是国家向每个财产被没收的所有者支付补偿金，所需的款项用全体财产所有人的税款来支付，公众不会因此损失任何东西，只是让整个有产阶级为没收的租金平均负担利息。租金的合适的接收者应该是遍布全国各地的郡议会和市议会，它们不仅要利用这些款项维持地方政府和社会服务事业的开支，而且要用它来取代工农业方面的私人投资。这样建立的新的生产企业会在与资本家的竞争中取得胜利，因为这些公营企业没有租金或利息的负担，可以用价格压倒竞争对手，并为工人提供较好的工资待遇。

1887—1919年的"费边社的基础"规定，它的目标是通过把土地和工业资本从个人和阶级所有中解放出来以改组社会，并为了全民的利益

---

[1] Mark Bevir, *The Making of British Socialism* (Princeton: Princeton University Press, 2011), p. 139.

[2] 〔德〕马克斯·比尔：《英国社会主义史》（下），何新舜译，北京：商务印书馆，1959，第249页。

将其收归社会所有。只有这样，全体人民才能公平分享这个国家自然的和人力创造的优越条件。如果无偿地将这些措施加以实施（被剥夺所有权的人自然可以按社会认为适当的办法得到补偿），租金和利息将成为付给劳动的报酬，依靠别人的劳动而生存的寄生阶级必然消失，个人意志受到的干扰将比在目前的制度下所受到的少得多，因而经济力量的自然活动将使实际的机会均等得到保证。① 由此可见，费边主义者提出租金理论的最终目标是方便其实现社会主义的理想，此时的费边主义者主张的社会主义是集体主义性质的，他们试图通过租金的社会占有来实现其集体主义的目标。

如前文所提到的，费边社会主义是通过博采众长，汲取几家的观点，根据费边主义者自己的思想路线加以改善和发展而形成的。他们的租金理论就是这样一个典型费边式的理论创造。这个理论不仅吸收了李嘉图、杰文斯的许多思想，而且还大量采纳了马克思的观点（当然有时是错误地理解与使用）。肖伯纳论证了土地与资本都可以为其所有者产生"租金"，这些从根本上反社会的"租金"，或者应该用来补充劳动报酬，或者应该由社会接管，用于公共目的。他们的言外之意是，一旦这些剩余被没收，一旦资本主义竞争所造成的浪费被杜绝，结果就可以为社会上的每个人提供韦伯所说的"文明社会的最低标准"。

从以上所述可以看出，费边社会主义是在 19 世纪后期英国独特的社会环境下，批判地继承多种思想融合而成的。除马克思主义外，其余的思想主要来自英国本土。亚历山大·格雷在《社会主义传统：从摩西到列宁》一书中说："起初，费边社会主义仅被人们视为一种政策，抑或一种策略，而绝非一个学说，但显然费边社会主义者并非没有学说的一面。"② 从后文可以看出，费边社会主义是一个完整的、开放的、发展的理论体系，有目标，有策略，有主张，有论证，它虽然不像科学社会主义那样是一个周密严整的科学理论体系，但也绝非仅仅"有学说的一面"。费边社会主义的生命力很顽强，从诞生延续至今历时 100 余年。在

---

① 〔英〕玛格丽特·柯尔：《费边社史》，杜安夏、杜小敬等译，北京：商务印书馆，1984，第 350 页。

② Alexander Gray, *The Socialist Tradition: Moses to Lenin* (London：Longmans, Green and Co. Ltd.，1948)，p. 389.

它所经历的 100 多年的历史中，世界和英国都发生了翻天覆地的变化。费边社会主义没有像许多其他的社会主义流派一样转瞬即逝，证明它有超强的适应能力。尽管它也经历过低潮与停滞，但费边社会主义能够延续至今的重要原因之一就是它不断地发展演变，不断地推进理论创新，不断地与时俱进。

第二章　费边社会主义的生成与演变
（1884—2021 年）

　　1884 年费边社成立。在成立之初，它立志于进行社会改革，但并不是一个明确的社会主义团体。费边社经过了几年的探索才决定成为一个社会主义团体，并在多种社会主义流派中进行吸收与借鉴，形成了独具特色的费边社会主义。1889 年《费边论丛》的出版，标志着费边社会主义的诞生。早期的费边社会主义在拒绝了空想社会主义、无政府主义、工联主义的基础上形成了集体主义的社会主义主张。1918 年经过韦伯等人的努力，费边社会主义成为英国工党的主导思想，公有制、国有化也成为工党社会主义性质最明显的特征，工党党章中的第四条，也因此被称为"社会主义条款"或"公有制条款"。这一主张直到 1995 年，才被布莱尔领导的工党正式抛弃。在这数十年间，对费边社会主义的集体主义主张的反对和挑战始终存在。比较重要的有 20 世纪二三十年代柯尔的基尔特社会主义和民主社会主义思想，20 世纪 50 年代安东尼·克罗斯兰的修正主义思想等。在 50 年代以后，费边社再也没有出现过像悉尼·韦伯、肖伯纳、柯尔和安东尼·克罗斯兰这样的理论上的领军人物。费边社会主义的公有制主张自此就不断被弱化，对个人自由、社会平等的重视程度不断地加深。在当前的费边社章程中，费边社明确指出它的目标是一个财富和权力得到公正分配，以确保真正平等机会的无阶级的社会。它认为经济活动的整体方向和分配应由社会通过其民主的制度来决定，并且社会应该寻求在合适的情况下促进对经济资源的社会的和合作的所有制。可以看出，平等、公正是当前费边社会主义所强调的重点，而其对所有权的主张则是"社会的和合作的"。费边社会主义的变迁，反映了费边社根据时代的不断变化，根据不同时期所要解决的不同问题，与时俱进地进行理论上的创新。本章内容，主要对费边社会主义理论100 多年的发展历史进行梳理与总结概括，将费边社会主义大致划分为三个明显不同的演变阶段，分别是：早期的集体主义，20 世纪 20—50 年代对集体主义的反思与挑战，50 年代以后主张个人自由、社会平等。

　　要想了解费边社会主义的演变历程，首先要弄清楚什么是费边社会主义，而给费边社会主义下定义是一件非常困难的事情。最主要的原因就是费边社作为一个整体并没有共同的政策，这是费边社自建社以来就遵循的民主、开放、不教条的传统，并且在 1939 年作为一项规定，写入费边社的"规则"中。这一规定一直传承至今。柯尔在他的《费边社会主义》一书中也指出，费边社并没有正统派，它是一个"自由的"社会主义者自由思考的团体。① 费边社浩瀚的出版物多是就事论事解决当时的实际问题，少有就抽象的原则和理论进行深入探讨的长篇大论。这也符合它从一开始就能够利用现成的国家机器，来点点滴滴地实现社会主义目标，而无须将主要的精力放在构建宏大、深奥的理论体系的实际情况。马克斯·比尔一针见血地总结道，欧文派的社会主义是牧歌式的，马克思派的社会主义是革命的和理论的，"费边社"的社会主义只是社会更生的日常政治。② 因此，要想简要说明什么是费边社会主义不是一件容易的事情。正如殷叙彝教授所言："民主社会主义是一个比较模糊的概念。我们不能奢望用一个定义或一篇概括性的阐述来全面地、准确地说明它，也不能拿一两个重要的社会党的理论和政策来代表它，只能以社会党国际和各国社会党的纲领性文件和有代表性的理论著作为依据，归纳出一些各党普遍或相对普遍接受的原则，从而为它大致描绘一个轮廓。"③ 费边社会主义作为民主社会主义的滥觞，情况同样如此。

　　从不同时期费边社对于社会主义概念的不同解释中可以发现，它对社会主义的理解实际上就是对同期社会主要问题的诊断与治疗。在早期，费边社员认为社会的主要弊病在于资本主义制度，特别是它的私有制，因此他们开出了治疗资本主义疾病的药方，如废除私有制、实行公有制、国有化等。在 1945 年英国工党执政后，国有化、福利国家等目标，在很大程度上得以实现。但是社会问题依然层出不穷。克罗斯兰进一步提出，

---

① 〔英〕乔·柯尔：《费边社会主义》，夏遇南、吴澜译，北京：商务印书馆，1984，第 2 页。

② 〔德〕马克斯·比尔：《英国社会主义史》（下），何新舜译，北京：商务印书馆，1959，第 248 页。

③ 殷叙彝：《民主社会主义论》，北京：中央编译出版社，2007，第 7 页。

传统的资本主义已经大大改观甚至发生了根本性的转变。因此，社会主义者所要面对的也是一个不同的社会了。他们又对传统的费边社会主义目标进行修正，认为公有制、国有化不是社会主义的目的，而只是实现社会主义的手段，并开始重视个人的机会平等和幸福。在 20 世纪 50 年代后，费边社鲜有关于社会主义本质的纯理论讨论，研究重点几乎都是对社会具体问题提出有针对性的解决方案。费边社的策略愈加趋向选举，也就是更加与工党同呼吸共命运。

本章以费边社的纲领性文件和有代表性的理论著作为依据，对费边社会主义的概念做一个尝试性的概括：费边社会主义是费边社所提倡的用民主的、渐进的、非暴力的方式来实现其社会改良目标的理论。它的社会改良目标早期强调集体主义的公有制、国有化等，后来逐渐过渡到重视个人机会与权利的平等，以及公平、公正地分配财富和权力。

第一节　费边社会主义的准备期（1884—1889 年）

如前文所述，费边社脱胎于一个叫新生活伙伴会的团体，它成立的宗旨是尽可能用最高的道德标准来争取重建社会。在成立之时它没有任何明确的指导思想和方针政策，仅仅是凭借社员们的道德情感和一腔热血想要追求真理、改变社会。费边社会主义是在费边社成立后的几年中，由费边社员们逐渐学习和摸索出来的。1889 年《费边论丛》的出版是费边社会主义诞生的标志。在此之前，费边社的影响是微不足道的。《费边论丛》出现后，费边社会主义才成为一种明确的理论体系。因此，有必要简单梳理一下费边社会主义是如何从无到有的。

费边社的早期成员几乎都出身于中产阶级，他们的职业包括高级文官、新闻记者、证券经纪人等。在最初的几年中费边社只有唯一一位可炫耀的名叫 W. L. 菲利普斯的工人阶级社员，也正是他执笔了费边社的第 1 号短评《为什么如此多人贫困不堪？》。这期短评出售了 10 万册以上，让费边社深感自豪。文章对资本主义社会和制度的不公正做出了深刻的批判，然而尽管如此，它的内容却是平淡无奇的。玛格丽特·柯尔说，自宪章派以来，任何热情的、文化不高的激进分子恐怕都会这样写。等到罗伯特·布拉奇福所写的《可爱的英格兰》和他在《号角》上发表的文章一问世，它也就显得黯然失色了。[①]

　　尽管费边社的创始人中有些对后来费边社发展起着重要的作用，例如爱德华·皮斯，多年担任费边社书记并撰写了《费边社的历史》一书；休伯特·布朗德，《费边论丛》的 7 位作者之一；弗兰克·波德默，提供了著名的费边社的箴言；等等。但是使费边社成为后来那个具有鲜明特点的团体，并使"费边"成为一个特有所指的专门名词的则是在费边社成立后几年加入其中的社员们，尤其是韦伯和肖伯纳等人。肖伯纳和韦伯共同着手把费边社会主义变成一种新颖而又非常现实的社会理论。马克斯·比尔更是认为，费边社在英国社会主义思想史中的重要地位完全应归功于韦伯和肖伯纳。[②] 其中，韦伯个人的作用是无可替代的，换句话说，没有韦伯，可能就不会有后来的费边社会主义。作为费边主义的代名词，"韦伯主义"在费边社的早期曾经被人多次提到过。

　　肖伯纳的加入立竿见影为费边社带来了影响。费边社的第 2 号短评《宣言》尽管没有署名，但它的风格毋庸置疑是肖伯纳式的，例如那句被广为引用的"已经掌权的政府无权自称为国家，正像伦敦的雾不能称自己为天气一样"。这期短评是以这样的话结尾的：我们宁愿面对一场内战也不愿经历过去一个世纪的重演。这不能说明此时的费边社的主张不是渐进的、缓和的，而是好战的，只能说明处于成长期的费边社，这时正在吸收来自各方面的知识以实现自己改革社会的目标。这一时期肖伯纳和弗里德里希·凯德尔等费边社员同时也在和海德门的社会民主联盟交往，他们从海德门那里间接受到了马克思主义的影响。事实上，在1885 年的第 3 号短评上，费边社才声称它是社会主义团体。在一年以后的第 4 号短评《社会主义是什么》上，费边社刊发了 1 篇由克鲁泡特金的合作者、费边社之中的无政府主义代表夏洛蒂·威尔逊夫人所写的关于无政府主义的文章和 1 篇翻译德国社会民主党领袖奥古斯特·倍倍尔关于集体主义的文章。肖伯纳说这期短评并没有就这两方面做更深入的探讨，文章的内容没有什么是马克思和恩格斯未曾在《共产党宣言》中

---

① 〔英〕玛格丽特·柯尔：《费边社史》，杜安夏、杜小敬等译，北京：商务印书馆，1984，第 9 页。

② 〔德〕马克斯·比尔：《英国社会主义史》（下），何新舜译，北京：商务印书馆，1959，第 243 页。

更好地表述过的。费边社的观点是英国的社会主义还在形成之中，因此当前既不是无政府主义也不是集体主义。但是当无意识的英国社会主义者发现自己的定位时，到时可能也会产生两派，一派是支持强大中央政府的集体主义者，一派是反对政府、保护个人自主权的无政府主义者。费边社并未就此表明立场，说明费边社此时还在为采取什么路线而犹豫不决：是无政府主义还是集体主义，是激进主义还是议会道路。

不过很快费边社就在无政府主义和议会道路的问题上做出了取舍。在 1886 年 9 月 17 日费边社召开的一次会议上，布朗德和贝赞特夫人分别提出和复议了一项议案：为了使整个劳动团体全面掌控土地和生产资料以及财富的创造和分配，社会主义者应该将自己组织成为一个政党。威廉·莫里斯对此议案复议道，社会主义者的首要职责是教育人民去了解他们的处境和未来，并始终不渝地坚守社会主义原则。鉴于任何一个议会党派都会做出妥协和让步，而妥协和让步势必妨碍以上所说的教育并模糊其原则，因此对于社会主义者来说参加议会竞选是一种错误。费边社就此对立的观点展开了激烈的讨论，并进行了投票表决。布朗德和贝赞特夫人的议案以 47 票对 19 票获得通过，莫里斯的复议以 40 票对 27 票遭到反对。为了安抚遭到失败的无政府主义者威尔逊夫人等少数派，费边社成立了费边议会联盟，意思是组织政党参加选举是费边议会联盟的政策，不代表整个费边社。这是一种费边社经常采用的最大限度在社内保持分歧意见，不致造成分裂的做法。1887 年 2 月，费边社又发布了"费边议会同盟宣言"，尽管还存在是通过成立新的社会主义政党，还是"渗透"到现有的政党来实现目标的分歧，但自此走议会道路来实现社会主义就成了费边社明确无疑的原则。

1887 年的第 5 号"费边短评"是韦伯所写的《社会主义者须知》，这是一篇具有后来典型费边式的形式和内容的文章。首先，它利用政府公布的数据令人信服地证明了资本主义的无效、荒诞和残暴，就像马克思在《资本论》的相关章节利用官方材料所做的分析一样。这一方式在以后费边社出版的短评、报告中大量出现，例如 1889 年第 8 号短评《伦敦人须知》和第 10 号短评《伦敦人须知的数据》。费边社坚信这种方式可以让每个有理性的人在了解事实后，都会成为社会主义者或者至少是转变为支持社会主义的人士。其次，文章中已经暗含有这样的观点，社会主义是顺应当前形势发展的必然结果，而不是扭转当前趋势去造成剧变。这一观点，韦伯和费边社在以后的文章中也多次论证和重申。例如，著名的第 15 号"费边短评"《英国迈向社会民主主义》，该文源自韦伯 1888 年所做的一次演讲，韦伯在文中系统地阐述了历史发展的趋势必然会导致社会主义这一观点。

可以说在这一时期，费边社会主义已经是处于萌芽状态了。后来《费边论丛》所系统阐述的社会主义思想这时已经散见于费边社的出版物和费边社员的言论中。例如，1888 年的第 7 号"费边短评"《资本与土地》，不仅阐述了费边社的租金理论，还提出了对于不劳而获的收入进行课税、铁路国有、八小时工作制，以及土地与资本的国有化等带有鲜明社会主义色彩的主张。此时的费边社员已经开始大规模地通过演讲传播自己的思想，并且深受好评。根据费边社的记录，仅有几十名成员的费边社在一年之内做了 721 次公开的演讲。[①]《费边论丛》就是备受听众欢迎的一些演讲的书面形式。在详细解析《费边论丛》所蕴含的思想之前，还有必要描述一下费边社会主义思想是如何从无到有的。因为毕竟就在短短几年前，他们"都还完全不能肯定社会主义的意义是什么"。关于这一方面的内容没有谁比肖伯纳这个亲历者体会更深，更没有谁有他那样获得诺贝尔文学奖的笔调能够将其讲述得更加生动鲜活。因此，以下就引用一些肖伯纳关于这方面的论述。

肖伯纳在 1892 年费边社的大会上开门见山地说："如果在场的哪位代表认为费边社从它诞生那一刻起就是有智慧的，请他承认那是个错误。费边社如今的智慧来自它的经验，我们的个性，如果有的话，来自我们利用经验的能力，而非我们对于早期社会主义缺点的天然的优越性。1883 年我们仅仅满足于立即用最高道德的可能性来重建社会。1884 年我们还在讨论社会主义是否允许货币的存在，或者劳动券是否对我们来说是一种更合适的货币，我本人就与一位详细阐述某种存折系统以取代以上两种方案的费边社员展开激烈的讨论。"接下来肖伯纳又对费边社员是如何训练自己的做出了精彩有趣的描述："我们必须在任何可能的情况下

---

① 〔英〕玛格丽特·柯尔：《费边社史》，杜安夏、杜小敬等译，北京：商务印书馆，1984，第 28 页。

学习。我无须再重复汉普斯泰德历史俱乐部的故事了，那是我们当中的一些人为了研究马克思和蒲鲁东而成立的，后来变成了系统地学习历史的课堂，每个学生都因此而成为教授。我的个人经历可以算作典型。有几年的时间，我每两周就去一次汉普斯泰德历史俱乐部，并且还隔一周在一个私人的经济学家小组中度过一个晚上，这个小组后来成为英国经济学会……每周日我都就我想要了解的话题来发表演讲，直到我不靠笔记就能够分别对租金、利息、利润、工资、保守主义、自由主义、社会主义、共产主义、无政府主义、工联主义、合作、民主、社会阶级的划分、人类的本质对合理分配的相对性这些话题做演讲时，我才真正理解社会 - 民主，才能够根据不同人的不同立场，把社会 - 民主介绍给他们。"①

由此可以看出，费边社会主义的产生是费边社员在时代的大背景下，主观上不断刻苦学习各种知识并坚持训练的结果。经过 1884—1888 年的探索与选择，对各种社会主义流派的甄别与吸收，对英国传统哲学、经济学的继承与批判，费边社终于确立了自己的原则和特征。他们已经为成为英国社会主义的领军人物做好了准备。接下来就是《费边论丛》的大获成功将他们推上了历史的舞台，尽管这一成功在他们的意料之外。

第二节　费边社会主义的诞生
——《费边论丛》中的社会主义思想（1889 年）

《费边论丛》（*Fabian Essays in Socialism*）是在 1889 年出版的。它由肖伯纳主编，收录了费边社的 7 名成员 1888 年所做的 8 篇演讲。这 7 个人是安妮·贝赞特、休伯特·布朗德、威廉·克拉克、西德尼·奥利维尔、格雷厄姆·华莱士、悉尼·韦伯以及乔治·肖伯纳。他们也正是当时费边社执行委员会的成员。全书的 8 篇文章分别是肖伯纳的《社会主义的经济基础》和《向社会主义过渡》、韦伯的《社会主义的

---

① G. Bernard Shaw, *The Fabian Society: Its Early History* (London: Fabian Society, 1892), pp. 15 – 16.

历史基础》、克拉克的《社会主义的工业基础》、奥利维尔的《社会主义的道德基础》、华莱士的《社会主义制度下的财产》、贝赞特的《社会主义制度下的工业》和布朗德的《社会主义的远景》。8 篇文章被分为了三个部分，分别是"社会主义的基础"、"社会主义制度下的社会组织"和"向社会民主主义过渡"。《费边论丛》出版的初衷是满足听费边社演讲意犹未尽的听众的需要，然而它所获得的成功出乎所有人的意料。由于费边社在之前没有出版过比《费边论丛》更厚的出版物，因此最初他们小心翼翼地只印了 1000 册，结果在 1 个月内就销售一空；1 年之内销售了 2.5 万册再版和更便宜的版本，并且出现了各种各样的译本。它是如此成功以至于在随后 70 多年的时间内都保持畅销，还使出版第二本类似出版物的计划一再推迟，直到 1952 年才出版了《新费边论丛》。正是通过这本书，费边社名扬世界，费边社会主义也不胫而走，奠定了费边社会主义在世界社会主义思想史中的重要地位。

《费边论丛》之于费边社会主义有如《共产党宣言》之于科学社会主义，两部著作是两种学说的纲领性文件。费边社会主义与科学社会主义一样历经创新与发展，所包含的内容已远较当初丰富，但正如无论科学社会主义如何与时俱进都视《共产党宣言》为经典一样，《费边论丛》中的一些社会主义思想始终是费边社会主义所遵循的基本原则。

（1）渐进的社会发展与变革。费边社会主义与马克思主义一样，坚信社会主义的到来是不可避免的。与马克思主义不同的是，费边社会主义不认为社会主义的到来要通过阶级斗争、暴力革命。它认为社会是一个有机体，是在不间断地成长与发展的，任何时候都无须破坏社会组织的连续性或是对整个社会组织进行突然的改变。社会主义随着社会的进化发展就会自然而然地出现。韦伯在《费边论丛》中多次强调社会主义到来的历史必然性。例如，他通过分析英国社会组织的以往历史，指出在 19 世纪的历史中，可以证明社会主义所标示的各种理想的不可抗拒的动力，19 世纪的经济史乃是一种几乎毫无间断的社会主义的发展史。[①]

[①] 〔英〕塞德尼·韦白：《社会主义的历史基础》，载〔英〕肖伯纳主编《费边论丛》，袁绩藩、朱应庚、赵宗煜译，北京：生活·读书·新知三联书店，1958，第 81—82 页。

费边社会主义者认为社会主义的到来是不可避免的，但是这一转变只能是民主主义的、渐进的、合乎道德的、合乎宪法的与和平的。正如韦伯所说："新制度本身是会变成旧制度的，而且往往在它被人们有意识地认作新制度以前就已经变成了旧制度。我们在历史上还找不到乌托邦式的和革命的突变例子。"① 这一说法在韦伯所论述的语境下是有道理的，但显然不符合世界历史事实。例如托克维尔在《旧制度与大革命》中就指出："（法国）大革命通过一番痉挛式的痛苦努力，直截了当、大刀阔斧、毫无顾忌地突然间便完成了需要自身一点一滴、长时间才能成就的事业。这就是大革命的业绩。"② 费边社会主义和马克思主义的研究起点就不一样，马克思主义研究的是无产阶级和全人类的解放，更具体的是改变资本主义世界和建设社会主义世界的一般规律。费边社会主义者大部分论点和证明都是从英国资本主义的历史中引来的，他们所关心的只是随着现代资本主义的兴起而开始的那个阶段，特别是注意产业革命以来的时期。③ 这一研究起点是认识和理解费边社会主义的基本前提。正是在这一前提下，才能理解为什么在欧洲大陆马克思主义正在被奉为圭臬时，英国人却欢迎的是费边式的社会主义。英国的社会主义的目标完全可以利用现有的体制来实现。韦伯指出，自 1832 年以来，英国政治的历史乃是纯粹在时代趋势的逼迫下，一个阶级勉强地把参政权交与另外一个阶级的记录。在这些早已得到选举权利的阶级中，从来没有一个阶级衷心地愿意允许新的选民去分享他们已经取得的特权并力图把他们已经取得的权力贬低；但是为了和自己的对手相竞争，每一个政党都轮流地被迫去采取冒险的行动。④ 因此，对英国的社会主义者来说，逐渐地、一点一滴地实现社会主义是完全实际可行的，至少对英国人来说要比经过灾难式的突变来实现社会主义更加可取。

（2）民主是社会主义的本质。韦伯在《社会主义的历史基础》一文

① 〔英〕塞德尼·韦白：《社会主义的历史基础》，载〔英〕肖伯纳主编《费边论丛》，袁缤藩、朱应庚、赵宗煜译，北京：生活·读书·新知三联书店，1958，第83页。
② 〔法〕托克维尔：《旧制度与大革命》，冯棠译，北京：商务印书馆，2012，第61页。
③ 〔英〕G. D. H. 柯尔：《社会主义思想史》第3卷（上），何瑞丰译，北京：商务印书馆，1981，第123页。
④ 〔英〕塞德尼·韦白：《社会主义的历史基础》，载〔英〕肖伯纳主编《费边论丛》，袁缤藩、朱应庚、赵宗煜译，北京：生活·读书·新知三联书店，1958，第93页。

中指出，在过去的 100 年中，把欧洲社会导向社会主义的那个主流，乃是不可抗拒的民主主义的发展。[①] 韦伯还在文章当中详细解析了欧洲社会历史发展的趋势——封建社会在工业革命的推动下解体、一切新的社会因素都处于毫无约束的状态下、新的社会关系逐渐形成。这一过程是在蒸汽机的使用、民主主义的发展和政治经济学的进步下逐步实现的。

在 19 世纪末的英国，政治革命已经基本完成，社会问题的根源主要是经济方面的。韦伯就这一点反驳了许多政治上的民主主义者拒绝将社会的或经济的问题与政治问题相提并论的做法。他指出，一些人认为社会的政治组织可以完全加以改变，而无须相应地改变经济关系和社会关系的信念是错误的。政治民主和社会运动这两种潮流在如今的社会主义运动中统一起来了。仅仅依靠政治的杠杆是不足以把国家从无政府状态下挽救出来的。他赞扬了民主主义在英国的政治领域取得的成就，并指出社会主义的目标是在经济领域中也实现民主。"还不到一个世纪，民主主义在英国战胜了经过十个世纪的成长的、政治上的中古精神。"[②] 政治方面的发展使劳动者成为国家的主人，而工业的进步却使他们无家可归。民主主义的必然结果，不但是人民控制着自己的政治组织，而且通过对政治组织的控制，他们还要去控制生产财富的各种主要工具；他们要以有组织的合作逐渐代替无政府状态的竞争；并且按照唯一可能的方式，他们最后要恢复约翰·穆勒所谓的"生产工具的所有者能够从产品中取得巨大的份额"。民主主义在经济方面的理想，实际上也就是社会主义的本体。[③] 对费边社会主义者来说，他们面临着两种趋势，一是社会由一个向选民负责的政府加以管理的政治趋势，二是生产、分配和交换过程将实行集中规划的经济趋势，而社会主义在他们看来就是把日趋集中的经济权力交由在民主议会监督下的责任制政府进行集体管理和集体规划。

（3）社会主义也是道德要求。奥利维尔执笔了《费边论丛》中的

① 〔英〕塞德尼·韦白：《社会主义的历史基础》，载〔英〕肖伯纳主编《费边论丛》，袁绩藩、朱应庚、赵宗煜译，北京：生活·读书·新知三联书店，1958，第 85 页。
② 〔英〕塞德尼·韦白：《社会主义的历史基础》，载〔英〕肖伯纳主编《费边论丛》，袁绩藩、朱应庚、赵宗煜译，北京：生活·读书·新知三联书店，1958，第 94 页。
③ 〔英〕塞德尼·韦白：《社会主义的历史基础》，载〔英〕肖伯纳主编《费边论丛》，袁绩藩、朱应庚、赵宗煜译，北京：生活·读书·新知三联书店，1958，第 87 页。

《社会主义的道德基础》一文。这篇文章专门用道德的准则来为社会主义辩护。这一章的论述在玛格丽特·柯尔看来枯燥无味并且含糊不清①，但仍可以看出作者试图将社会主义解释为某种基本原则或者基本价值的实现。奥利维尔指出，社会主义者认为，为了保证人类大众已经获得的社会进步的益处，并使它有秩序地继续发展下去，以及为了在个人和国家方面实现人们所从未想象过的最高的道德，根据社会主义的原则安排国家生活及世界上个人与团体之间的关系，仍然是唯一有效的和不可缺少的过程。② 费边社会主义者认为道德和政治、经济一样重要，为了实现社会主义的主张，必须广泛传播个人与社会在经济、道德与政治方面的关系的知识。他们相信社会主义的出现，一方面要靠说服人们采取社会主义的观点，另一方面要靠不断发展的生产力作为推动社会化进程的历史力量。正像马克思主义者所坚持的，社会主义既是必然的趋势，又是需要宣传教育去推动的事业，二者并不矛盾。其不同之处在于费边社会主义者对历史的解释是渐进主义的，不是革命主义的，他们设想社会主义会分阶段逐步实现，而不是通过阶级斗争的突然胜利来实现，所以费边社会主义者坚持通过传播民主主义信仰而不是通过暴力来实现社会主义。

（4）完善的国家与地方自治。肖伯纳认为在李嘉图等英国资产阶级古典经济学家的时代，政府是由富裕的有产者组成的，行政部门充斥着有产者宠爱的人物，因此无法设想由国家占有地租及其他生产资料。而社会民主主义者则企图将所有的人民包括在政府之内，对于这样的政府是可以把国家的地租交予它的，甚至可以将所有的生产资料都交给它。这样的国家就是黑格尔所说的"完善的国家"，或者至少是一个值得信赖的国家。韦伯就这一点论证道：政府对经济的控制已经不是可取不可取的问题，而是已经进展到什么程度的问题。他指出那些非难政府把组织劳工这件事情掌握在手中的理论家们，尽管他们把政府的这种行为看

---

① 〔英〕玛格丽特·柯尔：《费边社史》，杜安夏、杜小敬等译，北京：商务印书馆，1984，第 30 页。

② 〔英〕塞德尼·奥利维尔：《社会主义的道德基础》，载〔英〕肖伯纳主编《费边论丛》，袁绩藩、朱应庚、赵宗煜译，北京：生活·读书·新知三联书店，1958，第165 页。

作一件在经济上不纯洁的事情，认为这种行为不但和顽强的、英国人的
个人独立自主的精神相矛盾，而且也超出了实际可行的政治领域，可是
他们很少发觉这种行为已经进行到什么样的程度。除国际关系、陆军、
海军、警察和法院外，在英国各地，政府掌握了邮政、电报、小件商品
的运送、货币铸造、测量、通货的发行与钞票的管理，政府为成千上万
的人预备了从生到死所需要的一切。① 他们的观点反映此时的费边社坚
持的是集体主义性质的社会主义。

　　但同时需要注意的是，对费边社会主义者来说，国家管理只是例外
的情况，他们认为多数的工业以及土地应由市政当局、郡议会或地方、
地区性的公共机构来管理，仅有少数的工业或者公共事业如铁路、邮政
等由于技术原因而需要国家占有和控制。他们的原则是，凡是某种工业
在资本主义制度下的发展达到需要集中管理的托拉斯化程度，他们便不
反对。但是他们仍然认为民主制的顺利运行需要地方自治的巩固基础，
地方性的或者地区性的公共机构接收土地所有权和多种企业的经营管理
权是理所应当的。在《费边论丛》出版的那个时代，费边社尤其看重的
是他们可以施加巨大影响的伦敦郡议会（London County Council，LCC），
甚至把它当作实现社会主义的主要工具。费边社的许多计划都是通过这
一机构得以实现的。这一看法后来回顾时显得非常可笑，但在当时由于
伦敦的特殊政治环境以及费边社多数成员是伦敦人的事实，显得完全符
合他们渐进主义的原则。

　　在肖伯纳看来，随着民主主义压力的不断扩大，执行实际工作的国
家机器已经瓦解了。因为工作主要是地方性的，而机器却主要是中央性
的。当这种地方自治制度得到实现的时候，民主国家就具有实现社会主
义的机器了。② 在这里又体现出马克思主义与费边社会主义的一个重要
区别。马克思认为工人阶级不能简单地掌握现成的国家机器，并运用它
来达到自己的目的。费边社会主义者则正是试图通过现成的国家机器来

---

① 〔英〕塞德尼·韦白：《社会主义的历史基础》，载〔英〕肖伯纳主编《费边论丛》，
　　袁绩藩、朱应庚、赵宗煜译，北京：生活·读书·新知三联书店，1958，第102—
　　103页。
② 〔英〕肖伯纳：《向社会主义过渡》，载〔英〕肖伯纳主编《费边论丛》，袁绩藩、朱应
　　庚、赵宗煜译，北京：生活·读书·新知三联书店，1958，第258页。

实现社会主义目标。

（5）多元性的世界观。从《费边论丛》中可以看出，费边社会主义的显著特点是取百家之长，为我所用，并不盲从任何人的观点。如马克斯·比尔所说，费边主义者研究马克思、拉萨尔、蒲鲁东、欧文以及英国经济学家斯密、李嘉图、穆勒、克利夫·莱斯利和凯恩斯的学说，并逐渐摆脱了旧日社会主义传统思想的束缚。① 费边主义者往往汲取一家的观点，根据自己的需要（经常是为了符合当时英国的实际状况）加以改善和发展，而对不符合他们要求的地方则加以批判或唾弃。以马克思为例，他们完全赞同马克思主义的历史唯物主义的观点，他们同样认为随着经济权力的不断集中，社会主义的出现是不可避免的。但是费边社会主义者完全反对阶级斗争、无产阶级专政这部分马克思主义思想。他们反对这部分的彻底程度就像完全赞同经济的那部分一样。对李嘉图，他们同样如此，费边社会主义者改进和发展了李嘉图关于地租的学说，却放弃了他的古典自由主义经济思想。

尽管《费边论丛》在材料、观点、论述等方面还有诸多缺陷，这一点是它的作者们也直言不讳的。例如韦伯在 1920 年版《费边论丛》的序言中写道："在本书出版之后，几乎我们之中的每一个人都为自己的稿子的幼稚而感到不安，都想把它重新写过。"② 但是《费边论丛》作为一本宣传社会主义的小册子无疑是成功的，它的内容符合英国国情，又通俗易懂，连续多年保持畅销，一版再版。更重要的是它所包含的一些内容、阐述的一些思想后来成为民主社会主义的重要概念，如渐进的变革思路、地方自治、社会主义的伦理性、多元的世界观等。对于《费边论丛》的意义，有必要引用曾任费边社书记的爱德华·皮斯的评价："《费边论文集》（即《费边论丛》——引者）以人人都懂的通俗语言为社会主义作了说明。它所主张的社会主义并不以德国哲学家的玄想为依据，而是以我们日常在周围可见的社会进化为依据。它接受有声望的英国教授所讲授的经济学；它在我们现行的政治和社会制度

---

① 〔德〕马克斯·比尔：《英国社会主义史》（下），何新舜译，北京：商务印书馆，1959，第 243 页。

② 〔英〕肖伯纳主编《费边论丛》，袁绩藩、朱应庚、赵宗煜译，北京：生活·读书·新知三联书店，1958，第 16 页。

的地基上建立社会主义的大厦；它证明社会主义不过是社会发展的下一阶段，由于十八世纪产业革命所带来的变化，这一阶段是必然要到来的。"① 从这一评价来看，把这一时期的费边社会主义称为英国式的社会主义恰如其分。

第三节 集体主义的费边社会主义（1889 年——20 世纪 20 年代）

威拉德·沃尔夫研究早期的费边社人物和思想（1881—1889 年）后得出结论，早期的费边主义者通过五条道路到达社会主义，分别是：肖伯纳由自由激进主义之路到社会主义，费边社的创办者们由道德之路到社会主义，韦伯由实证主义之路到社会主义，19 世纪 80 年代中期费边社的转变——由基督教人道主义和世俗主义之路到社会主义，费边学说的最后发展阶段——集体主义的社会主义。② 这五条到达社会主义道路的划分，是沃尔夫研究早期费边社会主义的独到心得。但是这五条道路可以说是殊途同归，最终都导向了集体主义的社会主义。1889 年费边社会主义诞生时主张集体主义的社会主义，这是毫无争议的，并且这一主张被坚持了数十年之久。

1889 年出版的《费边论丛》，已经充分阐述了费边社会主义的集体主义思想。综合这本书的社会主义理论可以看出，此时的费边主义者把社会主义看成在民主议会制监督下进行集体管理和集体规划。这种理论把如下两种趋势结合起来，构成一种统一的学说：一种趋势是社会将由一个向选民负责的政府加以管理的政治趋势，另一种趋势是生产、分配和交换过程将实行集中规划的经济趋势。韦伯认为这两种趋势将汇成巨流，通向一个最足以称为社会主义的目标。③

除此之外，在费边社早期的诸多出版物中，也都突出地体现了集体

---

① 〔英〕G. D. H. 柯尔：《社会主义思想史》第 3 卷（上），何瑞丰译，北京：商务印书馆，1981，第 121 页。

② Willard Wolfe, *From Radicalism to Socialism* (New Haven and London: Yale University Press, 1975), pp. 111 – 292.

③ 〔英〕G. D. H. 柯尔：《社会主义思想史》第 3 卷（上），何瑞丰译，北京：商务印书馆，1981，第 125 页。

主义的社会主义主张。1896 年费边社参加了在伦敦举行的国际社会主义
工人和工会代表大会，在大会上提出了《关于费边社政策的报告》（Re-
port on Fabian Policy and Resolutions）。该报告是费边社重要的纲领性文件
之一，并出版成为"费边短评"第 70 号。文中第七部分以费边社会主义
为题目，阐述了费边社对于社会主义的认识："费边社所理解的社会主义
是指，国家作为一个整体通过最适当的公共当局如教区的、市属的、省
级的或中央的机关，来组织和指导国家必需的工业，并且占有各种形式
土地的和资本的经济租金。费边社所拥护的社会主义仅仅是国家社会主
义。"① 随后的部分简要说明了英国已有的精心制造的民主国家机器与欧
洲大陆的情况不同，因此，像德国那样对国家社会主义和社会民主主义
进行区分在英国是没有意义的。文献政策部分的最后声称："费边社并不
认为社会主义是医治人类社会疾病的灵丹妙药，而仅是治疗由有缺陷的
工业组织和极其糟糕的财富分配引起的疾病的良方。"②

　　1930 年费边社出版了它的第 233 号短评，由肖伯纳主笔的《社会主
义：原则与展望》和《费边主义》组成，其中也对社会主义的内涵做出
了诠释："从最简单的法律和实际的表达上来说，社会主义意味着彻底抛
弃私有财产的制度，并将其转化为公共财产以及公平地和不加歧视地在
整个人口中分配因之而来的公共收入。因此，它反对资本主义政策，也
就是反对最大限度地建立私有或是'真正的'财产，并任由收入的分配
自行其是。这一改变牵扯到完全的道德转向。在社会主义中，私有财产
是令人深恶痛绝的，收入的平等分配是首要考虑。在资本主义中，私有
财产是首要的，分配是在私有制的基础上由自由契约和自私利益决定的，
而不论它是多么地异常。"③

　　1918 年费边社与英国工党的关系取得了突破性的进展。韦伯为英国
工党写了新的章程和工党成立以来的第一个正式纲领——《工党与社会
新秩序》（Labour and the New Social Order），其中所用的语言几乎纯粹是

---

①　Fabian Society, Report on Fabian Policy and Resolutions（London：Fabian Society, 1896），
　　p. 5.

②　Fabian Society, Report on Fabian Policy and Resolutions（London：Fabian Society, 1896），
　　p. 8.

③　G. Bernard Shaw, *Socialism: Principles and Outlook & Fabianism*（London：Fabian Society,
　　1930），p. 1.

费边式的。① 费边社会主义从此正式成为英国工党的主导思想，并延续了 70 余年。在韦伯所起草的新党章中，他提出了著名的第四条"党的目标"，该条款使英国工党明确地获得了一个社会主义的基础，而且这个基础是典型的费边社会主义的集体主义思想。该条款内容为："在生产资料公有制和对每一工业或行业所能做到的最佳的民众管理与监督的基础上，确保手工与脑力生产者获得其勤勉劳动的全部果实和可行的最公平的分配。"② 这一条款被称为英国工党的"社会主义条款"或者"公有制条款"，直到 1995 年才被工党正式放弃。

从以上费边社早期的代表性官方文献可以看出，早期费边社会主义最鲜明的特征就是它的集体主义主张，这也反映了那个时代对社会主义的普遍认识。费边社会主义的集体主义政策集中地体现在国家最低收入、市政社会主义、国有化等方面。

（一）国家最低收入（the National Minimum）

"国家最低收入"这个口号，是由韦伯夫妇在他们的著作《工业民主》中提出来的。在这部写于 19 世纪 90 年代的著作中，韦伯夫妇不仅介绍和分析了工会，还为工联主义做了辩护。当时许多人认为工会是无益的，韦伯夫妇批判了这种观点，并进一步论证了大多数工会的实践都是有益的，不仅对于它的会员来说，对整个社区来说也是如此。具体而言，工会关于普遍规律的实践可以激励效率，它可以鼓励雇佣最好的工人和引入更好的机器与组织，它可以终结那些使雇佣工人得不到健康和活力的寄生性的贸易。如果共同规律是有益的，那么一个最低工资标准也会有相似的效果。③

费边社员们大约从 19 世纪 90 年代中期开始使用国家最低收入这个概念，来反映他们所追求的政治与社会政策。这是他们认为国家应该采取的干预措施之一，通过这种干预，国家可以有效地掌控工厂的情况，改善工人们的健康状况。费边主义者认为国家有责任制定某种标准，从

---

① 〔英〕玛格丽特·柯尔：《费边社史》，杜安夏、杜小敬等译，北京：商务印书馆，1984，第 178 页。

② 〔英〕亨利·佩林：《英国工党简史》，江南造船厂业余学校英语翻译小组译，上海：上海人民出版社，1977，第 46—47 页。

③ A. M. McBriar, *Fabian Socialism & English Politics 1884 – 1918* (London：Cambridge University Press，1966)，p. 108.

而使所有的公民都得到基本的保障。他们几乎在每个领域都坚持这种主张，以此来对抗坚持放任自由的古典资本主义理论。

除了《工业民主》讨论过最低工资标准外，1898 年发行的第 83 号"费边短评"《国家仲裁和生存工资》也讨论过该问题。该短评指出，一场严重的劳资纠纷可以使一个行业瘫痪几个月之久，带来的后果是灾难性的。因此，应该研究如何防止发生工业领域的战争以及如何长久地保持劳资之间的和平。争议可能来自对现有合同的解释，也可能来自新劳动条款的制定。决定前者的是一种司法行为，决定后者的是一种立法功能。在讨论了集体议价的方式、政府的调解和维多利亚时代的工资董事会后，该短评明确提出应该用法律来调节工资。在这种制度下，劳动报酬将不取决于市场的讨价还价，而必须符合国家选择支持的某种原则。因此，确定这一原则至关重要。当时，在英国尝试过的最成功的办法是一个强大的工会直接与雇主谈判。这种方式成功的原因很大程度上在于工人的组织优于雇主。该短评得出的结论是，国家应该以其立法身份采取政府部门和市政当局所遵循的同样的原则，并宣布在它的裁决下确定的工资必须是有效工资。一旦为某一行业确定了标准生活工资，并在一段时间内予以固定，则市场紧急情况下的波动更加容易确定。标准工资不应该仅仅是维持最低健康生计的工资，而应该是一个更高的数额，以确保舒适生活的平均标准。为劳动时间设定标准和为工资设定标准都应该成为一项法律，并在整个行业内考虑统一的条件。在这样一项法律下，工会的地位将有很大的不同。用于抵制罢工和停工，以及与试图镇压罢工的雇主进行斗争所消耗的资金将会用来增加工人的失业救济和其他福利。罢工的权利将被立法权所取代。

费边社花费了很大力气来宣传他们的"国家最低收入"政策的相关概念。他们支持的政策及法案有工厂法案、劳动仲裁、八小时工作制、工人的补偿原则、养老金、贫困法的改革、提高住房条件、提高贫困人口的地位及改善教育状况等。尽管费边社员们认为这些都是有社会主义倾向的政策，但是这些政策在不属于社会主义阵营的地方也得到普遍的支持。①

① A. M. McBriar, *Fabian Socialism & English Politics 1884 – 1918* (London：Cambridge University Press, 1966), p. 108.

（二）市政社会主义（Municipal Socialism）

首先应该明确的是费边社的市政社会主义和国有化主张并不矛盾，它们都反映了早期费边主义者的集体主义诉求。至于应该由市政当局还是国家来掌握生产资料，则取决于生产资料本身的性质和技术上的可操作程度。也就是适宜由市政当局掌握的生产资料由市政当局掌握，适宜由国家掌握的生产资料由国家掌握。因此，将费边社的市政社会主义与国有化主张放在一起讨论也是可以的。但是从时间上来看，费边社在不同时期又有明显的侧重点。1889 年费边社会主义诞生以后很长一段时间内，费边社将重点放在了市政社会主义的宣传和实践上。大致从 20 世纪第二个十年开始，关于国有化的讨论显著增多，呈现出此消彼长的态势，所以本章依然选择将二者分开论述。

市政社会主义是费边社早期取得很大成就之处，甚至恩格斯也称赞过费边社在这方面的成就（详见后文）。费边社认为市政当局即地方或地区的公共机构适宜成为"租金"、土地和生产资料的所有者。这一观点有一个重要的政治前提。1888 年保守党执政时，建立了民选的郡议会取代原先由治安官掌管的不民主的郡司法制度。费边主义者对这种做法表示了欢迎，认为它为社会主义社会奠定了主要的基础。而且，费边社的市政社会主义和国有制主张与它的渐进主义的改良要求是一致的。

悉尼·韦伯考虑问题时本能地从国家和市政行动以及公共行政当局的角度出发，他认为民主地方政府是社会主义性质的公共行政机构的必要基础。[①] 也就是说韦伯惯于从体制内寻求解决问题的方案，而较少从抽象的哲学方面考虑。这也是费边社会主义的重要特征之一。他完全相信世界发展的大势是走向社会主义的，虽然这一趋势可以加速或者延缓，但没有必要对发展的主流采取对立的革命立场。再加上他的公务员和议员经历，使韦伯一旦有什么想法就会想到需要通过什么现成的机构来实现它，而不是去建立新的机构。由此也就可以理解为什么在 1914 年之前，韦伯夫妇是以鼓吹官僚主义国有化和市有化（municipalization）的优点而著称的。

在以上的客观条件和主观条件的作用下，《费边论丛》及其他费边

---

① 〔英〕G. D. H. 柯尔：《社会主义思想史》第 3 卷（上），何瑞丰译，北京：商务印书馆，1981，第 233 页。

社早期文献在讨论土地、工业或者租金的时候，总是谈到它们应该交由地方或者地区的公共机构占有，而不是交给全国性的公共机构占有，不依靠强大而完全民主的地方机构的支持，就不可能朝着社会主义阔步前进。费边主义者反复强调，郡议会和其他地方议会必须建立新的生产企业去和资本家的企业进行竞争，他们预计效率更高的公营企业会在各个领域击败资本家，因为这些企业没有租金或利息的负担，可以靠低价取胜，还可以以更好的条件将工人从私营企业吸引过来，从而使其破产。虽然这些主张很多都是老生常谈，之前的许多社会主义者都提出过，例如路易·勃朗和斐迪南·拉萨尔，但是费边主义者提出的社会化的方式是他们独创的，即不是通过直接接管现有的企业，而是通过逐步没收租金，以此作为新办企业的公共资本。他们坚持这些租金必须用作资本进行投资，而不能够用作消费。他们所设想的典型社会主义雇主是地方性或地区性的民选机构，甚至还认为当全国议会的经济管理职能与监督职能增加时，其工作方法也必然会越来越接近地方议会。早期的重要的费边社员多居住在伦敦，他们对新建立的伦敦郡议会寄予厚望，把它视作一个随时可以利用的工具，并且也确实对它产生了很大的影响。这种影响是通过伦敦郡议会中的进步派施加的。但同时需要注意的是，费边社在首都走的是与进步派联合的路线，而英国的其他大部分地区没有类似的条件。因此，1889 年后，当费边社会主义产生了全国性的影响、各地方分社纷纷成立的时候，地方分社却拒绝与自由党人在市政事务上结盟。

从某种意义上说，费边社的市政社会主义主张主要是结合首都的事务拟定出来的，也在伦敦取得了最显著的效果。1911 年费边社发表了一系列以"费边市政计划"为题的文章，所讨论的几乎全是伦敦的事情。其中包括自来水、煤气、电车、码头和市场的市有化方面问题的建议，同时还有关于接收基尔特的财产及修改地方税制的办法。这一系列文章的最后一篇名为《供公共当局参考的劳工政策》，总结性地概括了费边社的相关政策。在此前和此后，费边社还有大量的小册子，涉及地方政府的方方面面，其中一部分是关于伦敦的，其他部分则几乎把每一种类的地方政府的工作都包括在内。其中专门谈到的企业市有化问题包括以下方面：酒类买卖（1898 年）、牛奶供应（1899 年）、当铺（1899 年）、屠宰场（1899 年）、面包房（1900 年）、医院（1900 年）、火灾保险

（1901 年）、泰晤士河上的轮船（1901 年）以及电力供应企业（1905年）。与之形成鲜明对照的是，1910 年以前，主张把某一具体行业国有化的文章，只有 1899 年的第 98 号"费边短评"《爱尔兰的国营铁路》。[①]由此可以看出，较之国有化，早期的费边社更主张市有化。

（三）国有化（Nationalization）

在费边社早期大力宣传市政社会主义的时候，国家管理被视为例外的情况。那时的费边主义者也希望可以把一些工业和公用事业交给国家来占有和控制，例如铁路、邮政等基于技术原因的确需要国家垄断经营的公共事业。此外，他们像当时的德国社会民主党一样坚信，资本主义大联合企业的发展注定要消灭个人企业，托拉斯化的资本主义的出现使走向公有制的道路更加方便，也就是为社会主义铺平了道路。因此，凡是在资本主义制度下已经由私人大托拉斯拥有的工业，国家应该直接接收过来，在公共管理下继续作为国家的垄断事业经营下去。管理工作应该由选举产生的公共当局来负责，他们通过任命管理委员会直接或间接安排实际负责的经理人员和监督人员，从而使工业成为全体公民的而不是一部分人的财产和企业。但是总的来说，早期的费边主义者仍然坚持大多数工业应逐步转入地方或地区的公共机构手里，而不是转入全国性的公共机构手中，而且转入并不是通过直接接管现有的企业来完成，而是通过逐步没收租金，以此为兴办新企业提供资本。

在强调必须尽最大可能发展市有企业而不是国有企业的同时，费边社也逐渐开始意识到地方政府管辖的局限性，在很多情况下，地方政府并不适合经营现代技术条件下的一些公共事业。1905—1906 年，费边社开始发表系列文章，试图解决由于市政府不适于经营某些公共事业而产生的问题。1905 年的第 125 号"费边短评"《分区实行市有化》就提出一个计划，通过在全国组成 7 个由选举产生的地方当局，分阶段授予这些地方当局以合适的行政权，并通过他们对地区内较小的地方当局进行监督管理。除了技术进步使国有化变得更为可行而市有化日显不足外，

---

① 〔英〕G. D. H. 柯尔：《社会主义思想史》第 3 卷（上），何瑞丰译，北京：商务印书馆，1981，第 227 页。

费边社内部的一些变故也使费边社开始日益重视国有化。韦伯由于支持
1903 年的教育法案被进步派解除了在伦敦郡议会的重要职务，韦伯夫人
则开始了她在济贫法委员会的工作，这样他们的主要精力就无法放在地
方政府方面了。另外，以赫伯特·乔治·威尔斯为代表的新生力量强烈
要求对费边社的组织和理论进行改革，也动摇了费边社的一些传统观点。
柯尔认为费边社更加强调国有化的趋向主要不是由于韦伯夫妇的影响，
而是由于 H. G. 威尔斯以及他以后的艾米尔·戴维斯的影响。①

　　费边社在 1887 年的第 6 号"费边短评"《真正激进的纲领》中，就
曾建议把铁路收归国有，但仅仅是点到为止，并没有进一步提出任何关
于国有化的更多的建议。对某一具体部门或行业的国有化的详细计划直
到 1910 年才出现在费边社的文献中，即第 150 号"费边短评"《国家购
买铁路：一个可行的计划》。1913 年费边社的第 171 号"费边短评"《煤
矿和矿产国有化法案》接着将国有化的领域扩展到了煤矿及矿产等领域。

　　《国家购买铁路：一个可行的计划》从商业的角度分析了英国铁路
国有化的可行性。短评开篇就明确指出英国铁路国有化的时代似乎已经
到来。虽然当前的铁路系统收入稳步增长，利润不断增加，并非一个正
在衰落的产业。但是由于管理不善、债务问题和股票下跌等因素，当前
就是国家买入铁路的良好时机。文章指出将整个英国铁路立刻国有化是
不现实的，但是可以先从一段经营不善的铁路开始进行国有化的试验，
从而为更大的国有化方案积累经验。作者还比较和参考了法国和瑞士铁
路国有化的做法，指出铁路国有化已经在一些国家取得了成功，并根据
这两个国家的经验，建议成立一个能够自主的行政当局代表所有人的利
益管理铁路。这个委员会应由五名专家组成，包括一名铁路经理、一名
受过训练的商业组织者、一名律师、一名财政专家、一个个人。其中三
人由铁路委员会选出，两人由铁道部长提名。这个计划也显示了费边社
即使赞成国有化，也要通过消费者和雇员代表来平衡政府权力的做法。
短评最后总结道：从财政和行政角度来看，国家拥有和管理铁路的原则
在世界开始普遍流行，现在必须认真考虑在英国实施铁路国有化。这篇

---

① 〔英〕G. D. H. 柯尔：《社会主义思想史》第 3 卷（上），何瑞丰译，北京：商务印书
　馆，1981，第 231 页。

短评的作者是艾米尔·戴维斯，他是费边社内较早鼓吹国有化的主要人物。除了这篇短评，他还著有《塑造中的集体主义国家》一书，为费边社探索国有化问题做出了重要的贡献。

《煤矿和矿产国有化法案》是第二篇以"费边短评"的形式给出具体国有化方案的文章。这篇短评是费边社一位名叫亨利·施洛塞的律师受英国矿工联合会的委托以法案的形式起草的。费边社被授权出版发行该草案以便公众参考。该法案于1913年7月9日被引入议会下院。这是工会首次就所在行业提出的国有化法案。法案规定国家通过购买获得煤矿或矿山的所有权和管理权，任命一位部长管理，并受国会监督。法案没有规定关于组织和管理的细节，但是提到了保护工人参加政治和工会活动的权利。

这两篇短评所谈及的国有化行业——铁路和煤矿，在第一次世界大战期间都由国家进行了统一的管理，并且在战后都有要求将其永久国有化的强烈呼声甚至是激烈的行动。但是英国政府在成功克服了复员和战后调整期的困难，并在一定程度上满足了工人提高工资和改善工作条件的要求后，使国有化问题在这两个工业部门又退居次要地位，政府又恢复了资本家在这两个工业部门的所有制和管理权。尽管如此，这一短暂的实践证明，国有化不仅在理论上而且在实践上都是可行的。更重要的是，在此期间费边社的集体主义的社会主义思想成为英国工党的指导思想，为二战后工党上台执政实施大规模的国有化，奠定了重要的基础。

第四节　对集体主义的反思与挑战（20世纪20—50年代）

费边社会主义没有所谓的"正统"学说。因此，集体主义虽然是早期费边主义的主流认识，但也一直同时存在不同的声音。尽管对集体主义的费边社会主义的系统修正开始于二战后英国工党执政时期。但是早在20世纪20年代，柯尔就领导过对费边社组织和理论的反叛与挑战。

一　G. D. H. 柯尔的基尔特社会主义与民主社会主义思想

柯尔是英国著名政治理论家、经济学家、作家和历史学家，是一个坚定的社会主义者。他曾担任费边社的主席以及牛津大学万灵学院政治

与社会理论首任讲席教授等具有影响力的职务。柯尔与哈罗德·拉斯基
（Harold Joseph Laski）、理查德·托尼（Richard Henry Tawney）一道，被
称为英国 20 世纪的三大"红色教授"。柯尔自称为基尔特社会主义者，
也以多元主义著称，他在 1941 年所写的《费边社会主义》一书中集中论
述了自己的社会主义思想。此外，在他的五卷本巨著《社会主义思想
史》中，柯尔也在不同的地方阐述了自己的社会主义主张。柯尔很早就
提出了社会主义道路的多样性，他自称既不是共产党也不是社会民主党。
他的思想对民主社会主义的产生有重大的影响。柯尔的一生著作颇丰，其
中一些重要的著作都有中文版，如《社会主义思想史》1—5 卷（*A History
of Socialist Thought*）、《社会学说》（*Social Theory*）、《费边社会主义》（*Fa-
bian Socialism*）、《经济计划的原理》（*Principles of Economics Planning*）等。

　　作为一位知名的左翼学者，柯尔的思想复杂多变，有国内学者将其
一生社会主义思想的演变分为基尔特社会主义、基础社会主义和超国家
社会主义三个阶段。[①] 这种划分是否恰当值得进一步探讨。本节仅就柯
尔的社会主义思想中，对费边社会主义的发展产生过影响的部分进行探
讨，也就是柯尔的基尔特社会主义与民主社会主义思想。

（一）G. D. H. 柯尔的基尔特社会主义思想

　　基尔特社会主义（Guild Socialism）是 20 世纪初在英国流行过的一
个社会主义的思潮和运动。它只存在了 20 年左右，是世界社会主义 500
年滚滚洪流中昙花一现的一朵浪花。它的存在时间虽然短暂，但也对世
界社会主义运动的发展产生了一定程度的影响。例如，1919 年五四运动
之后，以梁启超、张东荪等人为代表的一些中国学者也鼓吹过基尔特社
会主义，并展开了科学社会主义与基尔特社会主义的论战。这场关于基
尔特社会主义的论战持续了一年多，以《社会主义研究》和《改造》分
别停刊而落下帷幕，基尔特社会主义在中国宣告破产。[②] 这场论战在一
定程度上提升了中国早期马克思主义者的理论水平，坚定了科学社会主
义信念。英国的基尔特社会主义运动也在 1923 年之后就偃旗息鼓了。

---

① 郭海龙：《自由人的联合：G. D. H. 柯尔的社会主义思想研究》，北京：中央编译出版
　社，2018，第 25 页。
② 李奕：《基尔特社会主义争论的影响及启示》，《赤峰学院学报》（汉文哲学社会科学
　版）2010 年第 6 期。

"在 1923 年之后，已不再有任何有组织的基尔特运动，不过工会继续提出的工人参加管理的要求，仍然有着基尔特运动的某些影响。"[①] 柯尔不是基尔特社会主义的创始人，却是它的集大成者。本部分主要讨论柯尔的基尔特社会主义思想与费边社会主义的关系及影响。

"基尔特"（Guild）一词源自中世纪的拉丁文，意为行会，是中世纪欧洲的商人、手工业者、工匠师傅和学徒为了互相帮扶，保护本行业利益而组成的各种协会。这种制度曾在中世纪产生比较大的影响，但在资本主义工厂制度日益发展的冲击下，行会制度在 18 世纪衰落了。到了 19 世纪中期以后，对近代工厂制度的弊病进行批判的运动中，出现了复古倾向，为基尔特社会主义的产生做好了准备。为基尔特社会主义奠定理论基础的是马克思主义，其经济理论受到了马克思主义的很大影响。日本学者山田长夫认为，"基尔特社会主义与马克思主义的主流是完全不同的，但是它的代表性主张即废除工资制度的要求，是以马克思主义的劳动价值论和剩余价值论为理论基础的"[②]。再加上基尔特社会主义的主要代表人物霍布森、奥尔雷奇和柯尔等人都在不同程度上受到了马克思主义的影响。因此，"排除马克思主义的影响来谈基尔特社会主义是不可能的"[③]。此外，对基尔特社会主义产生更大影响的是卡莱尔、拉斯金和莫里斯等人道主义者，他们对资本主义的工资制度进行伦理上的批判。还有法国的工团主义和美国的世界产业工人组织也都对基尔特社会主义产生了直接的影响。在以上理论与实践的时代背景下，基尔特社会主义于 1912 年正式诞生在英国。

基尔特社会主义虽然时间短暂，活动范围有限，但仍有一些持不同观点的派别。总体而言，可以达成共识的基尔特社会主义观点认为工会为现代工业所做的工作应该相当于行会为中世纪的各种工艺所做的工作。现存的工会将成为各种基尔特组织的核心，它们的主要工作是将各产业工会中的工人组织起来，作为基尔特社会主义的手段和核心；废除工资

---

① 〔英〕G. D. H. 柯尔：《社会主义思想史》第 4 卷（上），宋宁等译，北京：商务印书馆，1990，第 433 页。

② 〔日〕山田长夫：《基尔特社会主义》，何凤圆译，《现代外国哲学社会科学文摘》1986年第 4 期。

③ 〔日〕山田长夫：《基尔特社会主义》，何凤圆译，《现代外国哲学社会科学文摘》1986年第 4 期。

制度并把一切工业资产交给国家，作为工会主义的终极和目的。它的核心要义是工人自治。

柯尔虽然不是基尔特社会主义的创始人，却是它最重要的代言人，他的基尔特社会主义主张也独具特色。马克斯·比尔认为："我们必须把思想严谨的中古主义者和杰出的基督教社会作家彭提看作近代基尔特理论的创始人，但使这种理论和普通社会主义哲学相适应的却是霍布森和柯尔。"① 对柯尔的基尔特社会主义的分析，应该结合当时费边社会主义的主张进行。

柯尔早在 20 世纪 20 年代就对费边社的集体主义主张产生了质疑，并以基尔特社会主义作为应对之方。他开始对费边社发挥重要影响是在 1933 年，也正是韦伯的影响消失的时候。柯尔夫妇和韦伯夫妇一样，是费边社的代表人物。柯尔曾任费边社的社长，但他却是费边社内惯于挑起事端的人——他至少四次退出费边社的执行委员会，以他为代表的基尔特社会主义掀起了费边社历史上第一次理论上的大分歧、大争论。柯尔的基尔特社会主义是一个比较完整的理论体系，在经济、政治与社会等方面都有自己的独特主张。它主要在集体主义与国家主义方面向早期的费边社会主义发出了挑战。

柯尔的基尔特社会主义主张是介于费边社的集体主义与工联主义之间的一种观点。它的目的是通过工会，特别是通过作为工会工作基础的各个协会、车间委员会、车间工会代表、矿井委员会，以及其他类似的组织，把工联主义者所坚持的"工人管理"理论，与费边社会主义所主张的对生产资料、分配和交换实行公有制的正统集体主义要求结合起来。简言之，该计划意味着在国家和地方政府当局成为生产资料所有者的情况下，所有的生产应由"生产者协会"以民主的方式组织。在反对私有制方面，柯尔的基尔特社会主义主张与费边社会主义的主张是一致的。但在社会所有制的形式上，柯尔认为工会和基尔特所有制即工人掌握生产资料要优于国家和地方政府所有制。柯尔的一生都对国有化和集权主义保持警惕，他担心这会造成个人自由的丧失，从而导致专制和奴役。

---

① 〔德〕马克斯·比尔：《英国社会主义史》（下），何新舜译，北京：商务印书馆，1959，第 318 页。

基尔特社会主义强调的另一个重点是工业自治。柯尔就此向费边社的集体主义提出了进一步的挑战，使费边社产生了前所未有的理论分歧。在韦伯、皮斯等坚定的集体主义者的眼中，工人自己管理工业的设想是不能容忍的，这样的企业要么会惨遭破产，要么闭关自守，与资本主义的企业在本质上没有区别。前文提到，韦伯等人惯于从体制内寻找问题的解决之道，从这个意义上说他们是坚定的官僚主义者，他们对公务员以及训练有素的行政官员的信任是根深蒂固的。他们不信任普通人做出重要决定的能力，除非是在高明的人明智的引导之下，做出一些简单而明确的选择（可以想象他们会对将英国脱离欧盟如此重要的事情，通过公投的方式来决定多么惊讶）。而基尔特社会主义者则对工会会员以及工厂选举产生的代表们，产生了本能的信任。

柯尔认为基尔特社会主义者不属于通常意义上的共产党人和社会民主党人，而且基尔特社会主义并非处于两者之间，而是与两者根本不同。基尔特社会主义者在社会关系方面持多元论看法，坚持认为经济的力量比政治的力量作用更为重要。他们强烈要求实行"工业民主"和直接由"工人管理"工业，并且承认"国家"是表达全体的利益和设法协调政治自治者和经济自治者之间的要求的必要机构。基尔特社会主义作为一种运动，只存在于 20 世纪一二十年代。但是作为一种创新的思想，它的影响存在了很久。它的一些主张对后来的社会主义思想产生了重要的影响，如强调必须同时实行工业自治和政治自治；强调必须把社会机构的权力分散，以便抵制官僚主义倾向，使尽可能多的人分担社会责任等。

在基尔特社会主义主张工人自治的基础之上，柯尔提出了他的国家观。柯尔的国家观不同于马克思主义者认为的国家是阶级统治的工具，随着阶级的消亡国家就会消亡；也不同于无政府主义者认为的国家是万恶之源。他认为，国家是公民和消费者的政治与政府机关。议会作为民主机关，代表的是使用者或享受者的总体，不过它的基础是全国性而非地方性的。国家代表作为消费者的公民的组织，它特有的作用是保障他们的利益，它没有资格或权力去干涉作为生产者的公民的利益。国家实际上只是社会许多组织的一种，也许它是最庞大的一个，但绝不是最高的一个。国家甚至可以被看作各生产组织的附属机关。国家既然不是最高机关，国家最高主权也就无从谈起。民族可以划分为拥有若干权利和权力的自治组织，它除了对自己的成员之外，绝不向任何人负责。柯尔认为，在一切人类的组织中，国家固然占有重要地位，但绝不是唯我独尊的。[①] 资产阶级的国家观是为了压榨被剥削阶级，而承认国家的最高主权。柯尔则与之相对，为了维护工人阶级的利益，企图取消国家的最高主权。此外，柯尔还对资产阶级的代议制进行了批判。他认为代议制选出的代表权力过大，可以在所有事情上代表选民，因此会扭曲选民的意志。他提出职能民主的概念对这种制度予以纠正。也就是说，柯尔主张公民个人只对具体的职能进行授权，代表只能在职能的范围内行使代表权。柯尔的这一观点是富有启发性和挑战性的。正如马克斯·比尔所言："这些看法如果充分加以发挥，乍看起来会使社会民主主义者或费边社的国家变成过时的东西。"[②]

基尔特社会主义作为一种运动，可以说在社会主义 500 多年的历史长河中转瞬即逝。正如它的代表人物柯尔所言："基尔特社会主义，即使在它的影响的极盛时期，（也）根本谈不上是一种被人们广泛信奉的社会主义信条。"[③] 基尔特社会主义的实质是想用中世纪行会制度的方式来解决 20 世纪的社会问题，这就注定了它失败的命运。特别是当俄国十月革命以后，俄国的工人们确实立即就掌握了工厂的管理权，与基尔特社会主义者预料的截然相反，这导致的是灾难性的混乱，以至于布尔什维克很快就制止了这种行为，而代之以集中的纪律。从此也就使作为一场运动的基尔特社会主义走向了末路，终于在 1922 年后，基尔特社会主义逐渐销声匿迹了。

基尔特社会主义作为一种运动虽然短暂，但是作为一种创新的思想，它影响深远。无论是共产主义，还是早期的费边社会主义，都十分强调权力集中是社会主义管理的一个必要因素。基尔特社会主义则主张必须在各个方面和各级的社会组织实行自治的民主方法，以一同工作的人组成的小组为基础。这有助于协调社会主义的计划与个人的自由两者之间

---

① 〔德〕马克斯·比尔：《英国社会主义史》（下），何新舜译，北京：商务印书馆，1959，第 324 页。

② 〔德〕马克斯·比尔：《英国社会主义史》（下），何新舜译，北京：商务印书馆，1959，第 323 页。

③ 〔英〕G. D. H. 柯尔：《社会主义思想史》第 4 卷（上），宋宁等译，北京：商务印书馆，1990，第 9 页。

的关系，有助于在面临必须进行大规模的组织与管理的情况下实现真正的民主。柯尔总结道："基尔特社会主义以及在其他国家发展起来的类似学说之所以具有重要意义，是因为在一个面临现代经济规模无限扩大和先是在革命的俄国、后是在极权主义信条能够以任何形式强加于人类事务的一切地方的权力惊人集中，因而比以往更加需要强调自由的时代，它们用适合 20 世纪的各种方式重申了自由。"①

柯尔的这个评论为基尔特社会主义的理论价值做了最好的阐释。在共产主义和费边社会主义的集体主义主张大行其道之时，基尔特社会主义就像一股清流，引起了对集体主义的反思。它既是柯尔社会主义思想发展的一个重要阶段，也为后来大规模地修正费边社会主义的集体主义思想埋下了伏笔。正因此，有学者将 20 世纪 50 年代英国工党内部修正主义运动，也就是对费边社会主义的修正的源头追溯到柯尔："直接影响到 20 世纪 50 年代修正主义形成的、有别于'正统'社会主义意识形态的'民主社会主义'论述，确实都出自新费边研究局的一些成员，如 G. D. H. 柯尔、道尔顿、莫里森和德宾等人。"②

（二）G. D. H. 柯尔的民主社会主义思想

民主社会主义这一名称是从国际工人运动史上的一个重要概念即"社会民主主义"演变来的，而后者的含义本身又有一个发展过程。1951 年成立的社会党国际在其声明即《民主社会主义的目标与任务》中正式使用"民主社会主义"一词来表述它的思想。从此以后，民主社会主义成为当代各国（主要是欧洲发达资本主义国家）的社会民主党、社会党和工党思想理论体系的总称。③ 总的来说，1848 年以后，社会民主主义与民主社会主义两个概念在历史上交替出现，成为主要代表西欧各国工人阶级政党的指导思想，它们的含义与侧重点在不同的历史时期有所不同。

在西方，凯恩斯、熊彼特和克罗斯兰三人被公认为 20 世纪民主社会主义的三大理论家。前两者为传统的右翼的社会民主主义向当代民主社

---

① 〔英〕G. D. H. 柯尔：《社会主义思想史》第 4 卷（上），宋宁等译，北京：商务印书馆，1990，第 25 页。

② 张志洲：《英国工党社会主义意识形态变迁研究》，北京：社会科学文献出版社，2011，第 135 页。

③ 殷叙彝：《民主社会主义论》，北京：中央编译出版社，2007，第 1 页。

会主义的过渡提供了理论依据，后者则对 20 世纪 50 年代以后民主社会主义的新发展具有重要意义。① 还有学者认为，费边社的莱奥纳多·伍尔夫、托尼和柯尔在二战前为民主社会主义创建了理论基础。② 因此，虽然民主社会主义思潮在 50 年代以后广为流行，但是它的理论基础在 20 世纪三四十年代就已经奠定。其中柯尔起到了重要的作用，这一方面表现在柯尔在 20 世纪三四十年代阐述的一些社会主义主张成为 50 年代民主社会主义的基本原则，另一方面表现在柯尔对克罗斯兰的修正主义主张的形成产生了重要的影响。

柯尔在 1941 年写了《费边社会主义》一书，这是对他的社会主义思想的集中表述，其中的一些观点经过克罗斯兰等人的继承和发展在 20 世纪 50 年代成为民主社会主义的基本原则。柯尔在书中将社会主义理解总结为三种思想：使人人有同等机会，保证人人享有基本的生活水平，还有民主自由。他认为公有制本身并不是目的，而是实现以上所说的目的的手段。整个社会应当拥有生产资料这一命题，没有绝对的效力。③ 他阐述说，每个人被给予同样的机会，是他的社会主义信仰的基础。这与当时的主流社会主义思想不一致。当时主流的社会主义思想强调的是分配结果的平等，而非机会的平等，而且是先有所有制的基础即公有制才有分配。柯尔还认识到，只有同样的机会是不够的，社会主义还必须为每一个人提供最起码的基本生活水平。柯尔将民主和自由看作不可分割的："我的民主概念意味着，不仅每一个神经正常的人都应当有在公共事务中起其作用的同等机会，而且这些事务应当安排的容易些，以使尽可能多的人能在其中起积极的作用。另外，这个社会还应尽可能地鼓励公开讨论公共事务，并让人们拥有为公共及私人目的组织起来的最大的可行的自由。"④ 柯尔对民主自由的阐述，表明了他认为民主和自由是社会

① 谢宗范：《凯恩斯、熊彼特、克罗斯兰的民主社会主义思想剖析》，《上海社会科学院学术季刊》1990 年第 4 期。
② 张志洲：《英国工党社会主义意识形态变迁研究》，北京：社会科学文献出版社，2011，第 126 页。
③ 〔英〕乔·柯尔：《费边社会主义》，夏遇南、吴澜译，北京：商务印书馆，1984，第 24 页。
④ 〔英〕乔·柯尔：《费边社会主义》，夏遇南、吴澜译，北京：商务印书馆，1984，第 23 页。

主义的本质属性的观点。在他看来，上述的三种社会主义思想的本质属性，就是一个社会主义者所要追求的目标。在充分表明自己的社会主义观念后，柯尔明确指出了自己的社会主义思想与当时流行的以费边社会主义和苏联的社会主义为代表的集体主义的社会主义观念的一个根本区别，即"公有制"这一社会主义原则，也就是生产资料、分配和交换应当由全体人民所共同拥有的原则，在他看来不是社会主义的主要目的。他说："我设想不出一个社会不应该尽力给它的全体成员以同等的机会、有保证的基本生活水平和尽可能多的民主自由。这些东西是目的，是所有正派的人应当一直期望和试图促进的目的。生产资料公有是实现这些目的的一种手段，主要适合于你我正生活于其中的这种类型的社会，但它并不是不管时间和地点，在任何意义上对任何社会都有道义的必要性。"[1]

通过这些论述，柯尔放弃了传统意义上将公有制看作社会主义本质特征的意识形态，明确地指出了公有制只是一种实现社会主义的可供选择的手段，而绝非社会主义所要实现的目标，并对社会主义的目的进行了新的阐述。他注重从个人角度来看待社会主义的目的，突出强调了民主、自由和同等机会对个人的重要性的思想。柯尔的这些思想蕴含了民主社会主义的一些基本原则，对克罗斯兰产生了直接的和重要的影响，克罗斯兰于 20 世纪 30 年代在牛津大学求学期间就与柯尔有着密切的交往。50 年代克罗斯兰的修正主义理论实际上就是将柯尔的所有制主张和从个人角度看待社会主义的做法进一步发扬光大。鉴于克罗斯兰对于民主社会主义的重要性，柯尔可以被视为推动社会民主主义向民主社会主义过渡的重要人物。

难能可贵的是，柯尔是在 20 世纪三四十年代就酝酿出这些主张的。那个时候，真正实现社会主义公有制的只有苏联。到了 20 世纪 50 年代，英国工党内部产生了改变公有制主张的修正主义浪潮，那是在二战后英国工党执政期间将费边社会主义的理想付诸实践，大规模实施国有化政策，从而充分暴露出公有制的缺陷后才产生的。由此可见柯尔作为一个社会主义思想家的敏锐性及长远眼光。

---

[1]　〔英〕乔·柯尔：《费边社会主义》，夏遇南、吴澜译，北京：商务印书馆，1984，第24 页。

　　柯尔有一段自评的话，可以非常精准地概括他本人及其学说的地位："我既不是共产主义者，也不是社会民主主义者，因为我认为这两种学说都是集权制和官僚制的信条，而我确实认为：忠实奉行四海之内皆兄弟这一平等原则的社会主义社会，从根本上说来应当尽可能广泛地分散权力和责任，以便尽可能多地使公民积极参加民主自治的任务。"① 社会党左派和右派在第二国际后期分道扬镳，造成社会民主主义与布尔什维主义的历史分野，双方争论的一个焦点问题就是应该通过改良还是革命的方式来实现社会主义，也就是如何对待资产阶级国家的问题，归根到底是有没有一条适合所有国家的社会主义道路的问题。如果那时就发现和承认各个国家实现社会主义的道路可以不同，世界社会主义运动的发展就会少遭受一些挫折，少付出一些代价。柯尔则很早就指出了社会主义道路的多样性："我过去和现在都坚持一种十分广义的社会主义概念，足以适用于世界各国人民，而不要求他们必须首先经历资本主义统治的全过程，或者必须达到接受近似西欧或美国的议会体制的程度。我认为，并不是只有一条通向社会主义的道路，各国人民都必须依次循之前进；而且各国人民必定要进入的社会主义，在国与国之间也并不一定完全相同，即不是仿效苏联的模式，就是仿效西方议会民主的模式。"② 马克思、恩格斯所预言的社会主义是要在几个发达资本主义国家同时实现。而在现实中，社会主义则是在俄国、中国这样生产力落后的国家率先实现。对此，列宁等经典作家早有论述。中国特色社会主义取得的伟大成就更是从理论和实践的角度证明了社会主义道路既要坚持原则，又要与时俱进和立足实际。柯尔作为一个资本主义国家的社会主义学者，他的观点也有助于认识社会主义在不同发展水平国家实现的可能性，以及社会主义道路的多样性。

二　克罗斯兰对传统费边社会主义的批判与系统修正

　　安东尼·克罗斯兰（Anthony Crosland）是第二次世界大战后英国工党重要的理论家和著名的政治活动家，也是当代欧洲民主社会主义理论

① 〔英〕G. D. H. 柯尔：《社会主义思想史》第 5 卷，何光莱译，北京：商务印书馆，1997，第 330—331 页。
② 〔英〕G. D. H. 柯尔：《社会主义思想史》第 4 卷（上），宋宁等译，北京：商务印书馆，1990，第 9 页。

的开创者之一。他根据第二次世界大战后资本主义在经济体制、政治结构、内外部环境等方面呈现出新变化的现实，认为传统的社会主义理论已经无法解释现有的资本主义状况，应该修正传统教条，构造和阐释新的社会主义理论，以适应战后社会发展的新形势。因此，克罗斯兰被公认为英国工党内修正主义理论的"教父"。英国前首相戈登·布朗对他的评价是："战后，没有哪一个工党理论家能像 A. 克罗斯兰一样，对工党的思想产生如此大的影响。"[①] 法国学者雅克·德罗兹指出，欧洲社会党人在经济方面经常引证的是"凯恩斯和熊彼特，特别是 C. A. R. 克罗斯兰的新费边社宣言——《社会主义的未来》（1956）"[②]。由此可以看出，克罗斯兰对于英国工党以及民主社会主义理论的重要性。由于费边社会主义在 1918 年之后就成为英国工党的主导思想，因此兴起于 20 世纪 50 年代要求修改党章第四条"公有制条款"的工党内部的修正主义运动，实际上也就是对费边社会主义的修正。

1945—1951 年的英国工党政府执政期间，实行了许多按照费边社会主义思想制定的政策，例如对多种工业部门实施国有化、制定各种社会福利政策、实施计划经济等。学者指出："在本届议会解散前，就立法而言，工党 1945 年的国有化建议已经全部兑现。如果这些建议都得到实施的话，估计约有 20% 的经济部门归为公有。"[③] 然而，实施国有化后，工党政府却陷入了困境。1950 年的工党政府面临的执政形势比 1945 年严峻得多。它的优势从 1945 年领先其他政党总和 146 席到 1950 年仅领先 6 席。并且与 1945 年相比，此时的艾德礼政府没有能够提出有魄力的政策。工党领袖盖茨克尔后来说，曾经在 1945—1950 年议会里待过的人都清楚，"五年来，我们已经不遗余力，竭尽所能"。新政府向议会提不出更多的立法议案。[④] 1951 年和 1955 年英国工党接连在竞选中落败，1956

---

① 〔英〕安东尼·克罗斯兰：《社会主义的未来》，轩传树、朱美荣、张寒译，上海：上海人民出版社，2011，第 1 页。

② 〔法〕雅克·德罗兹：《民主社会主义（1864—1960 年）》，叶波译，上海：上海译文出版社，1985，第 336 页。

③ Henry Pelling and Alastair J. Reid, *A Short History of the Labour Party* (London: Macmillan Press Ltd, 1996), p. 90.

④ 〔英〕阿伦·斯克德、克里斯·库克：《战后英国政治史》，王子珍、秦新民译，北京：世界知识出版社，1985，第 71 页。

年克罗斯兰出版了《社会主义的未来》（*The Future of Socialism*）一书。这本书与 1952 年费边社出版的第二本论文集——《新费边论丛》（*New Fabian Essays*）一起，一方面对艾德礼政府的社会改革成就做出肯定与总结，另一方面也在反思选举失败的原因以及理论方面的不足。费边社认识到，1945 年以前的费边社会主义者将主要的精力放在了如何实现他们在第一本《费边论丛》中所阐述的纲领上，而忽略了正在发生的社会结构性改变，以及新社会科学的出现，由此导致 1945 年工党政府将费边社纲领迅速实现后所出现的理论与行动停滞不前。费边社迫切需要对政治、经济和社会重新分析来重建社会主义原则。

以克罗斯兰、克罗斯曼为代表的费边社和工党的理论家，接过了 20 世纪 30 年代柯尔挑战费边社会主义的集体主义的大旗，以二战后英国经济的繁荣期为背景，在分析英国社会情况的基础上，对工党的主导思想——费边社会主义进行了系统的批判和修正。批判的焦点就是英国工党党章的第四条，也就是以费边社会主义为基础的"公有制条款"。他们的努力虽然没有立刻实现废除第四条的目标，但推动工党社会主义意识形态转型进入了开创性的重要阶段，其修正主义的遗产后来被英国工党现代派所继承。并最终于 20 世纪 90 年代完成了英国工党的现代化转型，正式放弃了党章的第四条。费边社会主义在修正主义的挑战之下，也在不断地调整自己的社会主义主张。以下就着重分析以克罗斯兰为代表的工党理论家对费边社会主义的集体主义主张进行批判的修正主义理论。

（一）克罗斯兰等人修正主义理论的主要内容

克罗斯兰等人的修正主义主张在 1952 年的论文集《新费边论丛》中得到了初步的阐释，并在 1956 年的《社会主义的未来》一书中进行了更全面和深入的论证。

克罗斯曼在《新费边论丛》的《向社会主义的哲学前进》（"Towards a Philosophy of Socialism"）一文中，简要回顾了费边社会主义和英国工党的发展，提出了在一个"极权主义的世纪"中社会主义的态度应该如何改变的问题。他指出社会主义的第一个目标已经随着工党政府的成立而得以实现。下一步则要从已经改变了的社会气候着手。克罗斯曼认为劳工运动的真正目的不是将权力转移到工人阶级手里，而是将国家转化为社会主义形式的权利和价值；不是摧毁一个经济体系，用另一个来代替它，而是自愿地接受社会主义以在社会生活中实现个人的价值。计划经济和集权已经不是社会主义的目标，它们已经随着政治革命和战时经济的流行得以实现。社会主义当前的目标是防止权力集中在工业管理层或是国家官僚阶层中，简言之就是分配责任以扩大选择的自由。①

克罗斯兰在《新费边论丛》的《资本主义的转型》（"The Transition of Capitalism"）一文中对二战后资本主义经济做出了分析，提出了资本主义出现的新特点以及马克思对资本主义命运预测的落空等观点。克罗斯兰总结战后英国社会出现的一些新的特点，从以下八个方面来看"后资本主义社会"与传统资本主义社会的不同：①个人财产权已经不构成经济与社会权力的基础；②财产所有者之前所行使的权力已经很大程度上转移到了经理层手中；③国家权力显著增长，目前已成为独立的调解权力，主宰着国家的经济命运；④目前的社会服务水平已经达到了可以被称为福利国家的地步；⑤就业率保持在高水准，长期大规模失业不太可能再现；⑥生产以及随之而来的生活的标准稳步提高；⑦社会阶级结构的多样化，中间阶级的扩大有利于缓解上层和下层之间的斗争；⑧从思想上来说，重点已经不是财产的权利、竞争和利润，而是转移到了国家的职责、社会与经济的安全以及合作行动的美德等。克罗斯兰将这个取代了资本主义的多元的社会称为"国家主义"（Statism），其含义为资本主义已经消失，社会主义还未完全实现的一个过渡的阶段。他认为工党应该充分认识到这些现实情况的改变，放弃传统的费边社会主义思想，转而致力于一个无阶级社会和社会平等的目标。②

这篇文章包含了《社会主义的未来》一书中的一些重要观点，后来也被克罗斯兰整理成为该书的第一部分——"资本主义转型"（"The Transformation of Capitalism"）。它为克罗斯兰赢得了全英国乃至国际的知名度，使他作为社会主义理论家的地位更加巩固，也为《社会主义的未来》一书的诞生奠定了重要的基础。

克罗斯兰在 1956 年出版的《社会主义的未来》一书，是他最重要也

① R. H. S. Crossman, edited, *New Fabian Essays* (London: Turnstile Press, 1952), pp. 1 - 27.
② R. H. S. Crossman, edited, *New Fabian Essays* (London: Turnstile Press, 1952), pp. 38 - 42.

最著名的作品。该书进一步系统论述了他关于资本主义发生转变的思想，全面地对工党的"正统"思想也就是费边社会主义思想进行修正，并且明确描绘了未来的社会主义社会所应当具备的特征。克罗斯兰在该书中放弃了曾经提出的"国家主义"的概念，并对"资本主义"一词下了一个定义，认为它特指"具有英国在 19 世纪 30 年代到 20 世纪 30 年代间的基本社会、经济和意识形态特征的社会"①。而 20 世纪 50 年代的英国社会的性质和阶级结构都已经改变，传统的资本主义特征已经大人改观。以这个定义和判断为基础，克罗斯兰从以下四个方面对他的修正主义思想进行阐述。

（1）传统的社会主义分析框架已经不能适应资本主义的新变化，迫切需要重构。克罗斯兰认为传统资本主义社会的主要特征是：自由主义即经济生活自治、经济决策分散到各个生产单位，并从属于市场力量；资本家阶级既是所有者又是管理者，从而垄断了经济权力；企业资本私人所有；社会财富分配极不平等；阶级对抗激烈，阶级矛盾尖锐；意识形态上崇尚个人主义与竞争，坚持绝对的私人财产权，坚信通过经济竞争"这只看不见的手"就可以让公共福利最大化。而在 20 世纪中期的英国，随着经济的不断发展，工人阶级的生活水平稳步提升，以上传统资本主义的信念都不再是占统治地位的意识形态了，资本主义也已经没有了崩溃的迹象。资本家手中的经济权力发生了重大的转移，主要表现在：政府权力增大；资本家阶级的权力不断向经理阶层的手中转移；劳方在与资方的斗争中逐渐占据优势，开始拥有更大的话语权。由此克罗斯兰得出结论：资本主义社会从 19 世纪末期开始发生缓慢的质变，到了 20 世纪中叶，英国的社会已经不是传统意义上的资本主义社会了。"不管 100 年前根据所有制对资本主义进行定义是否有所助益，但是现在这种定义已经完全失去意义和价值了，因为所有制不再是理解社会关系全貌的线索了；而根据平等、阶级关系、政治制度来判定社会性质似乎更有意义。"② 因此，以前的社会主义知识已经落后于时代，传统的社会主义

---

① 〔英〕安东尼·克罗斯兰：《社会主义的未来》，轩传树、朱美荣、张寒译，上海：上海人民出版社，2011，第 39 页。
② 〔英〕安东尼·克罗斯兰：《社会主义的未来》，轩传树、朱美荣、张寒译，上海：上海人民出版社，2011，第 39 页。

分析方法已经不能够适应新的社会变化，以生产资料所有制来判断社会本质属性的方式也已经过时了，需要对社会主义立场进行彻底的重新评价。

（2）重新界定社会主义目标。由于资本主义已经不是原来的资本主义了，作为资本主义对立统一面而产生的社会主义也应该与时俱进地拥有新的目标。克罗斯兰认为在英国根本不存在固定不变的社会主义学说，并总结梳理了以往多个社会主义流派对社会主义的定义，认为这些定义主要是用来描述实现社会主义的手段和具体政策，而不是从社会主义社会本质特征的某些价值角度来考虑社会主义。因此，这种下定义的方式体现出来的是多样性和异质性，从而导致社会主义定义的严重混乱。而且社会主义思想随着时间的变化而变化，不同时期就会流行不同的理论，有必要重新阐述社会主义。克罗斯兰认为应该去找寻不同流派社会主义主张所共同拥有的思想内容，也就是一些共同的、保持不变的价值和理想。克罗斯兰将这些社会主义基本理想总结为：反对资本主义所带来的物质上贫穷和肉体上的痛苦；拓展"社会福利"，尤其是针对那些由于各种原因而陷入贫困、压迫或不幸的人们；坚信平等和"无阶级社会"，尤其是希望赋予工人"应有"的权利和相应的工作地位；反对竞争、对抗，渴望博爱、合作；反对作为一种经济制度的资本主义的无效率。[①]克罗斯兰认为以上五点中的第一点和第五点在当时的英国正在迅速失去合理性，而剩下的三点则源自一种追求公平、合作、无阶级社会的理想主义愿望，这显然还没有完全实现。其中的合作由于社会已经不如以往那样热衷于个人主义和竞争，也已经至少部分地实现了，因此不适宜作为社会主义的目标。关注社会福利和实现一个平等而无阶级的社会则仍然具有非常合理的明显性。其中，对社会平等的信念，实际上一直是各种社会主义理论中最强有力的伦理诉求，也仍然是社会主义思想的最鲜明特征。[②]

（3）实现社会平等的手段。由于克罗斯兰认为平等是社会主义的本

---

① 〔英〕安东尼·克罗斯兰：《社会主义的未来》，轩传树、朱美荣、张寒译，上海：上海人民出版社，2011，第65页。

② 〔英〕安东尼·克罗斯兰：《社会主义的未来》，轩传树、朱美荣、张寒译，上海：上海人民出版社，2011，第74页。

质，因此实现社会平等就成为实现社会主义的重要手段。20 世纪 50 年代的英国已经进入"丰裕社会"，追求平等不再是经济层面的问题，而是一个伦理的、道德的目标。克罗斯兰认为当时的英国社会不平等主要体现在四个方面。①学校体制。"在社会不平等的各个方面中，英国的学校体制仍是最具分裂性的、最不公平的，也是最浪费的。"① 解决办法是建立一套在提供平等机会意义上的非常公平、公正的教育体制，一套使最有潜力的学生不论出身或财富都可以被挑选出来进行培养的非常高效的教育体制，也就是建立一种综合的教育体制，逐渐将私立学校整合到公立教育体系之中。这需要国家在支出方面优先考虑教育。"只要工党比过去更看重教育，并将其对社会主义的意义看得比肉类加工工业甚至化工工业的国有化更为重要。只有这样，拥有教学楼、更多更好的老师以及在宽敞、富有创意的环境中享受更好的校园生活，才能成为现实。"②
②"生活方式"和看得见的消费方式。克罗斯兰认为某些消费形式比其他消费形式更显眼、更具社会意义。因此，平均收入水平越高，看得见的消费方式越平等，人们对平等生活水平的主观感受也越强烈。在贫穷而落后的国家，财富的不平等分配明显暴露在公众的视野中，因为在那里事实上只有富人才能在维持基本生活所需外还有剩余收入，可以购买奢侈品。他认为提高个人消费，肯定会改变生活水平较低或不平等以及总体阶级不平等的现实，也肯定会弱化生活水平较低或不平等以及总体阶级不平等的感觉。"我们希望看到每个人都能快乐、富足，享受到过去只有富人才能享受到的奢侈品……在这个过程中，我们会朝无阶级社会迈出一大步。"③ ③财富分配。克罗斯兰指出了财富分配不平等的三种表现形式。如果财富不平等是遗产继承而非工作所造成的，那么这种不平等就会被视为不公平，因为它违反了每个公民都拥有获得最高报酬的平等机会的原则。劳动收入的极大不平等也是不公平的，它反映的不仅仅是能力的差别，也反映了机会的不同。税务体制过度倾斜于某些收入，

---

① 〔英〕安东尼·克罗斯兰：《社会主义的未来》，轩传树、朱美荣、张寒译，上海：上海人民出版社，2011，第 181 页。

② 〔英〕安东尼·克罗斯兰：《社会主义的未来》，轩传树、朱美荣、张寒译，上海：上海人民出版社，2011，第 198 页。

③ 〔英〕安东尼·克罗斯兰：《社会主义的未来》，轩传树、朱美荣、张寒译，上海：上海人民出版社，2011，第 213 页。

也会体现出不公平。这三种不平等，以及由之导致的不公平，在英国都非常明显。克罗斯兰提出可以通过重新分配财产来解决上述问题，包括征收赠予税、改革遗产税、采取直接的财产年税和资本收益税等形式。这些措施将会极大地缩小财富不平等。"社会主义者并不想打击小额储蓄、事业心和积极性，他们的目标是社会公平与真正的机会平等。一旦这些得以实现，遗产的毒瘤得以消除，那么我们将可以非常容易地减轻劳动所得税负担，而且现在财产分配不公迫使我们通过征税拿走的某些报酬，也将归还给个人和企业。"[1]　④企业内权力分配的不平等和非金钱性职业地位的不平等。尽管二战后工人的地位已经得到了巨大的提升，但是在企业内部，尤其是大规模企业，在地位、特权和权力上仍然存在巨大不平等，并且大规模生产导致的直接后果是决策与权力趋向于集中在越来越少的人手中。要实现企业内权力和地位的合理分配，需要满足三个最低条件：对非金钱特权实行更平等的分配，缩小管理人员与劳工之间的社会差距；在生产方面，实行有效协商，这既是为了减少和平衡"面对面"权力，也是因为工人显然应该就决定其工作生活条件的事务参与协商；在全国性行业层面，最大程度地发挥工会影响，只有经过同工人代表协商才能做出"远程决策"。[2] 这些条件如果得到满足，可以在企业内创造一种社会民主主义的氛围，并将推进其他平等主义的变革。

（4）社会主义的未来。随着传统社会主义的目标逐渐实现，旧式的不平等日渐消逝，社会变得越来越民主，社会主义者应该把注意力转向从长远来看更加重要的其他领域，比如个人自由、幸福，以及培养休闲、美、优雅、愉悦、激情等文化追求。总之，一切适当的追求，无论它们高尚、庸俗，还是怪异，都将有助于构成丰富多彩的个人生活和家庭生活。[3] 克罗斯兰认为一些新的问题也许不能归入传统的社会主义和资本主义范畴，但是对于福利、自由、社会公平来说非常重要。两个这样的需要付诸社

---

① 〔英〕安东尼·克罗斯兰：《社会主义的未来》，轩传树、朱美荣、张寒译，上海：上海人民出版社，2011，第 235 页。

② 〔英〕安东尼·克罗斯兰：《社会主义的未来》，轩传树、朱美荣、张寒译，上海：上海人民出版社，2011，第 249—250 页。

③ 〔英〕安东尼·克罗斯兰：《社会主义的未来》，轩传树、朱美荣、张寒译，上海：上海人民出版社，2011，第 337 页。

会行动的领域是个人休闲生活自由和对于文化价值的社会责任。①私人生活中的自由和快乐。克罗斯兰认为社会决策不仅给人们的社会经济福利带来影响，也会严重影响到人们的私人生活，而且这种影响往往是过于限制性的和清教徒式的。他希望采取行动，增加娱乐和享受机会，减少对个人自由的现有限制。这首先要求转变文化态度，而不是改变社会立法。社会主义者应该真正看重"人的尊严"，而不是继续含糊其词地说关注人类幸福与消灭不公平。"在社会主义者的血液里总应该有一些无政府主义和自由意志主义，而不应该有太多的道貌岸然和一本正经。"①克罗斯兰也因此对以韦伯夫妇为代表的费边主义的全情投入、坚持节制的工作方式进行了批判（详见后文），认为他们所倡导的社会公德，尽管在当时非常必要，但如今已经不合时宜，现在需要一套新的价值观。②新的文化价值。克罗斯兰认为物质福利水平很快就会达到资源配置的边际变化不会影响任何人的满足感的水平。在这样的情况下，就可以将更多的精力和资源用于美和文化方面。"在文化领域，要求将社会利益置于私人利益之上的这样一种理想，不仅是适当的，也是可行的……如果我们努力甚至不顾一切地追求这个理想，那么我们不仅可以使英国成为一个更加繁荣昌盛、更加平等公正、更加让百姓满意的社会，而且还将使英国成为一个更加美丽、更加文明的国度。"② 克罗斯兰期望未来在物质富足的同时，人们没有丧失那些教会人们如何享受这种富足的价值。

党的十九大报告中指出："中国特色社会主义进入新时代，我国社会主要矛盾已经转化为人民日益增长的美好生活需要和不平衡不充分的发展之间的矛盾。"这是对当代中国所处历史方位的一个重要论断。改革开放 40 年多来，中国共产党带领中国人民使落后的社会生产不能满足人民日益增长的物质文化需要之间的矛盾得到转化，进入了中国特色社会主义新时代。这个新时代与第二次世界大战后英国曾经经历的"丰裕社会"有一些相似的地方。J. K. 加布莱斯将"丰裕社会"描绘为一个现实

---

① 〔英〕安东尼·克罗斯兰：《社会主义的未来》，轩传树、朱美荣、张寒译，上海：上海人民出版社，2011，第 339 页。

② 〔英〕安东尼·克罗斯兰：《社会主义的未来》，轩传树、朱美荣、张寒译，上海：上海人民出版社，2011，第 344 页。

经济增长、生活水平提高以及消费商品极大丰富的社会。① 因此，克罗斯兰在《社会主义的未来》一书中提出的一些主张，对于现阶段化解我国社会的主要矛盾有着一定的借鉴意义。例如，克罗斯兰提出的所有制的形式问题、重视平等和公正的价值观，特别是他注重追求私人生活中的自由与快乐等思想，对我们满足人民群众的美好生活需要有直接的启示意义。当然，克罗斯兰作为西方民主社会主义理论的主要代表人物，他的民主社会主义思想与科学社会主义有着本质的区别。在他看来，资本主义已经克服了马克思描绘的阶级关系紧张、阶级矛盾尖锐的固有矛盾，工人阶级的生活水平有了显著的提升。尽管 20 世纪的资本主义确实出现了一些新变化和新特征，需要与时俱进地进行研究，但是资本主义的制度性弊病没有得到根除，工人阶级和资产阶级的矛盾也未能得到彻底解决。特别是克罗斯兰忽视所有制的重要性，更是与马克思主义背道而驰。因此，我们一方面要学习克罗斯兰敢于创新的理论勇气，汲取他的社会主义思想中有价值的地方，另一方面也要认识到他的民主社会主义思想的局限性。

（二）克罗斯兰对费边社会主义的继承与批判

克罗斯兰社会主义思想的理论渊源有很多，包括伯恩施坦的修正主义、凯恩斯的经济学说、卢锡安·劳拉特对马克思主义的分析等，甚至青年时代他还一度受到马克思主义的影响，并"认为自己是一个马克思主义者，但是还没有勇气直接加入共产党"②。但是对其影响最直接和最显著的当数柯尔的社会主义思想。

20 世纪 30 年代后期克罗斯兰在牛津大学求学期间就积极参加了柯尔领导的劳工俱乐部（Labour Club），这是一个关注现实政治和社会问题的社会主义性质的组织，也被称为"柯尔小组"。③ 这个组织年复一年地从在校生中纳新，使牛津的社会主义传统不断地延续下去。柯尔也被誉为"两次大战期间牛津社会主义的教父"。克罗斯兰积极参加劳工俱乐

① 〔英〕玛德琳·戴维斯：《资本主义新变化与新左派的"丰裕社会"之争——论英国新左派在社会主义论战中的思想贡献》，《南京大学学报》（哲学·人文科学·社会科学）2014 年第 1 期。
② Kevin Jefferys, *Anthony Crosland* (London：Richard Cohen Books, 1999), p. 7.
③ Margaret Cole, *The Life of G. D. H. Cole* (Glasgow：The University Press, 1971), p. 157.

部的活动，与柯尔有着密切的交往。1945 年费边社在英国工党上台后的声望很高，也为克罗斯兰提供了一个潜在的政治上的发展机遇。1961—1962 年克罗斯兰还担任费边社的主席。一方面他受到费边社第二代代表人物柯尔的影响，认识到了区分社会主义目标和手段的重要性；另一方面，克罗斯兰对费边社第一代代表人物韦伯夫妇"苦行僧"式的研究方式有所不满，并对此进行批判，从而得出社会主义也应该注重私人生活中的自由和快乐以及文化价值的社会责任等观点。这两方面后来成为克罗斯兰社会主义思想的鲜明特征，也促使了费边社会主义理论的变迁。

1. 柯尔对克罗斯兰社会主义思想的影响

克罗斯兰对英国工党传统理论最大的修正，就是明确指出了社会主义的目标是改善社会福利和实现社会平等，国有化只是实现社会主义目标的手段之一。他区分了社会主义的目标与手段，认为："事实已经证明，国有化和计划化，这样的手段可以适用于多种目标。这无疑说明，将手段等同于目标是多么不明智。"[①] 他的这一观点引发了工党内部如何对待公有制条款的激烈争论。这一观点在《社会主义的未来》一书中进行了充分的论证，是克罗斯兰对民主社会主义理论重要的创新之一。这一主张在柯尔于 1941 年写成的《费边社会主义》一书当中已经被反复强调。柯尔的民主社会主义主张是对当时主导工党意识形态的费边社会主义的挑战。他明确地指出了自己的社会主义思想与当时流行的以费边社会主义和苏联的社会主义为代表的集体主义的社会主义观念的一个根本区别，即"公有制"这一社会主义原则，不是社会主义的主要目的。克罗斯兰忠实地继承了柯尔的这一主张，并将它发扬光大。正如有学者指出的："就工党修正主义理论家的代表性而言，最能代表修正主义的反'正统'意识形态的，当属柯尔、盖茨克尔和克罗斯兰。"[②] 前文已经比较详细地介绍和分析了柯尔和克罗斯兰的社会主义主张，可以明显看出他们思想的相似性，因此可以认为克罗斯兰与柯尔的社会主义思想是一

---

① 〔英〕安东尼·克罗斯兰：《社会主义的未来》，轩传树、朱美荣、张寒译，上海：上海人民出版社，2011，第 65 页。

② 张志洲：《英国工党社会主义意识形态变迁研究》，北京：社会科学文献出版社，2011，第 136 页。

脉相承的，受到了柯尔的显著影响。

2. 克罗斯兰对韦伯夫妇所代表的费边主义的批判

韦伯夫妇作为费边社第一代的主要代表人物，是典型的工作狂，甚至他们的蜜月都被他们用来研究都柏林的贸易协会。[①] 韦伯夫人更是将工作本身当成了乐趣，她在《社会调查方法》一书中描述道："在古老的教区教堂的圣坛上，在古迹投下的阴影中，在律师的简朴的小办公室内，在地方行政委员会丑陋、毫无装饰的休息室里，甚至在没有通风设备、终日不见阳光的地下室里，一小时一小时地查看手稿、翻阅书籍，以便在限定的时间内完成工作，都会在我心中激起一股难以名状的激情。"[②] 克罗斯兰承认韦伯夫妇亲切、谦和、宽容和幽默的可贵性格，并被他们那种真诚相爱的幸福感所感染。他还认为韦伯夫妇强调努力工作、自律、效率、探索以及节制等实际美德；为公共责任而不惜牺牲个人享受，并期待其他人能够效仿；还有制定文化发展蓝皮书，把避免物质匮乏置于所有其他美德之上等做法都是正确的。但他进一步指出："他们毫不关心各种形式的艺术与文化，他们对各种情感或身体上的快乐缺乏欲望，他们不能够为自己而放松下来，这一切在我看来都是非常没有意思的，并且会让社会主义国家变成让人恐惧的梦魇。"[③] 对此，克罗斯兰旗帜鲜明地提出反对费边主义对个人私生活和自由进行社会强制性限制的传统。

韦伯夫人在回忆录《我们的合作》中写道："由于我们集中精力在调查研究、市政管理和费边社宣传上，我们没有时间、精力和条件去欣赏音乐和戏剧、品味古代和现代的经典文学、参观画廊、细细品鉴建筑奇迹。"[④] 克罗斯兰针锋相对地指出："最重要的是要有丰富的文化和多样化的享受，要与闲暇时间中的无趣和千篇一律做斗争——也就是废除离婚法，拥有更多通宵的露天咖啡馆、舞蹈、娱乐演出、文化，不要谈论经济和政治，以及需要一个新的费边主义。"[⑤] 克罗斯兰认为韦伯

---

① Beatrice Webb, *Our Partnership* (Cambridge: Cambridge University Press, 1975), p. 31.

② 〔英〕玛格丽特·柯尔：《费边社史》，杜安夏、杜小敬等译，北京：商务印书馆，1984，第 83 页。

③ Deirdre Terrins and Phillip Whitehead, *100 Years of Fabian Socialism 1884 - 1984* (London: The Fabian Society, 1984), p. 26.

④ Beatrice Webb, *Our Partnership* (Cambridge: Cambridge University Press, 1975), p. 14.

⑤ Kevin Jefferys, *Anthony Crosland* (London: Richard Cohen Books, 1999), p. 29.

夫妇将社会主义指向了两个方向，长期的方向是效率和行政的实用性，短期的方向是国家采取集体行动来纠正经济上的不公正。他们的这种做法在过去是行之有效的，在未来则行不通。费边主义和新教主义等思想表现出的是更为沮丧和厌烦的态度。劳工运动需要一点更激进的个人主义，需要反叛费边主义的传统，尤其是在社会的习俗方面。

他的这部分思想在《社会主义的未来》的结语部分得到了更充分的阐述："如果真的转变了文明态度，那么就可以在很多方面使英国变成一个更加多彩、更加文明的国度。我们不仅需要更高的出口和养老金，也需要更多的露天咖啡厅、夜晚更加欢快明亮的街道、营业时间更长的酒吧、更多的地方剧院、更为友好周到的酒店老板、更加宽敞整洁的餐厅、更多的河边茶座、更多的游乐园、公共场所更多的壁饰和壁画，以及设计更为精美的家具、陶器和女装、新建住宅区的中央石雕、街灯、电话亭，等等不一而足。"[①] 很多人认为这一部分才是克罗斯兰书中的核心要义，前面的长篇大论只是为了论证如何才能实现这样的生活。如萨松认为："我们现在知道，克罗斯兰著作中最重要、最有意义的部分，不是前面的 517 页，而是最后大约 12 页的内容。"[②] 从中我们也能够看出克罗斯兰的远见，随着传统的社会主义目标的不断实现，社会主义者应该去追求那些以前没有归为社会主义的目标。具体来说，克罗斯兰的意图就是让工人阶级过上中产阶级的生活，让美好生活不仅仅是少数精英的特权。

克罗斯兰一方面通过对柯尔社会主义思想的继承与发展，在 20 世纪 50 年代提出了区分社会主义目标与手段的鲜明的主张；另一方面通过对韦伯夫妇所代表的费边主义进行批判，提出了社会主义要更加强调私人生活，强调自由与不同政见，强调文化、美、休闲和娱乐的独具特色的观点。这反映了作为英国工党早期主导思想的以集体主义为特征的费边社会主义思想逐渐不能适应时代发展的需要，克罗斯兰正是推动其变迁的重要理论家。克罗斯兰的批判也使费边社意识到，在重振其智库角色

---

① 〔英〕安东尼·克罗斯兰：《社会主义的未来》，轩传树、朱美荣、张寒译，上海：上海人民出版社，2011，第 339 页。

② 〔英〕唐纳德·萨松：《欧洲社会主义百年史》（上），姜辉、于海青、庞晓明译，北京：社会科学文献出版社，2008，第 284 页。

的同时，也要注重人们个人的享受，这样做不仅不会毁灭，而且还会改良费边社想要改变的社会。

克罗斯兰被认为是英国工党内修正主义理论的"教父"，正是他根据变化了的社会现实，对社会主义理论进行系统的重新阐述，也将工党内修正主义与"正统"的费边社会主义思想的争论推向新的高度。就费边社而言，克罗斯兰是一个让他们又爱又恨的人，克罗斯兰对费边社的态度也是模棱两可的。他一方面赞赏费边社员们智力上的严谨与勤奋，另一方面又对他们排斥个人的自我价值实现和享乐表示不满。克罗斯兰对费边社会主义独到的贡献在于，他"复兴了费边社的智力基础，并使费边社意识到个人的满足会改良，而不是败坏他们想要改进的社会"①。克罗斯兰所强调的无阶级社会和追求平等的社会主义理想，已经作为他们的奋斗目标写入"费边社规则"中。在克罗斯兰之后，费边社再也没有出现过一个能够和韦伯、柯尔、拉斯基等人相提并论的权威理论家。在 20 世纪 50 年代后，费边社的理论无论是关注的话题，还是表达的观点，呈现出更加多元化和碎片化的态势，再也没有对社会主义理论进行系统论述的著作问世。

第五节　强调个人权利、社会平等（20 世纪 50 年代至今）

自 20 世纪 50 年代后，受到源起于柯尔，中经克罗斯兰等人的理论创新的影响，费边社会主义逐渐地加大了对个人权利、社会平等思想的重视。在克罗斯兰之后，费边社没有一个理论家对社会主义有系统、全面的诠释。费边社更加成为一个"自由的社会主义者自由思考的团体"，对他们的观点做一个集中的概括变得更加困难。

1994 年，英国的托尼·布莱尔在他为费边社所写的第 565 号"费边短评"《社会主义》中，根据最新的世界局势和英国社会状况，重新对社会主义做出了分析。布莱尔概述了 20 世纪英国的社会主义思想发展历史，总结了工党对遵从过时的马克思主义的分析所造成的最终失败的反

---

① Deirdre Terrins and Phillip Whitehead, *100 Years of Fabian Socialism*：1884 – 1984（London：The Fabian Society，1984），p. 26.

省，并提出只有伦理社会主义作为社会主义统一特点再次出现，才能重建工党作为一个执政的政党。他对社会主义做出了新的定义："一些重要的价值和信念所规定的社会主义不仅还存在，并且现在还有历史性的机遇来获得领导权。这种社会主义的基础在于以下观点：个人是社会交往中相互依存的人，个人不能脱离他所属的社会。如果你愿意，可以称之为社会－主义。"①

2017 年费边社重新修订章程，其中的第二条重述了在它看来什么是社会主义以及如何实现社会主义等主张。其要点如下。费边社由社会主义者组成。因此，它的目标是一个财富和权力得到公正分配，以确保真正平等机会的无阶级的社会。它认为经济活动的整体方向和分配应由社会通过其民主的制度来决定，并且社会应该寻求在合适的情况下促进对经济资源的社会的和合作的所有制。它支持有力的和负责的、反映满足需求的公共服务价值的公共机构，反映公共服务的价值，以满足需要。它相信其特征是自由、宽容和尊重分歧的积极的民主。它致力于实施《联合国宪章》与《世界人权宣言》，并寻求创造有效的国际机构来维护和促进世界和平与可持续发展。它寻求通过政治民主的方法来实现这些目标。

费边社坚信最广泛意义的平等公民权，并对所有致力于该社的目标和目的，并承担促进其工作的人开放，而无论其种族、性别、性取向、年龄、身体缺陷与信仰。它的活动是促进社会主义，并教育公众认识社会主义路线；方式有组织会议、演讲、讨论小组和大会，在国内外推广对政治、经济和社会问题的调查研究，出版图书、小册子和期刊，以及任何其他合适的方式。费边社附属于工党。

如之前一再提到的，费边社出版物众多，所涉议题广泛、细致，再加上没有共同的政策，对许多问题的看法前后不一，甚至同时期的观点也互不一致。因此，想要抓住一条主线来梳理费边社会主义思想的演变是非常困难的。但是，费边社在出版它的论文集的时候却是非常谨慎，主要原因可能是第一本《费边论丛》过于成功，以后的费边论文集都有向第一本致敬的意味。在费边社 130 余年的历史中，仅出版了四本费边论文集，可以说是具有相当的代表性。这四本论文集的重要性当然不是同等的，基本上可以说它们的重要性按照时间的顺序递减。第一本《费边论丛》是费边社的成名作，比较全面地阐述了社会民主主义理论原则的主要内容。在社会民主主义是科学社会主义的同义语的时期，为其注入了新的理论内涵，并在随后为西欧的社会主义者首先采纳。第二本《新费边论丛》是费边社在英国工党首次长期执政后，针对新的形势对传统的费边社会主义思想进行修正的重要文献。第三本《费边社会主义思想论文集》是在费边社成立 100 周年的时候，由多位学者的文章编纂而成，是在资本主义社会出现新特征的基础上对传统费边社会主义思想的进一步反思与发展。第四本《社会主义与公共利益——新费边论丛》是费边社自 1990 年就酝酿的一部著作，它深入讨论了国家在促进公共利益方面的角色，对公有制在促进社会正义方面的作用提出疑问，更加强调个人与社区在成就公共利益和社会正义方面的重要性。头两本费边论文集在前文已经进行了比较详细的分析，对 20 世纪 50 年代以后费边社会主义思想的提炼，主要以后两本费边论文集为主。

一　《费边社会主义思想论文集》的回顾与展望

《费边社会主义思想论文集》是在费边社成立 100 周年时出版的，一方面是为了纪念这一历史性的时刻，另一方面也是向第一本《费边论丛》致敬。这本书的结构可以分为两个部分，第一部分是关于费边社传统观点的回顾，并评价它的影响，可以称为关于费边社会主义的专门讨论；第二部分则是就当时的社会主义观点进行总结、分析，并预测它在未来的应用。虽然该书并不是讨论传统的费边社会主义的，但却是按照费边社会主义的传统来分析社会问题的，因此全书的两部分还是保持了一致性。这本书问世于工党竞选失败，执政的撒切尔政府大力推行私有化并执行许多与传统的费边社会主义观点截然相对的政策的时期。许多文章的作者都对传统的费边社会主义思想中的某些观点提出疑问，并针对新的问题和形势提出了自己的一些看法。

在经济理论方面，一些作者反思了传统的社会主义理论中对市场的否定态度，提出了一些对市场与社会主义关系的探索性思考。

《市场与社会主义是否相容?》的作者彼得·凯尔纳认为，市场本身与社会主义并不矛盾，社会主义并不是要取代所有的市场的力量，市场中的供给与需求的关系需要给予相当的重视。纯粹的非市场经济的社会主义会带来重重的困难。社会主义应当允许市场经济的存在，需要做的只是明确市场运行的规模与标准。作者试图区分国家与市场在经济中的作用，希望一方面能够发挥市场的效率优势，另一方面又能够发挥国家干预的作用。作者的最终结论是："社会主义如果想要赢得广泛的赞同，必须利用国家的力量找到一条调节在市场中个人行动自由的道路。"①

《市政社会主义的新方向》的作者罗宾·默里指出了传统的费边经济理论与工党的经济政策的一个误区。他认为过去的研究过于重视分配领域而忽视了生产领域，现在需要转变这一观点。幸运的是这一理论的许多基础在过去 15 年中已经铺垫好。特别是市级政府与市议会，已经在朝这一理论逐步地探索。现在需要做的是将这一理论转化为实际的纲领，从而能够制定出新的国家经济政策。

《费边社会主义与经济科学》的作者伊丽莎白·德宾在回顾了费边社历史上的经济观点后指出，亟须对费边社会主义与经济科学进行再思考。首先，需要用费边主义的术语来重新研究跨国公司，大企业、大工会和大政府之间的复杂关系，以及再度浮现的严重失业问题，来设计实际可行的新的社会主义纲领。其次，应当注重当代发达的马克思主义经济分析，而不是像以往一样简单地根据新古典经济学否定劳动价值学说。最后，民主社会主义的经济学应当注意研究最新经济科学的动向，并吸收其他流派的经济学说。费边社会主义的集体决策与市场经济的个人兴趣之间的关系应该被进一步考虑。

在政治理论方面，《费边主义国家》的作者罗德尼·巴克质疑传统的费边主义国家观，他尖锐地提出国家究竟是不是实现社会主义或自由的工具这一问题。巴克认为传统的费边主义国家观面临两个难题。一是效率问题，也就是国家可能不会大力促进一个人民政府的目标。因为国家可能是有偏向的，会去满足资产阶级的利益或是它本身的部门和人员

---

① Ben Pimlott, edited, *Fabian Essays in Socialist Thought* (London: Heinemann Educational Books Ltd., 1984), p.156. 为简便起见，后文凡出自此书者，不再出注。

的利益；二是国家的压迫性质，任何政府都会造成对个人自由的侵犯。国家往往统治过多，不会允许个人的自我实现。

这本书除了经济、政治部分，还重点讨论了自由、平等与友爱，并提出了许多新的论点。

《论平等》的作者伯纳德·克里克指出，价值观是重要的，迄今为止，马克思主义和费边主义的传统将价值观误认为空虚的理想主义或是未能对此做出精准的定义。社会主义有三种明显的价值——自由、平等和友爱，每种单独来说都不是专属社会主义的，但是它们三种联合起来并赋予社会主义的解释，便是社会主义的价值观。平等不意味着完全一致。人不是机器人，人天生拥有平等主义的精神。平等与自由、友爱都具有同等的重要性，任何一种价值都不能代替另外的一种价值，尤其不应当牺牲自由来换取平等。

艾伦·瑞恩在《自由与社会主义》一文中，从财产与教育两方面讨论了自由与社会主义的关系。他首先讨论废除私有财产权是否是对自由的攻击——有时这被认为是一种攻击，因为社会主义不能站在自由主义的立场为自己辩护。一些社会主义的辩护者和批评者接受这一结论，认为社会主义是以自由为代价来寻求正义、福利和友爱。他接着讨论一个无所有权的政体是否允许更多的或更少的学术自由，或者是更多或更少自由的教育体系。瑞恩认为社会主义制度下的教育自由在于有中央政府和地方当局积极分权的努力。在资本主义制度下由于私有财产的存在而得到保护的一些自由，在社会主义制度下也同样需要保护。他还指出一个对自己命运没有决定权的人与奴隶无异。

彼得·阿切尔在《宪法》一文中对自由与制度的关系进行了论述。他认为自由需要政治体系的三项原则：第一，行政有效率，能够提供足够的公共服务，来确保社会资源公平分配给它的全体成员，并能够保护弱者；第二，承担这些工作的人应当对自己的权力进行约束；第三，社会做出的决定不仅应当适应人民的需要，也应当适应人民的愿望，并且人民应当参与决策过程。

总的来说，这本书的许多文章仅仅是质疑传统的理论，或者只是阐述初步的看法和思路，而没有建设性的、成熟的理论观点。该书的主编也承认，全书没有集体的观点，甚至都没有共同的结论。这也反映了费边社乃至工党这一时期在理论上的迷惘与混乱。尽管如此，这些对传统费边社会主义思想的反思以及对新理论的探索，进一步发展了费边社会主义理论，并为工党在 20 世纪 90 年代的现代化奠定了基础。

二　《社会主义与公共利益——新费边论丛》

《社会主义与公共利益——新费边论丛》由费边社员就 20 世纪 90 年代政治与社会相关问题发表的一系列文章组成。论丛所讨论的话题比以往有了较大的拓展，涉及了许多新的概念，如个人主义、社群主义与集体主义、公共利益、共有制（common ownership）与社会正义、理性的利己主义、友谊与公民权、身份认同、选民与地方政府、奖励机制、权利与义务等。作者们认为所有这些都是与社会主义相关的核心话题。除了新的话题，与传统的社会主义观点不同，这些文章一致认为市场经济应该被接受，只是需要对它进行限制。这本书反映了 20 世纪最后 10 年社会民主主义的最新发展。

书中的第一部分是关于原则与选民的。安东尼·阿布拉斯特在《社会主义与公共利益》中就此话题论述道：所有的社会主义，无论是费边社会主义还是共产主义都是来自同一流派，并且深受马克思的影响。他认为社会主义是一种共产主义性质的运动，力图弥合由资本主义造成的社会原子化。每一个社会都要创造出某种公共利益，使它的多元化或是宽容保持在某种限度之内。作者认为免费的社会服务如全民健康保险和养老金的安排要比收费的服务好，并且低的税收会造成社会服务的供给不足。尽管阿布拉斯特接受某些共产主义性质的观点，但他不认为公有制是实现他追求的公共利益的唯一途径。①

L. J. 麦克法兰进一步就公共利益的话题进行讨论。他将公共利益的概念从当前一直追溯到了柏拉图的时代。他的观点是公共利益不仅不是一个新的概念，而且有多个种类。它可能仅限于某个阶级，或是仅仅由财富从富有到贫穷的阶级或个人的激进的再分配构成。作者认为社会主义如果放弃共有制就等于是放弃了它的灵魂。但同时，共有制并不必然促进社会主

---

① Preston King, edited, *Socialism and the Common Good: New Fabian Essays* (London：Frank Cass, 1996), pp.3 - 4. 为简便起见，后文凡出自此书者，不另出注。

义道德的提高，因为社会主义者和非社会主义者都可以采纳共有制。

全书的总编普雷斯顿·金在第三篇文章中提出想要通过在提供选择的数量方面的差别区分社会主义政党和保守党是误入歧途。应当注重政府所提供的选择的质量而不是数量。市场并不比国家拥有更多的自由，它提供一些可能性，代价是取消另一些。社会主义与保守主义的区别不在于一个赞同垄断，一个赞同竞争。如果政府本身就是一种垄断，如果所有的政党都支持政府，那么所有的政党都赞同某种形式和某种程度的垄断。问题的关键就不在于是否应当允许垄断，而在于应该如何规范垄断和准许垄断的程度。社会主义者唯一的共同特征就是坚定反对垄断的私人所有制及其后果。

这本书的第二部分是关于集体主义与市场的论文。布莱恩·巴里在《社会存在吗？以社会主义为例》中将对公共利益的讨论升级到了社会正义。他认为公共利益必然会削减某种形式的社会规范。这种规范可能是自由或平等，而正义是一个更重要的话题。巴里将社会主义视为社会主义和集体主义的混合体，后者是公共利益的一种形式。他将社会正义建构成社会主义的目的，集体主义是社会主义的手段。根据这一理论，作者认为市场必须得到控制，并且在某种情况下要被取代。市场不会自动消除性别、种族和其他因素带来的不平等。巴里的结论是，自然资源的垄断最好为公众所有，如果掌握在私人手里的话，那所有者就没有动机为所有人提供便宜和有效率的服务。

雷蒙德·普兰特在《公民权、权利与社会主义》一文中指出，集中的计划是不可行的，并且会对公民自由造成威胁。但同时他又赞同对市场进行重要的管理与规范，例如分散集中的资本、保持真正的竞争和经济制度的多元化等。在这种规范下，他接受混合经济的概念。事实上，作者接受市场是出于公正社会的角度，只要这种市场接受约束和为民造福。作者试图将社会主义从阶级的立场推动到公民的基础之上，以期待创造一个资本所有者和劳动者之间共同的道德社区。普兰特力图采取一个全面的公民概念，以超越地方主义、利益集团和阶级战争的局限。

对利己主义的不足的讨论构成了这本书的第三个部分。三位作者关于这一问题的讨论可以总结出共同的结论。他们一致认为理性的利己主义者在社会活动中的唯一目的就是个人所得，每个人都按照这种方式活动的话，公共利益是无法实现的。因此他们对此进行了批判。

全书的最后一部分是关于公民身份的多样性的论文。比克什·帕拉克在《公民权与政治责任》中指出，公民权有多种责任，政治责任只是其中之一。个人对国家的责任不仅仅是服从，也包括质疑甚至是拒绝服从。作者认为个人的责任不是来自命令或者契约，而是来自基本的人性。这些责任必须从世界的角度来认识。个人是国家的公民，但不仅仅是属于国家。公民对国家有职责，但不仅限于此。当公民考虑这些问题时，往往将国家的概念视为理所应当的，也就忽略了国家的界限问题。欧诺拉·奥尼尔就这一话题进行深入探讨。她指出任何国家中都包含着另外的"国家"，也就是在文化或其他方面不同的少数群体。没有一个国家在文化上对它的所有国民都是一致的。一个国家总是会融合不同文化的人。既然社会主义者是在寻求社会正义，那么他们到底在为谁做此事，是为了国界中的所有人？还是为了有文化认同的一些人？作者得出结论，简单的社会主义的中央集权、国有化和共有制是不足以解决问题的，不适当的社会主义的国家主义也是不公正的。

总的来说，与早期的费边社会主义思想相比较，从20世纪50年代以后开始，费边社逐步改变了自己的集体主义主张，不再主张公有制、分配的社会化等思想，而是认为无论是所有制形式，还是分配的方式都有多种类型；不再一味地反对市场经济，而是认为市场是不能被取代的；不再过于强调国家的作用，而是主张发挥社区的功能；以及特别重视平等。在20世纪50年代后，费边社鲜有关于社会主义本质的纯理论讨论，研究重点几乎都是对社会具体问题提出有针对性的解决方案。费边社会主义思想经历了从早期偏重集体主义，到对这一思想进行反思，再到注重个人平等和权利的演变过程。费边社会主义思想的演变反映了费边社试图通过社会改革，来应对不断变化的社会问题的思路。

第六节　费边社当前的活动与理论动态（2021年）

一　费边社近年的组织与活动
（一）费边社的新定位、新工作和新定义
2018年2月费边社全面改版了它的官方网站，对费边社的介绍增添

了不少新的内容和视角，反映了费边社试图帮助自己和英国工党加大改革力度的决心。

在新的官网上，费边社的自我评价为：自 1884 年至今一直在构想左翼的未来。它目前的身份定位是：一个致力于新公共政策和政治思想的智库；一个活跃在全英国，并对所有左翼人士开放的会员制运动；一个民主治理的社会主义社团，工党的附属机构及其创始者之一；没有组织性的政策观点，欢迎辩论及不同观点；拥护和赞扬费边主义，认为激进的长远目标通过经验的、实际的和渐进的改革能够实现最好的推进。

费边社目前作为智库和通过会员制的网络发挥影响。它是一个独立的左倾智库，同时还是一个拥有 7000 余名会员的民主会员制社团。费边社试图影响政治和公众的思想，并提供广泛的和开明的辩论的空间。它的工作方式有：在纸媒和网络上发表深度的观点、分析和意见；主导调查研究，承担重大的政策咨询工作；举办大会、研讨会和辩论会；在全英国范围内为会员的讨论及行动提供便利。作为一个智库，费边社在政治和政策辩论方面有着重大的影响。它位于伦敦、曼彻斯特和爱丁堡的团队与主要的政治家和政策专家有着广泛的合作关系，以此来发展和促进新思想，并促进政治观点的形成。费边社隶属于英国工党，同时也影响着不同的政治派别。

费边社认为费边主义是费边社的信念、原则和实践。费边传统告诉他们如何去想以及该做些什么，而其他的智库都没有自己的"主义"。对费边主义的遵循，意味着坚信与不平等的斗争、集体行动的力量以及国际主义的远景，意味着坚信社会进步、专业技能、理性和长期主义。费边社拥护渐进主义者、改革主义者和实现激进目标的民主方式。费边社主张一个多元主义的运动，并为公开的辩论创造空间。费边社所创造的辩论空间期待和尊重不同意见。作为一个组织，费边社没有集体的立场，不为具体的政策而活动。为费边社写作和发言的任何人仅代表他们本人，不代表费边社。

改版后的费边社官网表述的对自身的定位，既继承了费边主义开明、多元、民主、渐进的传统，又与时俱进地阐明了其当前的明确角色与具体任务。

（二）费边社近年的会员人数与主要活动

费边社是一个民主的会员制的组织。它近年来的会员数量与构成见表 2 - 1。2020 年度，费边社的会员数达到创纪录的近 8000，其中包括 16 名影子内阁成员。费边社由民主选举产生的执行委员会来管理，它的日常运作受秘书长监管。

表 2 - 1　2010—2021 年度费边社会员数量及构成

时间	个人会员（青年会员）（名）	合作社与工会等（家）	图书馆（家）	社团（家）	总计（个）
2010 年度	6540 （1615）	24	148	74	6786
2011 年度	6694 （1726）	24	144	52	6914
2012 年度	6539 （1653）	68	134	37	6778
2013 年度	6624 （1637）	66	124	29	6843
2014 年度	6459 （1520）	64	119	24	6666
2015 年度	6783 （1670）	57	116	19	6975
2016 年度	7040 （1873）	52	106	17	7215
2017 年度	7168 （1923）	34	93	0	7295
2018 年度	7262 （1974）	34	17	0	7355
2019 年度	7136 （1951）	34	21	0	7247
2020 年度	7874	37	14	0	7925
2021 年度	7146	37	10	0	7189

注：合作社与工会等、图书馆、社团统计时每家计为 1 个会员；费边社的年度计算从前一年 7 月至当年 6 月；2020 年后，费边社个人会员不再统计青年会员，而统计学生、退休和失业会员数量；2018、2019、2021 三年度总计数字原文如此。

资料来源：http://www.fabians.org.uk/。

费边社每年 1 月都会召开新年大会，大会通常由工党著名政治家做主题演讲，如 2015 年是时任工党领袖的埃德·米利班德；2016 年、2017 年是当时的工党领袖杰里米·科尔宾；2018 年是伦敦市长萨迪克·汗，他也是费边社执行委员会的主要成员；2019 年是现任工党领袖基尔·斯塔默。费边社每年固定的出版物是季刊《费边评论》（*Fabian Review*）。

2010 年工党下台，保守党和自由民主党联合执政，标志着费边社进入了一个新的时期。在 2010—2015 年的议会中，工党由费边社的杰出成员埃德·米利班德领导，费边社扮演了向党内灌输新思想的传统角色，形成了关于公共支出和粮食缺乏问题的主要政策委员会。2015 年大选后，杰里米·科尔宾当选为工党领袖。费边社作为工党运动中多元、非派系论坛的角色更加凸显。它成为为工党的政客们提供各种意见的平台。费边社还与工会社区联合就零售业的未来、技术和工作召集了政策委员会。2019 年大选的再次失败，让英国工党更加倚重费边社。工党的领导权交给了下院议员基尔·斯塔默。这是费边社的首位在职高管成为工党领导人。斯塔默担任工党领袖后放弃了在费边社执行委员会的职位，但是费边社仍有 5 人是工党的前座议员，其中包括影子内阁财政大臣内利塞·多兹议员。

费边社 2021 年拥有 16 家地方分社，以及苏格兰费边社和威尔士费边社、费边妇女网络和青年费边会等组织。这些费边组织也都非常积极地活跃在各自的领域，并且每年为费边社举行数百次的相关活动。需要指出的是，费边社地方分社的活动，受到了新冠肺炎疫情的严重影响。地方分社的成员更喜欢面对面会谈与讨论，不适应或者不习惯在线交流，地方分社的数量由之前的四十多家锐减到 2020 年后的十多家。

二 费边社当前的理论动态

改版后的官网没有对费边社的使命做任何修改，仍然是致力于促进权力、财富和机会的更加平等，集体行动和公共服务，负责的、宽容的和活跃的民主，公民权、自由和人权，可持续发展，多边国际合作等。为了完成其使命，费边社进行了广泛、深入的研究。费边社作为工党的智库，它的命运早已"趋向'追随选举结果'，即工党的命运"[1]。它所做的各项工作的首要现实目标，就是为工党提供解决当前种种社会问题的思路，从而使工党赢得选举上台执政。2019 年工党在大选中失利后，费边社认为这一结果代表着公众对工党四年来在杰里米·科尔宾领导下与费边主义疏远的裁决。此次大选惨败后，费边传统迅速又非凡地复苏了。

费边社的当前计划旨在推动英国左翼的政治和政策的复兴。他们评

---

① 〔英〕玛格丽特·柯尔：《费边社史》，杜夏安、杜小敬等译，北京：商务印书馆，1984，第 328 页。

估了英国在未来10—15年面临的关键政治和政策挑战，提出了根植于其价值观和历史的应对措施。他们试图通过提出必要的思想和战略，确保英国工党有能力赢得权力，并在地方和全国范围内实现良好治理。当前，费边社的研究及活动主要集中在四个核心主题上。①政治与权力：选举战略、政治改革、不平等的权力；②国家与社会：社会面临的挑战、社会福利、税收与支出；③经济与工作：经济改革、未来的工作；④绿色与全球：气候变化、英国与世界。围绕着这四个核心主题，费边社列出了2021—2024年的四项优先工作项目。第一，通过提供方案和举行关于政治和竞选策略的辩论，支持工党赢得下次大选并重返政府。为工党提供展示及检测其思想的平台，并以提升工党选举前景的方式影响政治和公共舆论。第二，在下一份英国工党宣言和各级政策纲领中，通过发展和打造证明是有效的、可行的、变革性的和受欢迎的政策思想，确保采用变革性的费边政策建议。深化与工党决策者的紧密合作关系。扩大在英国的影响力和制订政策的能力。第三，通过在左翼之间架起桥梁及展示多元的、受尊重的政治，来帮助推动一个强大的、团结的和多样的工党运动。促进费边社和工党内部的平等、包容和多样性。推动支持费边者以及持有费边派观点的人的政治发展与进步。第四，通过改善财务状况、提高员工能力以及推动数字和数据的使用，加强和扩大费边社的能力、行动主义和社会影响力。扩大成员主导的辩论和政策活动。通过更强大的营销、沟通和媒体来建立良好形象。从中也能够看出，费边社将其使命的完成与为工党赢得选举合二为一了。

费边社所讨论的议题庞杂、细致，而且根据传统，费边社没有所谓的正统的思想或学说，它仅仅提供一个不同观点交锋、辩论的平台。但是，这些不同的观点要遵循基本的费边主义原则，也就是服务于费边社当前的使命。否则，费边主义也就没有了它鲜明的特征。英国"脱欧"是近年关系英国前途命运的极其重要的议题。以下对费边社当前理论动态的梳理主要围绕英国"脱欧"这个重要议题进行，以此为例来阐明费边社是如何通过理论工作服务其使命，并为工党提供理论支持的。

英国"脱欧"本身就是一个极富争议的议题。在工党内部也存在赞同和反对"脱欧"的不同意见。由于费边社没有所谓的官方立场，它仅仅是按照费边社的传统，提供一个供不同观点展示、交锋的平台。但是通过它所展示的大部分文章和报告来看，多数的费边社员对英国"脱欧"是不赞同的。

费边社秘书长安德鲁·哈洛普认为"脱欧"公投的后果对亲欧洲者来说是毁灭性的。他们曾坚信英国"脱欧"是不会发生的，但是最终也不得不接受现实，尽管他们认为这对英国来说是错误的一步。"脱欧"比近年来的所有选举都使英国在社会和地理上更加多极化。工党必须通过塑造"脱欧"计划来为其赢得未来。

爱尔兰工党领袖布兰登·赫林认为在关于英国"脱欧"的讨论中，人们忽视了该事件对爱尔兰的影响。他指出爱尔兰与英国每周 12 亿欧元的贸易可能就此枯竭，从而削弱整个爱尔兰地区。两国间 110 英里（177.03 千米）的边境每年为双方贡献大量的文化、社会和经济的利益，"脱欧"只能给双方带来伤害。他作为一个爱尔兰人呼吁英国不要离开欧盟。

时任工党领袖杰里米·科尔宾和英国首相特雷莎·梅，分别于 2019 年 2 月 26 日和 3 月 2 日，发布了新的"脱欧"政策。安德鲁·哈洛普点评了双方的"脱欧"政策，并由此阐述了他对于英国"脱欧"的主张。

1. 保守党的"脱欧"主张不切实际

哈洛普指出，特雷莎·梅的政策和一年前她在兰卡斯特宫发布的主张差不多。她想要的是介于常规的贸易协议和单一的关税区或内部市场之间的一个东西。梅主张这个进程，是因为这是唯一可以将保守党团结起来的办法。英国朝向"脱欧"灾难性进程的每一步都是由保守党内部的动态而非英国人民的利益所驱使的。

哈洛普分析道，梅的"金凤花脱欧"（Goldilocks Brexit）主张——既不太远，也不太近——能够赢得广泛的公众和商业的支持。问题在于就连明智的保守党人都知道，它是绝不可能实现的。用它来解决英国"脱欧"的残局，保守党人是在丧失信誉，丢失时间。保守党的主张不能成功的原因有两方面。第一，这个计划是绝不会被欧盟的其他地方所接受的。该计划等于说是享受欧盟的好处而拒绝欧盟的负担。根据欧洲大陆兄弟政党人士所言，欧盟的态度是英国要么更近一点，要么更远一点。第二，梅的计划几乎不可能在实际中完成自己的目标——无缝隙的供应链、对服务业同等监管和完全开放的爱尔兰边界。特别是没有一个保守党政治家解释他们的模式，如何与一个有漏洞的边界及北爱尔兰和平共处。

2. 工党的"脱欧"主张是"好的经济与好的政治"

与之相反，工党的新政策支持关税同盟，尽量避免与北爱尔兰的边界"由软变硬"，同时不会支持英国留在单一市场。这是"好的经济与好的政治"（good economics and good politics），能够让工党占得上风。就经济来说，后"脱欧"时代的英国至少需要一个关税同盟，来防止卡车拥堵在多佛或纽里。至于政治，这种政策可以使工党联合一小部分支持留在欧盟的保守党议员，从而使政府有可能在下院遭到失败。更重要的是，这种立场在工党内部行之有效，因为关税同盟的问题不会造成工党选举团体的分裂，也就意味着只有极少部分铁了心支持"脱欧"的工党议员会不听党鞭的意见。

工党的前座议员可能最终会在欧洲经济区条款上支持"挪威式"脱欧。但是只有当一个更加主张融合的替代性选择是可行的时候，以及当相当数量的支持"脱欧"者改变他们的主意，决定接受"软脱欧"代价时才会实现。以上情况都不适用于今天。这也是工党的重心在单一市场选项上还没有团结起来的原因。

哈洛普最后总结道，支持关税同盟而不是单一市场，可能不是工党的最终"脱欧"路线。但对目前来说是一个很好的选择。

第七节　对费边社会主义演变的简要梳理

1884 年 1 月成立的立志从事社会改革的费边社，在 1885 年宣称自己是一个社会主义团体。费边社会主义思想在 1887 年已经初具雏形。这时的费边社会主义已经表明要利用现有的机构、政党和议会制度来实现社会改革。它的目的是最终消除土地的私人所有，并建立生产资料的公有制。1889 年出版的《费边论丛》更全面地阐述了费边社会主义思想的主要内容。渐进主义、民主主义、公有制、伦理性都成为费边社会主义的主张或是鲜明的特点。费边社会主义就此成为一个相对完整的理论体系。

早期费边社会主义最主要的特点就是集体主义。用奥利维尔的话说，社会主义的目的"在于以集体资本代替私人资本，即用建立在社会全体成员把所有生产工具当作集体财产这样一个基础上的生产方法，来从事全国性工作的合作组织"①。他们特别强调生产资料的公有化和土地的国有化。在政治上主张代议制民主，既相信国家是可以信赖的，又主张分权，重视市有化，因此这时的费边社会主义也被人称为市政社会主义。他们主张地方当局应担当起管理本地电车、煤气、自来水厂等公共设施的职责。这与列宁主张的"共产主义就是苏维埃政权加全国电气化"有异曲同工之妙。

以柯尔夫妇和拉斯基为代表的第二代费边社会主义者，对社会主义的认识与早期的费边社员相比有所发展。特别是柯尔所倡导的基尔特社会主义，批判了正统的费边社会主义的集体主义思想。二战后对费边社会主义思想的修正最早就可以追溯到柯尔。柯尔在 20 世纪二三十年代已经将传统的社会主义主张的公有制、国有化等政策视为实现社会主义的手段，而非目的。他认为社会主义应该使人人有同等的机会，保证人人享有基本的生活水平和民主自由。柯尔这种从个人角度谈论社会主义的方式延续到了今天的费边社。同期另一位著名的费边社会主义者拉斯基认为，社会主义应当是计划化民主。首先是经济民主，包括生产资料的公有制和经济的民主管理。其次是政治民主，即在实行公有制的同时，保留资本主义议会民主制度。这一时期费边社会主义的主要思想仍然是集体主义的。但是，柯尔和拉斯基都是多元主义者，他们都强调权力不宜过度集中。他们的理论在很大程度上丰富了费边社会主义思想。

第二次世界大战后，以克罗斯兰、克罗斯曼为代表的费边社和工党的理论家发起了对传统费边社会主义思想的全面修正。他们根据战后英国的新情况提出，英国已经不是一个原本意义上的资本主义社会，传统的社会主义分析方法已经不能适应新的社会变化。在此前提下，他们反对早期费边社会主义者对集体主义的强调，并进一步发展了柯尔提出的公有制不是目的而是手段的思想。同时他们也强调对社会主义的理解要从多方面进行。例如克罗斯兰提出的著名的社会主义五项新目标：政治自由主义、混合经济、福利国家、凯恩斯经济学与平等的信念。克罗斯兰最重要的贡献就是强调了平等对社会主义的重要性。他认为平等是社

---

① 〔英〕塞德尼·奥利维尔：《社会主义的道德基础》，载〔英〕肖伯纳主编《费边论丛》，袁绩藩、朱应庚、赵宗煜译，北京：生活·读书·新知三联书店，1958，第164 页。

会主义的根本目标，教育的平等是实现社会平等的重要的途径。通过政府的福利政策以及财富的再分配，更多的平等是可以实现的。克罗斯兰的思想也启发了费边社会主义对平等思想的重视。在克罗斯兰之后，费边社再没有一个理论家对社会主义有系统、全面的诠释。费边社更加成为一个"自由的社会主义者自由思考的团体"，对他们的观点做集中概括变得更加困难。

在 20 世纪的 60—70 年代，由于英国政治上战后共识的达成，费边社本身在很大程度上被边缘化了，尽管费边社员仍旧进行着各种调查研究，但费边社会主义思想相应地陷入低潮。在 20 世纪 80 年代初，费边社还经过一次大的动荡，时任费边社主席的雪莉·威廉姆斯加入了从工党分裂而成的社会民主党。这次背叛险些分裂了费边社，经过全体社员的投票，才决定让加入社会民主党的社员成为没有投票权的准会员。在度过这次危机后，费边社痛定思痛，重新组织力量加强了费边社的研究传统，并在 100 周年的时候出版了前文所介绍的第三本费边论丛。从这以后费边社在一定程度上恢复了生机与活力，费边社会主义思想也逐渐与时俱进地发生理论变迁。

总的来说，与早期的费边社会主义思想相比较，目前的费边社不再主张公有制、分配的社会化等思想，而是认为无论是所有制形式，还是分配的方式都有多种类型；不再一味地反对市场经济，而是认为市场是不能被取代的；不再过于强调国家的作用，而是主张发挥社区的功能；以及特别重视平等。

2018 年 2 月，BBC（英国广播公司）广播 4 台播放了回忆韦伯夫妇的节目，称赞他们激发了福利国家的创造、起草了工党的第一份政策和创立了《新政治家》杂志及伦敦政治经济学院。BBC 还邀请曾任费边社主席和秘书长的女男爵海特（Baroness Hayter）回忆了费边社早年活动的特征：费边社会主义一度被认为是煤气和自来水社会主义。换句话说，人们需要国家的干预来为更好的生活提供基础。无论需要的是教育、健康、学校午餐还是干净的水、能源和煤气。他们非常期待国家能够成为通向更美好社会的途径。他们与革命的社会主义者非常不同，他们想要通过劝说和选举来完成这个改变。

费边社和费边社会主义在 130 多年的发展历程中，几经起伏，不断演变。既有韦伯、肖伯纳等第一代费边主义者带来的声名鹊起，又有两次世界大战期间的停滞不前；既有二战后工党政府将费边社会主义全面实施的荣耀，又有 20 世纪 80 年代面临分崩离析的黯淡。费边社会主义在很大程度上就是对同期社会主要问题的诊断与治疗。在早期，费边社员认为社会的主要弊病在于资本主义制度，因此他们开出了治疗资本主义疾病的药方，如废除土地和资本的私有制，实现公有制、国有化等。在工党政府 1945 年执政后，他们的国有化、福利国家等目标，在很大程度上得以实现。但是社会问题依然层出不穷。克罗斯兰进一步提出，传统的资本主义社会的特征已经大大改观或是发生了根本性的转变，因此，社会主义者所要面对的也是一个不同的社会了。他们又对传统的费边社会主义目标进行修正，否认了公有制、国有化是社会主义的目的，认为其只是实现社会主义的手段，并开始更加重视个人的机会平等和幸福。在 20 世纪 50 年代后，费边社鲜有关于社会主义本质的纯理论讨论，研究重点几乎都是对社会具体问题提出有针对性的解决方案。费边社会主义思想经历了从早期对集体主义的偏重，到对这一思想的反思，再到注重个人平等和权利的演变过程。费边社会主义思想的演变反映了费边社试图通过社会改革，来应对不断变化的社会问题的思路。

今天的费边社和历史上最辉煌时期的费边社不可同日而语，但仍然非常活跃，并在英国政坛有一定的影响。工党领袖、影子内阁成员、议会议员与专家学者会积极参加费边社、费边妇女网络、青年费边会、苏格兰费边社和威尔士费边社的活动，并为其撰写文章、发表演讲。它目前将近 8000 人的会员总数也维持在历史最高水平。作为非营利组织能够做到收支平衡，并在有限的资金条件下做出高水平的研究成果，费边社的这一点尤为值得称道。费边社保留了关注社会实际问题，并通过报告、评论、小册子来表达观点的传统做法。费边社仍自称是一个社会主义的组织，但它对社会主义的讨论即使与 20 世纪 90 年代相比，也要少很多。与之形成鲜明对照的是它对政党政治的关注显著增长，为工党赢得选举出谋划策成了费边社的一项重要工作。

第三章　费边社会主义的目标变迁与策略

在酝酿费边社成立的会议上，与会者们宣称他们应成立一个协会，"其终极目的是尽可能用最高的道德标准来重建社会"①。1884年1月4日，在费边社正式成立的会议上，它的创始者们提出要将费边社的原定目标改为"尽可能用最高的道德标准来争取重建社会"②。由此可见，费边社是抱着明确的改革社会的目的诞生的，他们也正是怀着这一理想选择了社会主义道路。在费边社130多年的历史中，它对理想的社会主义所做的描绘，对社会主义的具体主张，所追求的社会主义价值等都随着时代的发展而不断地变迁。但是它的核心仍然是它的创始者们所提出的"尽可能用最高的道德标准来争取重建社会"。至于费边社会主义的策略，也就是如何实现费边社会主义的目标，则自始至终遵循着民主、渐进的原则。

第一节　费边社会主义的目标变迁

1887年的"费边社的基础"中规定："它的目标是通过把土地和工业资本从个人和阶级的所有中解放出来以改组社会，并为了全民的利益将其收归社会所有。只有这样，全体人民才能公平分享这个国家自然的和人力创造的优越条件。所以，费边社致力于消除私有土地资产以及由此产生的为得到允许使用土地和得到使用上等土地及场所而交纳的租金的个人占有。此外，费边社致力于将工业资本的管理在实际可行的情况下转为社会管理。这是因为，由于过去生产资料被垄断，因而工业方面的发明创造和剩余收入向资本的转化主要使所有者阶级致富，而使得工人现在只有依赖这个阶级的许可去谋求生计。"③

---

① Edward Pease, *The History of the Fabian Society* (New York: Book Jungle, 2008), p. 21.
② Edward Pease, *The History of the Fabian Society* (New York: Book Jungle, 2008), p. 23.
③ 〔英〕玛格丽特·柯尔：《费边社史》，杜安夏、杜小敬等译，北京：商务印书馆，1984，第350页。

1919 年的"费边社基础"对它的目标做了一定程度的修改，前两段与之前的相同，从第三段起改为："因此，费边社致力于消灭土地私有，同时对已确定的遗产予以公平的考虑，并制定有关住宅和宅地使用权的适当规定；致力于通过宪法将可进行社会管理的工业转交社会；同时，致力于建立一个为公众谋利益的体制以取代为私人谋利益的思想体系，作为在生产、分配与行政管理中的指导思想。"①

1939 年"费边社规则"中对它的目标部分添加了新的内容，其表述为："它的目标是通过对国家经济资源的集体所有及民主管理，建立一个保障机会均等、消灭个人及阶级的经济势力与特权的社会。它寻求以民主的方式达到这些目的。费边社完全信奉平等公民权，它向所有献身于它的目标并保证促进它的工作的人——无论性别、种族和信仰——敞开大门。费边社附属于工党。它的活动是通过召集大会、演讲、讨论小组、会议和暑期学校，通过促进对于国际国内的政治、经济及社会问题的研究，通过出版书籍、小册子和刊物以及任何其他适当的方法来推进社会主义和社会主义公共教育。"1959 年修改时又加上了"它的目的还在于贯彻《联合国宪章》和《世界人权宣言》。它寻求建立有效的国际性组织以维护和加强世界和平"②。

2017 年的"费边社章程"规定了费边社当下的目标："它的目标是一个财富和权力得到公正分配，以确保真正平等机会的无阶级的社会。它认为经济活动的整体方向和分配应由社会通过其民主的制度来决定，并且社会应该寻求在合适的情况下促进对经济资源的社会的和合作的所有权。它支持有力的和负责的、反映满足需求的公共服务价值的公共机构。它相信其特征是自由、宽容和尊重分歧的积极的民主。它致力于实施《联合国宪章》与《世界人权宣言》，并寻求创造有效的国际机构来维护和促进世界和平与可持续发展。它寻求通过政治民主的方法来实现这些目标。费边社坚信最广泛意义的平等公民权，并对所有致力于该社的目标和目的，并承担促进其工作的人开放，而无论其种族、性别、性

---

① 〔英〕玛格丽特·柯尔：《费边社史》，杜安夏、杜小敬等译，北京：商务印书馆，1984，第 351 页。
② 〔英〕玛格丽特·柯尔：《费边社史》，杜安夏、杜小敬等译，北京：商务印书馆，1984，第 351—352 页。

取向、年龄与信仰。它的活动是促进社会主义，并教育公众认识社会主义路线，方式有组织会议、演讲、讨论小组和大会，在国内外推广对政治、经济和社会问题的调查研究，出版图书、小册子和期刊，以及其他任何合适的方式。费边社附属于工党。"

从以上费边社官方文件中的表述可以看出，费边社会主义所要追求的目标大致可以归为以下三类：其一，生产资料公有制；其二，分配社会化；其三，平等。

一　生产资料公有制

费边社最早提出生产资料公有制的主张是在 1884 年它的第 2 号"费边短评"《宣言》中。这时的费边社甚至还不是一个社会主义的团体，它已经对公有制和国有化等有了一些初步的、模糊的概念。《宣言》指出："国家的土地与资本，是每个个人与生俱来所享有的权利，……土地的国有化在某种形式上是一种公共职责。……既然生产者之间的竞争可以确保公众享有最满意的产品，国家应该在所有的生产部门用全力展开竞争。"① 从此以后，费边社会主义者关于生产资料公有制的主张不断地见诸他们的出版物中。除了前文所引用的 1887 年"费边社的基础"中明确提出要将土地和资本归于社会，1889 年出版的《费边论丛》的序言中作者们也明确声明："本书所有作者都是社会民主主义者，他们具有一个共同的信念，认为必须把工业组织和生产资料委诸一个以完全民主的方法而与人民合而为一的政府去管理。"② 1894 年韦伯在第 51 号"费边短评"《社会主义：真与伪》中再次提出："改革的主要原则是以集体所有权和控制来替代生产工具的私人所有制。"③ 费边社会主义在这一时期所用的"公有制"（public ownership）概念，有时指国有，有时指社会所有，但更多的情况下是指地方所有或者是"市有化"。这样做的原因在于虽然费边社追求国有化的目标，特别是对铁路、矿山等资源主张国家控制，但在当时无论是工人阶级的政党还是社会主义的政党，都没有可能在议

① Fabian Society, *A Manifesto* (London: Fabian Society, 1884), p. 2.
② 〔英〕肖伯纳主编《费边论丛》，袁绩藩、朱应庚、赵宗煜译，北京：生活·读书·新知三联书店，1958，第 49 页。
③ Sydney Webb, *Socialism: True and False* (London: Fabian Society, 1894), p. 6.

会中赢得多数从而在国家层面执掌政府。而在首都，伦敦郡议会却是一个可以由费边社施加很大影响的代表机构和权力机构，他们的很多社会主义性质的计划都有很大可能在伦敦得以实行，因此，费边社会主义的许多措施在这一时期也被称为"市政社会主义"。这一点已经在前文集体主义的费边社会主义部分做了详尽的说明。

费边社会主义对国有化的主张是随着工党的实力不断壮大而逐步加强的。特别是在1945—1951年工党的执政时期，政府实施国有化的主要理论依据就来自费边社会主义思想。但在1951年后，随着工党在竞选中不断失利，费边社传统的国有化、公有制等主张，也遭到一些工党内部"修正主义者"的反对。以克罗斯兰为代表的费边社和工党的理论家指出公有制和国有化并非社会主义的目的，而是实现社会公平、正义的手段，并试图修改代表传统费边社会主义性质的工党党章第四条的"社会主义条款"或"公有制条款"。尽管这一目标直到20世纪90年代布莱尔任工党领袖时期才算完成，但自50年代起，费边社会主义的公有制主张就不断遭到挑战和弱化，费边社也不断地在完善关于公有制的表述。2017年费边社将其表述为："经济活动的整体方向和分配应由社会通过其民主的制度来决定，并且社会应该寻求在合适的情况下促进对经济资源的社会的和合作的所有权。"这一表述清楚地说明费边社既没有放弃传统的公有制的主张，同时又认为所有权的存在可能有多种形式。

二 分配社会化

费边社很早就意识到，仅有生产资料的所有制的变革，不足以概括社会主义的含义。一般来说，社会主义都以追求经济的平等为共同的目标。早在1884年，肖伯纳在代表费边社演讲的时候就说过："不论何种工业，中央政府均不应当从中获利。……中央政府不应当有权力将国营企业的利益，任意取之纳入国库。"[1] 肖伯纳在此所指的是公有制所获得的利益，应当为全民所享。1889年布朗德在《社会主义的远景》中指出："社会主义是生产资料及交换资料的公有，以及为了所有人的同等利

---

[1] Fabian Society, *A Manifesto* (London: Fabian Society, 1884), p. 2.

益而在这些方面的公有。"① 韦伯在 1918 年为工党所写的《工党与新社会秩序》中，更是揭示了新社会的四根支柱分别是：①国民最低生活标准的普遍实施；②工业的民主管理；③国家财政的革新；④剩余财富用之于公益。这四点除工业的民主管理外，可以说都是分配社会化的具体表现。20 世纪 50 年代以后费边社会主义者更加强调分配社会化的重要性，而逐渐减弱对国有化、公有制的支持。

费边社会主义者对资本主义最痛恨的地方在于财富与机会的不平等。他们认为社会种种不公平现象的出现，根源在于资本主义在分配制度上的失败。费边社会主义者认为社会所创造的财富，应该在社会的所有成员中做合理的分配。社会财富固然不应该被资本家和地主所垄断，行业工人也不能独占某一行业的特殊价值。韦伯指出："我们不希望看到煤矿以及煤矿所产生的利润被转移到矿工的手里，而应该转移到作为一个整体的社会。"② 费边社会主义者认为工业的发展使个人对产品的贡献和所创造的价值已经不可区分，他们坚决反对任何人独占劳动成果的计划。只有遵照公道的原则将取之于社会的价值，归还于社会，才能够保证人民普遍受益。

为了实现分配的公道原则，费边社提出了实际可行的最低生活标准的概念。这一概念是由韦伯夫妇在 1897 年所著的《工业民主》一书中提出的。他们建议政府为所有行业的待遇最差的工人提供一个维持"最低生活标准"的工资。此后，"最低生活标准"的概念所包括的内容日益广泛，涵盖了许多费边社提出的有关分配社会化的具体的建议以及政策，包括住房、健康、教育等领域。可以说费边社会主义的这一主张包含着许多福利国家的政策内容。费边社会主义者认为，作为一个社会主义性质的国家，其大部分的税收和国民生产所得都必须用来保障国民的最低生活水平。一旦做到这一点，人民必然享有幸福的生活。

从费边社会主义者对分配社会化的主张与见解中可以看出，分配问题对于他们来说是不患寡而患不均。既然生产资料在资本家手中都能够创造出巨大的财富，那么将生产资料从私人手中解放出来必然会释放出

---

① 〔英〕赫伯特·布朗德：《社会主义的远景》，载〔英〕肖伯纳主编《费边论丛》，袁绩藩、朱应庚、赵宗煜译，北京：生活·读书·新知三联书店，1958，第 286 页。布朗德即布兰德。

② Sydney Webb, *Socialism: True and False* (London：Fabian Society, 1894), p. 7.

更大的生产力。私有制所造成的种种不平等现象，也会由于生产资料的公有制和分配的社会化得以解决。正如肖伯纳所说："很不幸地，这些在生产与金融方面的空前的成就，却伴随着分配方面的失败。由于这种分配的极不公平并且对于社会具有危害性，因此不能再让它继续下去是毫无疑问的。……直到目前为止，除了把资本主义社会转变为社会主义社会而外，还没有其他的补救办法能够经得起考验。"①

今天的费边社主张它的目标是一个财富和权力得到公正分配，以确保真正平等机会的无阶级的社会。它认为经济活动的整体方向和分配应由社会通过其民主的制度来决定。这也意味着费边社认为分配的方式也像所有制的形式一样存在有多种可能，分配的社会化不再是一种目的，而只是实现财富和权力公正分配、机会平等的无阶级社会的一种手段。

三　平等

平等也是费边社会主义一直以来追求的重要目标，但它在费边社会主义思想发展的早期，不如生产资料公有制和分配社会化等目标显著和直接。大约在20世纪30年代，关于平等的追求在费边社会主义思想中开始占据重要的地位。从50年代起至今，对于平等的讨论甚至超过了关于公有制、国有化、分配社会化等传统的费边社会主义目标。

肖伯纳早在1889年的《费边论丛》中就说过，社会主义是一项确保每个人平等权利和机会的计划。这说明费边社会主义很早就将平等视为其追求的目标之一。但是在早期，平等这一概念并不在费边社会主义的目标中占有显著的地位。例如，1887年"费边社的基础"和1919年"费边社基础"中，除1919年所强调的费边社完全信奉男女平等公民权外，就没有平等的字眼。在1900年前后的10余年中，费边社忙于"渗透"自由党和保守党，以及利用工党来实现市有化、国有化等传统的社会主义目标，没有将平等视为一个需要专门强调的目标。他们理所当然地认为如果在"基础"中所规定的目标实现的话，必然会导致人人在经济和政治上的平等。

1939年，经过整顿，多年来发展停滞不前、面临生死存亡境地的费

---

① 〔英〕肖伯纳主编《费边论丛》，袁缉藩、朱应庚、赵宗煜译，北京：生活·读书·新知三联书店，1958，第5—6页。

边社与新费边研究局合并后获得新生。它将原来社章性质的"费边社基础"改为"费边社规则"，内容上也开始重视平等这一目标。费边社规定，"它的目标是通过对国家经济资源的集体所有及民主管理，建立一个保障机会均等、消灭个人及阶级的经济势力与特权的社会"以及"费边社完全信奉平等公民权"① 等。在同期柯尔所著的《费边社会主义》一书中，也论证了平等对于社会主义的重要性。柯尔写道，他不认为所有人都应当是平等的，平等这个词本身并无意义，它意味着所有的人都能够被给予同等的机会，"为所有的人提供同等机会和保障人人起码的基本生活水平这两个想法，把我引向了社会主义"②。也正是从这一时期起，费边社开始反思以往过于重视集体主义性质的社会主义，更加注重个人的平等以及幸福。

自 20 世纪 50 年代起，平等（equality）和平等主义（egalitarianism）在费边社会主义思想中占据了更为显著的地位。费边社的理论家们对平等的重要性做出了许多论证。罗伊·詹金斯在《新费边论丛》的《论平等》一文中指出，平等是区别社会主义与自由主义以及共产主义的一个概念，社会主义者应尽力去追求更大程度的平等，作者还论证了如何用税收来实现这一目标。克罗斯兰在《社会主义的未来》一书中用了大量的篇幅来说明平等的重要性，他先批判了以往将国有化、公有制视为社会主义目标的做法，认为平等是社会主义的根本目标，教育的平等是实现社会平等的重要的途径。通过政府的福利政策以及财富的再分配，更多的平等是可以实现的。这本书中关于平等的讨论，不仅对费边社会主义有着重要的影响，也为欧洲的民主社会主义思潮提供了重要的启示。戈登·布朗在 2006 年为该书的再版作序时就指出："无论你是否认同 A. 克罗斯兰讨论平等的方式，你都不得不承认自 1956 年以来，任何关于社会平等政治学的认真讨论都必须基于《社会主义的未来》这一起点。"③此后在 20 世纪 80—90 年代，一些费边社的学者也分别从教育、就业歧

---

① 见附录。
② 〔英〕乔·柯尔：《费边社会主义》，夏遇南、吴澜等译，北京：商务印书馆，1984，第 23 页。
③ 〔英〕安东尼·克罗斯兰：《社会主义的未来》，轩传树、朱美荣、张寒译，上海：上海人民出版社，2011，第 2 页。

视、公共服务等多方面来强调平等的重要性。

2017 年"费边社章程"中规定，费边社的目标是"一个财富和权力得到公正分配，以确保真正平等机会的无阶级的社会"，以及"费边社坚信最广泛意义的平等公民权"。由此可见，费边社会主义的终极目标是一个机会真正平等和个人身份完全平等的没有阶级的社会。这短短几十个字就将费边社会主义的目标表述得一清二楚，与 1887 年"费边社的基础"中用几百字来描述解放土地和工业资本的私有制属性，以及如何废除土地私有制和将工业资本转交社会所有等目标形成了鲜明的对照。从一百多年来费边社会主义目标的演变中，可以在一定程度上看出英国社会的变迁，这也反映了费边社会主义的不断探索以及所取得的成就。

第二节 费边社会主义的策略

费边社会主义作为一个完整的理论体系，不仅有理论基础，以及前文所述明确的改革目标，更重要的是它有一套实现其目标的原则与策略。费边社会主义的目标随着自身不断实现和社会不断发展，也在不断地变化。费边社会主义的策略则始终遵循着民主、渐进的原则。

一 渐进主义

关于费边社会主义的渐进主义原则，许多学者存在误解。他们认为在费边社成立之时选用"费边"作为社名，就意味着费边社采取了古罗马将军费边的拖延战术也即渐进的原则来实现其社会改革的目标。关于这一点，前文已经做了澄清。选用费边这一名称仅仅意味着费边社的成立者们打算用审慎的态度来改造社会，至于具体怎么去做，创始者们当时都还毫无头绪。从费边社会主义形成的历史中也可以看出，费边社最初在社会主义或无政府主义，议会道路还是革命道路之间徘徊过一段时间。最后才终于选定渐进的、改良的社会主义道路，决定利用现有的体制来一点一滴地实现其目标。

（一）渐进主义的提出

前文关于费边社会主义准备期的介绍，已经简要说明了费边社是如何成为一个社会主义性质的团体的以及它的渐进主义、民主主义的形成过程。在这里要特别强调一下悉尼·韦伯个人的作用。尽管费边社从来都不承认它有一个权威的领袖，但如果没有韦伯的加入，费边社很可能没有后来的成就。可以说韦伯在费边社会主义形成中的贡献无人能出其右，以至于有人将早期的费边社会主义称为韦伯主义。①

首先，韦伯撰写了最多数量的"费边短评"。在费边社 1884—1997 年出版的总共 583 期"费边短评"中，韦伯一人就贡献了 49 篇，大约是总数的 1/12。而且韦伯的文章都集中在费边社的早期，也就是奠定费边社会主义特点和阐明费边社会主义观点最重要的时期。例如 1884—1901 年费边社的 108 期短评中，韦伯写了 32 篇，几乎是总数的 1/3。可以说没有韦伯的贡献，费边社出版物的分量就要减轻不少。

其次，韦伯是最早在费边社中系统阐述渐进主义原则的社员，也是他给费边社会主义贴上了渐进主义的标签。关于这一点多位费边社员都有着相同的看法。柯尔认为，"事实上，渐进主义看来是在费边社成立很久以后才作为悉尼·韦伯的独特贡献传到费边社的"②。费边社的元老爱德华·皮斯在回顾韦伯对费边社的贡献时指出，韦伯将费边社领上了它从未离开的道路。③ 在韦伯入社之前费边社的 4 篇"费边短评"，表达了费边社想要改革社会的良好愿望，以及对资本主义社会不公正的控诉，但缺乏具体的证据和可行的方法。韦伯的第 5 号"费边短评"《社会主义者须知》开创了费边社摆事实、用数据说话的调查研究风格，并且这一传统传承了下来。费边社最早系统表明渐进主义的原则应该是在 1888 年，韦伯在一次题目为《英国迈向社会民主主义》的演讲中，完整地表达了社会进化的观点，认为英国已经逐渐地发展为"一个欧洲最具社会主义性质的国家"④，演讲稿中大量使用了社会进化、逐渐、不可避免等

---

① 〔英〕玛格丽特·柯尔：《费边社史》，杜安夏、杜小敬等译，北京：商务印书馆，1984，第 262 页。

② 〔英〕G. D. H. 柯尔：《社会主义思想史》第 3 卷（上），何瑞丰译，北京：商务印书馆，1981，第 116 页。

③ Edward R. Pease, "Webb and the Fabian Society", in Margaret Cole, edited, *The Webbs and Their Work* (Westport: Greenwood Press, 1985), p. 17.

④ Sidney Webb, *English Progress towards Social Democracy* (London: Fabian Society, 1893), p. 14.

字眼，将费边社会主义认为社会主义是如何到来的方式展现得淋漓尽致。

　　1889 年出版的《费边论丛》中的每篇文章几乎都可视作渐进主义的明确表述，由于它们是由 1888 年的一系列演讲稿编纂而成的，因此可以确定费边社会主义渐进主义原则的正式确立是在 1888 年。曾任英国首相的费边社员艾德礼在 1952 年《新费边论丛》的序言中提到，"它（指 1889 年的《费边论丛》——引者）实际上首次清晰地表明了与过去乌托邦和灾变观点不同的渐进主义哲学"①。韦伯在书中指出重大的、根本的变革只能是：①民主主义的变革；②渐进的变革；③被人民大众认为是合乎道德的变革；④合乎宪法的与和平的变革。② 这一表述一直被认为是费边社会主义原则最清晰和最准确的概括。肖伯纳也在书中用他特有的生动有趣的笔调论证了渐进主义的必要性："虽然你不能说服任何一个人，使他相信要在一天之内把一个政府推翻是不可能的，但是每一个人都早已相信你不能只靠唱《马赛曲》就把头等车和三等车改为二等车，不能把贫民窟和皇宫改为舒适的住宅，不能把珠宝匠和裁缝改变为面包师和建筑师。……谨慎的和逐渐的变革的必要性，对于我们这里的每一个人说来必然是清楚的。"③

　　由此可见，费边社会主义在 1888 年就认定了逐步地、一点一滴地实现社会主义的原则。它在内容上包含有对革命的批判和对渐进的不可避免性的承认。这一原则也在二三十年后被欧洲大陆的社会主义者所逐渐接受。

（二）渐进主义的内涵

　　费边社会主义对渐进的不可避免性的论证往往是同对革命的批判同步进行的。首先，由于费边社会主义的理论基础之一是社会有机体论，因此费边社会主义者都认为社会有机体是动态发展的，无法接受突变式的进化。其次，费边社会主义者虽然认同马克思主义的历史唯物主义观点，却不赞同他的阶级斗争导致历史进化的主张。除了这些前文已经涉及的，从理论方面来否定以革命的方法来实现社会主义外，费边社会主

---

① R. H. S. Crossman, *New Fabian Essays* (London: Turnstile Press, 1952), p. vii.

② 〔英〕塞德尼·韦白：《社会主义的历史基础》，载〔英〕肖伯纳主编《费边论丛》，袁绩藩、朱应庚、赵宗煜译，北京：生活·读书·新知三联书店，1958，第 87 页。

③ 〔英〕肖伯纳：《向社会主义过渡》，载〔英〕肖伯纳主编《费边论丛》，袁绩藩、朱应庚、赵宗煜译，北京：生活·读书·新知三联书店，1958，第 253 页。

义者还从英国的实际情况出发来评判革命的不可行性。

关于费边主义者的视野，需要指出的是，在 1940 年费边殖民局和国际局成立之后，费边社才更多地讨论国际问题。在此之前除了俄国革命、印度的地位等极少数问题，费边社始终将视野放在英国国内。正如玛格丽特·柯尔所说："费边主义者是所有这些激进组织中最少国际意识的（正如肖伯纳一再告诉他们的那样），他们要在英国采取行动，而且要在他们的有生之年采取行动。"[①] 从这一点出发特别有助于理解他们为何反对通过革命实现社会主义。

在费边社会主义者看来，"我们不能站在革命和阶级斗争的立场来研究一个准备负起社会改革责任的民主国家、一个具有经济影响和力量的工人阶级、一个社会道德日见发展的民族"[②]。彼时的英国正是一个准备负起改革义务的资产阶级民主国家，工人阶级的影响力也日渐增长，社会良心正在成长。因此，不应以革命来对待它。费边社会主义者从实际的角度出发，认为在一个民主国家没有必要以革命来创造一个新的国家机器，因为已有的机器可以为人民所掌握，用来逐渐实现社会主义目标，因此革命是不必要的。费边社指出："费边社接受人性、民族性格和英国人民的政治环境所造成的现实情况。它同情普通民众反对革命，反对与军、警冲突，反对受苦受难，以及愿意接受逐渐的、和平的改变的愿望。"[③] 因此，费边社会主义者非常现实地认为英国绝无可能通过革命来实现社会主义。需要指出的是，他们也非常清楚英国情况之特殊，认为在没有英国这样的资产阶级民主传统的国家里，革命也不失为一个选择。在 1917 年俄国十月革命爆发后，费边社内像以往面对重大问题时一样对此存在不同的意见，但多数人对列宁领导的布尔什维克抱有同情，他们认为在一个没有真正议会的专制国家，社会主义者除了发动革命别无他途。

由此可以看出，费边社会主义者认为民主是渐进主义的先行条件，渐进主义的必然性又和英国政治传统脱不开干系。除了这些客观的条件

---

① 〔英〕玛格丽特·柯尔：《费边社史》，杜安夏、杜小敬等译，北京：商务印书馆，1984，第 49 页。

② 〔德〕马克斯·比尔：《英国社会主义史》（下），何新舜译，北京：商务印书馆，1959，第 246 页。

③ Fabian Society, Report on Fabian Policy and Resolutions（London: Fabian Society, 1896），p. 4.

外，他们认为渐进的方向是由历史的发展所推动的，封建主义进化到资本主义是逐渐地、和平地，资本主义也会以同样的方式进化为社会主义。而且在这种进化过程当中，任何时候都无须破坏整个社会组织的连续性或者把整个社会组织突然地加以改变。新制度本身是会变成旧制度的，而且往往在它被人们有意识地认作新制度以前就已经变成了旧制度。"我们在历史上还找不到乌托邦式的和革命的突变例子。"① 韦伯还进一步强调，"我们逐渐地采用社会民主主义就是避免灾难的途径"②。

正是通过对革命的反对，以及对渐进主义是最适合英国的社会主义道路的论证，费边社会主义者从 1890 年前后开始广泛宣传其渐进主义的主张。1896 年费边社发表声明称："本社不相信社会主义会通过将赌注压在代表无产者和有产者的一次大选或是一个下院的议案就完全实现。社会民主主义的分期目标只能是一步接着一步，并由一个强有力的社会主义团体领导来完成。"③ 如此，费边社会主义形成了一个完整的关于渐进主义的理论，并始终保持逐步提出改革要求的传统。在 19 世纪的后期，费边社会主义者拒绝在英国通过革命来实现社会主义。他们耐心地等待社会主义目标的逐渐实现。而教条的、激进的、始终坚持革命原则的社会民主联盟，则始终没有在英国取得很大的影响。

1923 年韦伯在工党大会中演讲时，将费边社会主义的渐进主义进一步升华为"渐进的不可避免性"（the inevitability of gradualness），也使它成为一个政治术语："如果工党在适当的时候被委托掌握国家政权，它自然不想马上动手做每一件事……因为，我们首先需要将我们的原则化为议案的形式，努力使它们在委员会中一个款项一个款项地得以通过；然后，将它们交付适当的机构在全国各地予以实施——这就是工党用它的社会主义所做的事——'渐进的不可避免性'是不会不被意识到的。"④

① 〔英〕肖伯纳主编《费边论丛》，袁绩藩、朱应庚、赵宗煜译，北京：生活·读书·新知三联书店，1958，第 83 页。
② Sidney Webb, *English Progress towards Social Democracy* (London: Fabian Society, 1893), p. 15.
③ Fabian Society, Report on Fabian Policy and Resolutions (London: Fabian Society, 1896), p. 4.
④ 〔英〕玛格丽特·柯尔：《费边社史》，杜安夏、杜小敬等译，北京：商务印书馆，1984，第 181 页。

从韦伯的演讲中可以看出，所谓的"渐进的不可避免性"不仅意味着费边社会主义者推进改革的原则，也指其所使用的方法的性质。从此以后，"渐进的不可避免性"在一定程度上成为费边社会主义原则的代名词，同时也成为工党的施政策略。"渐进的不可避免性"在实际政治中体现为在民主政治的框架内社会改革的分期、逐步进行。费边社的所有宣传教育活动、政治活动都可视为对此原则的遵守。在这里特别需要提出费边社的"渗透"政策，这一政策几乎完美地体现和实践了费边社会主义的渐进主义原则，它被认为是费边社特有的、具有典型费边社会主义特点的政策，对费边社会主义传播其影响、实现其目标有突出的贡献。

二 "渗透"政策

"渗透"（permeation）是费边社会主义者早期采取的一种政治策略，简要说来就是用劝说、游说的方式来使个人或组织信仰社会主义，或者采取费边社的纲领、政策以及建议。"渗透"政策对于费边社会主义扩大其影响、实现其目标起到了非常重要的作用。"渗透"并非费边社独有的策略，在其诞生之前社会民主联盟就已经开始选择"渗透"一些它认为有价值的组织了。而且在独立工党成立之前，工人阶级代表也几乎只能通过获得自由党的支持来进入议会。但是，费边社会主义者毫无疑问是将"渗透"政策执行得最彻底、最成功的，不仅费边社员将其视为己出，研究费边社的学者也都将其视为具有鲜明费边社会主义渐进、和平、妥协特点的策略。分析"渗透"政策，对于理解费边社会主义的特点以及社员如何实践费边社会主义有着重要的意义。

"渗透"一词在一定意义上来说，与政治学的术语"压力集团"和"游说集团"进行的活动有相似的地方，但是从费边社的实际活动以及他们对这个术语的解释来看，"渗透"一词的意义要灵活得多。它的方式、对象、费边社员对其的看法以及"渗透"的效果均不可一概而论。

（一）"渗透"的定义

柯尔在《费边社的过去与现在》一书中对"渗透"政策做了相应的解释。柯尔指出，"渗透"绝不仅仅意味着让少数高官或是上层人士皈依——远远不是。费边社最想转化的人是那些在他们的工作当中最容易影响他人的男男女女，无论他们的活动范围是大还是小。这些人可能是公务员、全国或是当地的工会或者合作组织领导人、军官或是士兵、有忠实的追随者的牧师、有演说天赋能动员他人的人、商店的店员等。费边社将这些在他们的小圈子中的个人看作一块扔进池塘的石头，可以影响他们周围的人。①

比阿特丽斯·韦伯在她的日记中也坦诚地写道："麻烦的是，我们希望事情有结果，并不关心什么人或是哪个政党最后赢得信任。我们坚信，如果需要战斗，我们和自己的敌人一样地懂得战争艺术。但是在停战期间，也可以通过外交手段来推进我们的事业，甚至可以通过同过去的敌人公开联合（只要他们愿意向我们方面迈一小步）来推进我们的事业。"②

从这两位对费边社有重要影响人物的表述中可以看出，"渗透"政策的含义有广义和狭义之分。从广义的角度来看，尤其是从柯尔的解释来看，"渗透"几乎就等同于费边社的教育、宣传和鼓动活动。这无疑淡化了"渗透"的色彩。实际上让人印象深刻或是取得巨大成功的费边主义的"渗透"活动往往是针对特定团体、有特定目标，甚至可以称为立竿见影、急功近利的活动，就像比阿特丽斯·韦伯在日记中记载的那样，"甚至可以通过同过去的敌人公开联合"。柯尔尽管给"渗透"下了一个范围宽广的定义，但在他的巨著《社会主义思想史》中介绍英国社会主义发展时涉及费边社的地方，也特别指出"渗透"政策主要指的是一群伦敦人在伦敦的特殊环境下进行的活动，而费边社的地方分社往往还反对这种做法。此处对"渗透"政策所做的分析主要是指狭义的"渗透"，即指费边社对自由党、保守党、激进团体、伦敦郡议会等政党或组织所进行的渗入、游说的活动。而将广义的"渗透"视为费边社的一般宣传、教育活动，在此不做重点讨论。

（二）"渗透"的对象

"渗透"一词最早出现在费边社的文献里是在《费边论丛》中赫伯特·布朗德所写的《社会主义的远景》一文中，尽管在此之前费边社中

---

① G. D. H. Cole, *The Fabian Society: Past and Present* (London: Fabian Society, 1942), pp. 4 - 5.

② 〔英〕玛格丽特·柯尔：《费边社史》，杜安夏、杜小敬等译，北京：商务印书馆，1984，第86页。

的很多人已经开始实施"渗透"了。有趣的是，他在文中的意见是不赞同"渗透"政策，并且反对他的费边同事们去对自由党实行"渗透"。布朗德的观点是必须成立一个明确的社会主义政党，并且随着经济、政治形势的发展，这样一个政党的到来是必然的趋势。这就是社会主义的远景的一部分。布朗德原是保守党成员，后来转向社会主义。他认为保守党和自由党已经不是两个显然不同的党派，也就是说它们不再是各自持有根本不同原则的集团，不像曾经的"辉格"和"托利"这两个称号，是具有真正内容和精神实质的字眼。[①] 因此，布朗德认为当时的两个政党都不可能实现社会主义。布朗德代表了费边社中对"渗透"政策持反对观点的一小部分人。

费边社的多数成员是赞同"渗透"政策的，并且大都不遗余力地为之努力工作。只要有助于实现他们的社会主义目标，费边社作为一个整体对于"渗透"对象的选择是不加甄别的。韦伯在 1920 年为《费边论丛》的再版作序时总结他们早期的"渗透"活动写道，我们坚定不移地相信我们所谓的"渗透"政策——把社会主义思想与社会主义计划，不仅要注入完全信奉社会主义的人们的思想里，同时也要注入与我们见解不同的人们的思想里。我们不遗余力地不仅在自由党人或激进主义者中进行这种宣传，也在保守党人中进行这种宣传；不仅在工会运动者和合作主义者中进行宣传，也在雇主及金融家中进行宣传。只要有机会，我们就用符合于我们方向的观念和计划向他们进攻。今天，在我们无法采取其他政治活动的时候，我不相信还会有人怀疑这是一种有力而且成功的宣传。[②]

尽管费边社的"渗透"对象也包括保守党，而且当时自由党、保守党都在寻求切实可行的社会改革计划，但由于费边社的社员在信仰社会主义之前很少像布朗德那样属于保守党，他们当中尤其是一些费边社的主要领导人多是激进分子，因此更加有利于对自由党和激进分子团体开展"渗透"。关于这一点，在费边社赞同"渗透"政策的社员当中可以

① 〔英〕赫伯特·布朗德：《社会主义的远景》，载〔英〕肖伯纳主编《费边论丛》，袁绩藩、朱应庚、赵宗煜译，北京：生活·读书·新知三联书店，1958，第 279 页。
② 〔英〕肖伯纳主编《费边论丛》，袁绩藩、朱应庚、赵宗煜译，北京：生活·读书·新知三联书店，1958，第 32 页。

分为两派：一派，以肖伯纳为代表，主张拉拢激进分子以便成立一个社会主义的政党；另一派以韦伯为代表，主张利用现有的政党体制，尤其是其中的自由党来实现社会主义目标，认为一个新的政党是没有必要的。

以肖伯纳为代表的一派支持通过议会道路实现社会主义。他们认为自由党是指望不上的，因为他们代表与工人阶级利益相对立的垄断资本家。因此，一个新的政党是必需的。在这一点上肖伯纳与反对"渗透"政策的布朗德的观点以及社会民主联盟的观点一致。但是在1885年社会民主联盟参加大选惨败后，肖伯纳意识到，成立一个新党是不可行的。社会主义者为了未来的政党必须集中力量赢得支持，因此肖伯纳将目光转向了极端的激进分子。他认为，激进分子与社会主义者是天然的同盟，因为激进分子也认同阶级斗争。阶级斗争会使激进工人反对垄断资本家控制的自由党，并驱使激进分子投向社会主义。肖伯纳预计阶级斗争会使自由党分裂，其中代表垄断资本家的自由主义者会倒向保守党，而其中的激进分子会与社会主义者组成一个真正的进步党。基于以上分析，肖伯纳在19世纪80年代后期，开始了他的"渗透"活动。他呼吁社会主义者加入激进组织，并把其中的激进分子转化为社会主义者。在他看来，社会主义者是能够和激进分子合作的，因为大多数激进分子是反对垄断的工人；社会主义者是不能够与自由党人合作的，因为大多数自由党人是保护私有财产的垄断资本家。①

韦伯等人的"渗透"思路与肖伯纳一派不同，他们主张对现有的政党进行"渗透"而无须成立新的政党。韦伯认为，不存在阶级之间的战争，因此一个新党是不必要的。在他看来，社会主义建立在社会进化的理性知识基础上，社会主义来自专家对政策制定者的理性的呼吁。韦伯式的"渗透"源自这样的观点，即费边社的专家向政治家们展示什么样的政策是一个有效率的社会所必需的，有理性的政治家自然会从中采纳最正确的意见。从原则上来说，这种"渗透"的目标是跨政党的精英，因为保守党也会抛开政党之见采取社会主义政策。在现实中，韦伯认为自由党比保守党更重视费边社专家的意见。他设想的是自由党人采取一

---

① Mark Bevir, *The Making of British Socialism* (Princeton：Princeton University Press, 2011), pp. 198 – 199.

个进步的计划，被选入议会，然后实施社会主义立法，而由费边社为他们提供合适的政策。在某种意义上，韦伯当时将费边社视为自由党的智囊团，就像多年后对工党所起的作用那样。韦伯面临的问题在于自由党的精英并不总是听取他们的意见。韦伯不满于此，在 19 世纪 80 年代后期，他将"渗透"策略扩展为加入当地的自由主义协会并以此为阵地向自由党人发声。总的说来，在这一时期韦伯是反对独立的社会主义议会候选人的。他认为采取独立的行动是不必要的，因为现有政党可以看到不偏不倚的社会主义的优点，并实施相关立法。他还认为独立的行动会惹恼当地的自由主义者协会，而社会主义者本可以通过它来影响自由党的精英。韦伯并不想像肖伯纳那样分裂自由党，诱使激进分子成立一个新的社会主义政党。相反，他认为现有的自由党是完全可以为社会主义服务的。他甚至说过："我毫不怀疑我们能够推动自由党官员进入一个社会主义的海洋。"①

从以上所论可以看出，在 19 世纪 80 年代后期，基于"渗透"政策的侧重不同，费边社分为了两派。以肖伯纳为代表的多数人想要通过"渗透"活动成立一个新的政党，以韦伯为代表的少部分人希望将社会主义渗入自由党的精英中。当时伦敦的特殊政治环境使双方在地方层面有一个一致的目标。1888 年由保守党政府通过的《本地政府法案》（The Local Government Act of 1888）设立了一个以伦敦郡议会形式出现的城市政府。伦敦郡议会的成员包括大多是激进改革者的进步派和主张循序渐进的温和派。柯尔在《社会主义思想史》中提到，后来被目为他们所特有的政治理论的"渗透"政策，实际上主要是联系首都的事务拟定出来的。② 在同一本书的另外一个地方，他又指出，费边社之所以采取"渗透"政策，是因为在 19 世纪 90 年代，费边社（基本上是一个伦敦的组织）的主要"渗透"对象就是伦敦郡议会中的进步派。③ 在这种情况下，所有的费边社员都乐于与伦敦的进步派合作。肖伯纳将进步派视为激进

---

① Mark Bevir, *The Making of British Socialism* (Princeton: Princeton University Press, 2011), pp. 200 – 201.

② 〔英〕G. D. H. 柯尔：《社会主义思想史》第 3 卷（上），何瑞丰译，北京：商务印书馆，1981，第 129 页。

③ 〔英〕G. D. H. 柯尔：《社会主义思想史》第 3 卷（上），何瑞丰译，北京：商务印书馆，1981，第 196 页。

分子与社会主义者在地方合作的一个典型，韦伯则因为伦敦郡议会中没有自由党而不得不与进步派合作。

因此，费边社的"渗透"对象主要是自由党、激进团体、伦敦郡议会和保守党。这些对象的选取在很大程度上反映着费边社会主义的目标以及费边社员的成分。

（三）早期费边社会主义者的"渗透"实践

肖伯纳在1892年2月费边社大会上做演讲时，直截了当地说明了费边社是如何开展"渗透"活动的。他说，我们敦促我们的社员加入当地的自由与激进主义协会，如果他们愿意的话甚至可以加入保守主义协会。我们劝说他们成为附近的激进俱乐部和合作商店的会员，并且在可能的情况下成为都市激进联盟和自由与激进联合会的代表。在这些组织里我们发表演说，推动提案或者让选区的议会候选人来推动提案，并为该候选人在《星报》上刊登报告和激励性的短文。我们"渗透"不同的政党组织，并在我们能力所及的范围内用我们最大的机智和力量进行幕后操纵。我们取得了如此的成功，以至于在1888年第一届伦敦郡议会中赢得了占据明显优势的一个多数的进步派，而这一切如果没有费边社的工作是无法实现的。① 当然，肖伯纳的这个演讲有些自鸣得意的语气，为了更好地"渗透"，显然不应该这样大张旗鼓地宣传。他的这一举动也确实使许多"渗透"对象提高了警惕。

玛格丽特·柯尔也在《费边社史》一书中记录道："在目前的政党制度下，'渗透'的目标当然是使政党领导人改信社会主义政策。（19世纪）19年代，'渗透'政策的对象显然是自由党。伦敦进步党同费边社的观点基本相同。虽然在纽卡斯尔进行'公开渗透'的尝试（如果可以试用这个词的话）是失败了，但是控制自由党的小型活动却从未停止，尤其是韦伯夫妇。他们在那些似乎可以促进费边社事业发展的自由党政治家们身上费尽心血，做了大量工作。由于英国有两大政党，那些埋头进行'渗透'的人不难发现，在两大政党中间挑拨离间、保证保守党政府执行被自由党拒绝的'向前一小步'的政策是可能做到的。对于这一

① G. Bernard Shaw, *The Fabian Society: Its Early History* (London: Fabian Society, 1899), pp. 18 – 19.

点历史已有证明。十九世纪，保守党和自由党政府都采取了社会改革和政治改革的措施。因此，韦伯夫妇，尤其是比阿特丽斯凭着她的过人才智以及同鲍尔弗密切的社会关系，企图影响两派并推动费边社的同事效仿他们，是不足为奇的。"①

肖伯纳和玛格丽特·柯尔总结概括了几乎所有的"渗透"活动，从最广泛意义的发表文章、举行演讲、游说要员推动立法，到此处所讨论的有针对性地对政党、激进团体和伦敦郡议会进行的"渗透"。以下仅举两例来说明"渗透"活动具体是如何实施并发挥作用的。

韦伯夫妇的第一处房屋位于伦敦的格罗夫纳路 41 号，它距离议会只有几步之遥。这里就是他们的一个主要的开展"渗透"活动的场所。悉尼·韦伯出生在一个普通的英国家庭。用比阿特丽斯·韦伯的话来说就是，他的父母既不富也不穷，既不是职业的脑力劳动者也不是体力劳动者，既不是资本家也不是雇佣工人。他们的社会阶级属于摆脱了农村的封建主义但是还未被工业革命所转变的那一部分。② 而比阿特丽斯·韦伯的家境要好得多，她出身于最上层的资产阶级家庭，她的父亲是一家铁路公司的董事长，是一个非常有势力的金融家。他们的结合对韦伯的职业生涯有着重要的影响。比阿特丽斯的财富可以使韦伯离开公务员行列投身政治，因为他不用再为生计发愁。同时她也可以用她丰富的政治知识和影响将韦伯带入议会中，并尽她最大能力为他牵线搭桥。③ 比阿特丽斯很自然地邀请她在议会的朋友和相识去他们在伦敦的家中共进午餐和晚餐。她在这种场合如鱼得水、游刃有余。这里很快就变成了韦伯沙龙。在与来访的客人们交谈的时候，韦伯夫妇从不忘记他们"特意而持久的目的性"——向客人渗透和灌输自己的观点，他们会为某个目的或希望获得某些信息而有意地选择话题，有时即使是闲聊，客人也会被带入一些"陷阱"，如韦伯夫妇想知道的人或事。就这样，他们的家成为威斯敏斯特人士的集散地，政界的新动向和各种消息在谈笑风生中被

---

① 〔英〕玛格丽特·柯尔：《费边社史》，杜安夏、杜小敬等译，北京：商务印书馆，1984，第 89—90 页。

② Beatrice Webb, *Our Partnership* (Cambridge: Cambridge University Press, 1975), p. 1.

③ R. C. K. Ensor, "Permeation", in Margaret Cole, edited, *The Webbs and Their Work* (Westport: Greenwood Press, 1985), p. 62.

韦伯夫妇收集和利用，韦伯夫妇的观点也通过交谈、辩论渗入官员们的脑海中。[①] 以至于有人非常到位地将此形容为两只引人注目的蜘蛛邀请政界的苍蝇。[②]

被公认为费边社"渗透"成功的经典案例是 1902 年和 1903 年的"教育法案"（The Education Acts of 1902 and 1903）。韦伯在"教育法案"的通过过程中，将他动用各种关系的能力以及政治智慧和远见展现得淋漓尽致。他也可以说是后来的伦敦学校体制的实际创始人。

在 19 世纪末的英国，公共教育制度处于非常混乱的状态，尤其是其中的初级教育和中等教育。在当时，初级教育不是由教会开办的学校负责，就是由一些专门选出的教育委员会管理的学校负责。前一种学校师资水平不高，校舍破旧不堪，而且还每况愈下。后一种学校的管理机构的大小和效率参差不齐。在社会发展，以及像德国那样与英国进行工业竞争的国家大大改善其工业体制，迫切要求英国发展中等教育的时候，它的中等教育却陷入更加混乱的状态。因此，必须采取某种改革来结束这种混乱状态。

1902 年和 1903 年的"教育法案"包括 1902 年适用英格兰和威尔士的"全国法案"和 1903 年专属伦敦的"特别法案"。它是由 1895 年詹姆斯·布赖斯任主席的皇家中等教育委员会最先倡导的。该委员会在报告中提出要建立一个单一的中央教育机构和单一的地方中等教育组织来结束以上所说的英国教育的混乱状况。关于成立一个中央级别的教育机构的建议很快被采纳，但是由谁负责地方的中等教育引起了很大争议。争议的一方是地方教育委员会，它们是根据 1870 年的"教育法案"设立的，职责是为国家提供和管理小学校，但在随后的发展中它们的权力也涉及了许多高年级学校的中等教育。争议的另一方是郡和镇议会，它们援引 1889 年的"技术教育法案"，声称对所有的中等教育负责，并通过技术教育委员会来进行实际管理。1901 年和 1902 年，地方教育委员会被认为越权，并两度被提起上诉。因此，1902 年和 1903 年的"教育法案"的出台是不可避免的。法案的实际内容不是将地方教育委员会管理中等

---

① 曹婉莉：《韦伯夫妇研究》，上海：上海社会科学院出版社，2012，第 226—227 页。

② R. C. K. Ensor, "Permeation", in Margaret Cole, edited, *The Webbs and Their Work*（Westport：Greenwood Press, 1985），p. 63.

教育的权力收回，而是将地方教育委员会全部废除，并将它们管理小学校的权力转移给郡和镇议会。

韦伯并不是"教育法案"的起草人，但是他作为伦敦郡议会中技术教育委员会的主席，不遗余力地劝说和指导时任保守党首相的鲍尔弗，由首相在议会中推动该法案。在该法案的全国部分获得通过后，有一股很强的呼声想要通过保留伦敦教育委员会来平息反对派的抗议。在费边社中反对派的情绪也非常高涨，因为费边社的格雷厄姆·华莱士和斯图尔特·黑德勒姆就是伦敦教育委员会的代表。但是对于韦伯和他的伦敦郡议会来说，废除伦敦教育委员会要比废除其他地方的教育委员会更加重要。韦伯正是为此付出和尽了他最大的精力和能力，甚至可以说，如果没有他的努力，伦敦教育委员会是不可能被废除的。费边社（包括其中反对该法案的人）和韦伯为该法案的通过付出了巨大的心血，而这只是费边社典型"渗透"中的一例。用玛格丽特·柯尔的评价来描述费边社关于"教育法案"的努力是再合适不过的：毫无疑问，通过"教育法案"的过程几乎就可以说是费边社"渗透者"的梦想成为现实的过程——由聪明、勤奋的费边社成员起草的这些建议转交给不知是感到为难还是表示同情的官员，然后由一个保守党政府将其付诸实施。与那些正在审议中的议案相比，"教育法案"的通过清楚地证明了锲而不舍的努力和研究的好处。①

（四）"渗透"的效果及评价

"渗透"策略对费边社实现它的社会主义理想有很大的作用，它的效果是有目共睹的，但是"渗透"策略的实施也为其带来了许多负面的评价。以前文提到的费边社最成功的"渗透"案例——1902 年和 1903 年的"教育法案"来说，尽管它取得了巨大的成功，但是它也给费边社带了严重的负面后果，其中之一就是费边社的重要人物，《费边论丛》的七位作者之一的格雷厄姆·华莱士离开了费边社，并在一封私人信件中愤怒地指责是韦伯出卖了他。更大的负面影响是当 1905—1914 年一轮新的社会改革潮流涌动的时候，尽管韦伯准备用他出色的行政知识和思想来提供帮助，拥有实权的人却鲜有向他求教的。就连比阿特丽斯·韦

---

① 〔英〕玛格丽特·柯尔：《费边社史》，杜安夏、杜小敬等译，北京：商务印书馆，1984，第 111 页。

伯最著名的《少数派报告》也是赢得保守党人的关注多于当时的自由党政府。后者由于该报告的来源而对它不信任。这就是在不同党派中间"多管齐下渗透"的代价。韦伯夫妇和许多费边社员被认为是见风使舵的人。

此外，费边社主要代表人物韦伯夫妇和肖伯纳等人的个人缺陷也在很大程度上限制了费边社"渗透"的效果。关于这一点许多学者在不同地方都有提到。其中恩索尔的说法切中要害。他说韦伯对人有很糟糕的判断，并且常常不能意识到伟大事件的伟大之处。① 玛格丽特·柯尔也指出，韦伯夫妇对同时代的政治领导人从不妥协，甚至连这些领导人是谁也"发现"不了。只要韦伯夫妇对于费边社选择人物方面有影响，费边社在政治上就会下错赌注。② 柯尔同样认为在肖伯纳和韦伯夫妇的影响下，费边社对时代的征兆竟盲无所见，使人觉得不可思议。③ 在这方面最明显的例子就是费边社对于独立工党以及工党前身劳工代表委员会的态度。费边社从一开始就主张（至少是其中一部分人主张）要建立一个追求社会主义的工人阶级的政党，并为此坚持不懈地在工人中间宣传、教育和"渗透"。但是当成立这样的政党的条件已经成熟时，费边社的主要领导人又往往对此视而不见，错失良机。虽然费边社员参加了独立工党和劳工代表委员会的成立大会，但在初期他们的态度总是不冷不热，所起的作用也不大。尤其是在伦敦，他们为了更好地"渗透"郡议会中的进步派，甚至本能地敌视任何在伦敦建立独立工党的企图。

这些情况都指向了费边社的一个重要特征，那就是重理论、轻实践。这并不是说费边社不愿去实现自己的社会主义理想，否则就不会有"渗透"活动，而是意味着费边社会主义思想要比费边社本身的实践活动对英国社会主义运动的发展重要得多。这在很大程度上是由于费边社的规模始终不大，人数始终在几百人到几千人之间浮动，并且大多是由中产阶级知识分子构成。这也说明了费边社为什么要采取"渗透"的方式来

---

① R. C. K. Ensor, "Permeation", in Margaret Cole, edited, *The Webbs and Their Work*（Westport：Greenwood Press，1985），p. 65.

② 〔英〕玛格丽特·柯尔：《费边社史》，杜安夏、杜小敬等译，北京：商务印书馆，1984，第 86—87 页。

③ 〔英〕G. D. H. 柯尔：《社会主义思想史》第 3 卷（上），何瑞丰译，北京：商务印书馆，1981，第 207 页。

实现自己的社会主义理想。费边社最成功的"渗透"也许可以认为是对英国工党的，在经过早期对工人阶级政党态度模棱两可之后，费边社终于选择了工党作为实现其社会主义思想的载体，而工党也需要费边社作为智囊团发挥其理论优势，弥补工党的思想混乱的短板。双方取长补短、相得益彰，为英国的劳工运动和社会主义运动的发展做出了重要的贡献。

第四章　费边社会主义对英国的影响

费边社在英国绝对是一个小的组织，它的发展几经兴衰，人数始终只有几百到几千人。但是，费边社会主义思想对英国的影响与它的组织人数完全不成比例。英国工党的成立及其党章、纲领的制定，英国福利国家的建成，以及伦敦政治经济学院的成立，都是费边社通过自身的活动，更多的是通过费边社会主义思想的各种实施影响英国的结果。可以说费边社会主义对英国的影响已经深入政治、经济、文化等各领域中。本章就选取费边社会主义对英国影响最大的政治、教育和福利方面，来分析、介绍费边社以及费边社会主义思想在其中的作用。

第一节　费边社会主义对英国工党的影响

英国工党（the Labour Party）成立于 1900 年 2 月伦敦的一次会议上，它在 1906 年 1 月的大选之前，一直以劳工代表委员会（the Labour Representation Committee，LRC）的名称进行活动。费边社作为一个社会主义团体，是工党的创始成员之一。但是，费边社会主义对工党而言并不是从一开始就十分重要，双方是在各自的发展过程中逐渐靠拢的。一方面工党领导的日渐声势浩大的工人运动需要在理论上有建树的费边社为其弥补理论方面的短板，另一方面以知识分子为主的费边社也需要通过工党这个载体来实现其社会主义目标。双方最成功的合作体现在费边社 1918 年为工党起草的新的党章和正式纲领《工党与新社会秩序》（Labour and the New Social Order）中，这份纲领完全是费边社会主义性质的，也就此确定了工党在此后数十年内的纲领与指导思想，并加强了费边社与工党的智库关系，并使费边社会主义能够通过工党的执政而实现。费边社在 1919 年修改了"费边社基础"，添加了明确它与工党的关系的话语："费边社是工党及国际社会主义者会议的组成部分；但它不受约束地参加所有可以被引导为它自己的目标服务的社会、经济和政治诸方面的宪法运动。"1939 年，费边社在"费边社规则"中进一步明确了"费边社附属于工党"这一定位，这一规定一直保留至今。在这数十年的时间内，费边社作为一个既附属于工党，又在编辑出版、组织和财务上独立于工党的社会主义团体，为工党的执政与参选出谋划策，并与工党一起经历了英国政坛的起起伏伏，它们的关系提供了智库如何对政党施加影响的经典范例。本章按照时间顺序，梳理费边社与工党的结合历史，并分析费边社会主义如何通过工党来实现自己的抱负。

一　参与工党的成立

1900 年 2 月 27 日和 28 日在伦敦召开的由工会、合作社团体和社会主义团体参加的会议被认为是工党的奠基会议。会议的目的是争取劳工代表进入议会。费边社作为三个社会主义团体之一，参加了大会，其余两个社会主义团体是独立工党（Independent Labour Party，ILP）和社会民主联盟。大会主要是由凯尔·哈迪领导的独立工党发起的。费边社指派了皮斯和肖伯纳两人去参加大会，但是肖伯纳未出席。而皮斯虽被选为劳工代表委员会的代表，在大会上却一言未发。可以说费边社对英国工党的成立所做的贡献并不大，它被邀请参加大会的主要原因是作为一个著名的社会主义团体，它的合作被认为是必要的。当然费边社之前也一直提倡要成立工人阶级的政党，并为此付出了巨大的努力。正如前文所提到的，当成立这样的政党的时机真正到来时，社员们又视而不见。他们的冷淡态度主要在于此时费边社的主要兴趣和精力在"渗透"政策上，他们寄希望于通过影响现有的政党来实现其社会主义目标，而不看好工人阶级政党的前景。关于费边社的"渗透"策略，前文已做过论述，以下简要分析费边社在工党成立时对工人政治运动的态度。

费边社对 1900 成立的工党的态度，可以参照它在 1892 年发表的第 40 号"费边短评"《费边选举宣言》和它对 1893 年成立的独立工党的态度。它们均反映着在 1900 年前后几年费边社内占主流地位的对工人运动的政策和态度。

1892 年费边社发表由肖伯纳主笔的《费边选举宣言》，阐明了费边社在大选中对各个党派的态度和政策。在宣言中，费边社承认有必要建立一个独立的工人阶级的政党，也表示支持独立的劳工运动。但同时，费边社强调工人运动还远不成熟，工人阶级缺乏统一的组织和领导，并劝告选民对劳工的候选人的要求必须是绝对的诚实和相当的能力，而自由党和保守党的候选人则不必具备特殊的能力。此外，只有在三种情况下才可以支持劳工候选人：①有机会赢得议席；②劳工代表的得票足够使选区的工党受到尊重；③自由党在劳工问题上与保守党一样落后，对于工人阶级来说没有区别。由此可见，费边社对于支持工人阶级候选人设置了极为严格的条件，实际上几乎就是说只有在确保成功的条件下才会支持工人阶级的代表。这也正是费边社选择去"渗透"现有政党的重要原因之一。

英国争取独立的劳工代表权的运动，是在 1893 年建立的独立工党内部形成的，这个运动为 1900 年工党的诞生铺平了道路，甚至可以说工党在很大程度上是从凯尔·哈迪的独立工党脱胎而来的。[①] 这个运动的目的是要反对在自由党内建立劳工派集团。独立工党改变了过去劳工代表只能通过自由党的支持来进入议会的局面，在地方政治中开始同时跟两个旧的政党展开竞选。独立工党是一个社会主义性质的政党，费边社也参加了它的成立大会。肖伯纳在它的成立大会上一开始就宣布说，费边社不打算与新的党合并，决心继续执行把社会主义思想"渗透"到目前的各个政党去的政策。[②] 这与 1900 年劳工代表委员会成立时费边社的态度如出一辙。恩格斯曾对该党抱有希望，称独立工党诞生最晚，它的顽固偏见较少，它的队伍中有北部的工人这样的优秀分子，它最真实地反映着目前运动的状况。他还点评道："它的纲领的主要之点和我们一致，所以艾威林加入该党并在它的执行委员会中担任委员，他做得对。在这里如果能把伦敦那些风头人物的卑微的个人野心和耍手腕的行为加以抑制，而策略上也不出太大的偏差的话，独立工党也许能从社会民主联盟手里，在外省从费边派手里把群众吸引过来，从而促成统一。"[③] 但是独立工党最终采取了资产阶级改良主义的立场，把主要的注意力放在议会

---

① 〔英〕G. D. H. 柯尔：《社会主义思想史》第 3 卷（上），何瑞丰译，北京：商务印书馆，1981，第 210 页。

② 〔英〕G. D. H. 柯尔：《社会主义思想史》第 3 卷（上），何瑞丰译，北京：商务印书馆，1981，第 162 页。

③ 《马克思恩格斯全集》第 39 卷（上），北京：人民出版社，1974，第 7 页。

斗争的形式上并且同自由党进行勾结。列宁评述独立工党时写道："这个党只对社会主义'独立'，对自由派则非常依赖。"① 独立工党成立后，立刻形成了一种强大的运动，在很多地方，它把费边社地方分社合并了，或是吸收了分社的大部分社员，从而使分社的活动陷于停顿。位于伦敦的费边社总社并没有做什么事情来维系地方分社，甚至对分社的合并、社员的离去感到如释重负，因为这样他们就可以更加自由地执行"渗透"政策而不用担心反对意见了。

费边社对自由党的"渗透"在 1893 年遭受了一次挫折。自由党 1891年通过的《纽卡斯尔纲领》（Newcastle Program）许诺要进行广泛的社会改革。这一纲领被认为是费边社对自由党努力"渗透"的结果，他们对此寄予厚望并在选举中大力支持自由党候选人。但是在 1892 年大选上台后的自由党，并无意兑现《纽卡斯尔纲领》的承诺，费边社因此大失所望。他们在 1893 年 11 月发表了对自由党人极不友好的文章《回到你的帐篷去吧，以色列人》（"To Your Tents，Israel"），攻击自由党政府拒不实行它曾承诺的纲领。不久费边社将该文章整理并附加了大量材料出版成为费边社第 49号短评《劳工竞选计划》，公开号召工人脱离自由党去支持工人阶级的党和社会主义者。费边社与自由党的关系也遭到破坏。但是这并不意味着费边社已经彻底放弃"渗透"政策，转而投入劳工运动。费边社仍然抓住一切可能的机会对包括自由党在内的目标进行"渗透"，对劳工运动的态度还是不冷不热，以致独立工党领袖凯尔·哈迪在 1895 年 1 月的一次宴会上当面斥责韦伯夫妇是社会革命最恶毒的敌人。② 但是费边社员对待自由党和劳工运动的态度有了一定程度的变化，这种变化主要反映在思想方面，特别体现在韦伯夫妇身上，他们开始重视工会，并出版了两本重要的关于英国工人运动的研究成果——《英国工会运动史》和《工业民主》。这离费边社真正在行动上开始大力支持工人运动，还有十几年的时间。

1900 年劳工代表委员会的成立对于英国工人运动的发展，乃至对英国的政治局面的改变都是一个值得纪念的事件。但是对于费边社来说，这一年不是它的劳工政策的转折点，它仍然热衷于它的"渗透"政策，

---

① 《列宁全集》第 22 卷，北京：人民出版社，2017，第 135 页。
② 〔英〕玛格丽特·柯尔：《费边社史》，杜安夏、杜小敬等译，北京：商务印书馆，1984，第 86 页。

对劳工政治和以前一样不冷不热，并且这种态度还要持续几年。

二　促进工党的社会主义化

对于费边社促进工党社会主义化的探讨，应从它们各自的发展出发，找出它们的契合点。一方面费边社逐渐改变对工党的冷淡态度；另一方面，工党也在试图摆脱工会主义对它的影响，并需要有知识的社会主义者为它出谋划策。双方在各自的探索中逐渐靠拢。

（一）　费边社对工党态度由冷淡到热情

关于费边社在第一次世界大战前对于英国工党的影响，研究者有着不同的观点。马克·贝维尔在《英国社会主义的形成》一书中指出，早期的历史学家从费边主义者的角度出发，认为费边社促成了社会主义的渐进的传统，并通过独立工党影响了工党的崛起。后来的历史学家们尤其以埃里克·霍布斯鲍姆和艾伦·麦克布莱尔为代表，则认为费边社对于工党的政策或组织方面影响很小。[1] 南京大学毛杰的论文《费边社对初期英国工党的影响（1900—1918）》及河北大学李柏红的博士学位论文《费边社会主义研究（1884—1984）》对此问题亦持与后者类似的观点。事实上，费边社对工人运动和对工党的态度就像根据费边主义原则对待其他事物一样，绝不是教条式地一成不变。工党也在这一时期逐渐克服组织混乱和理论缺失，双方的合作是水到渠成和相得益彰的。玛格丽特·柯尔的一句话恰如其分地点出了这一时期费边社对工党的影响："费边社同工党的联系虽然不引人注目，但也不应抹煞。"[2]

费边社开始认真对待工党是在 1906 年。1906 年的大选结果是自由党获胜得以执政，它获得 377 张选票，超过其他政党总和 84 张。劳工代表委员会也随着自由党的获胜赢得 29 张选票。这对于工党来说无疑是一个巨大的成功，它开始变成一支不容小觑的力量，也开始在议会中正式使用工党这一名称。正像之前对工党态度冷淡是因为不看好它的前景一样，现在工党取得历史性的突破也使费边社开始重视工党，纷纷参加工党的会议，表

---

①　Mark Bevir, *The Making of British Socialism* (Princeton：Princeton University Press, 2011), p. 195.

②　〔英〕玛格丽特·柯尔：《费边社史》，杜安夏、杜小敬等译，北京：商务印书馆，1984，第 94 页。

现出了前所未有的热情。更重要的一点是，随着工党议员出现在议会中，他们都面临着新的、实际的政治方面的问题需要解决。费边社员的政治智慧、理论素养以及与自由党人打交道积累的经验，对以工人阶级为主的工党议员变得很有价值。麦克布莱尔认为，"1906 年以后，典型的费边式的社会主义道路要比典型的独立工党的道路有用得多"[①]。

　　从 1906 年到第一次世界大战爆发的这几年，总的来说，费边社对工党是越来越重视，但是它与工党结合的条件尚未完全成熟。从费边社这方面来说，它与自由党和保守党的联系以及许多社员本身就是自由党和保守党成员这一事实，再加上费边社向来在重大问题上有多种意见的传统，使费边社向工党的靠拢困难重重。但是整个费边社的意见开始逐渐地不利于保守党人和自由党人。在这期间的费边社会议上，不断有人提出费边社除了支持工党和社会主义的候选人外，不能支持任何人，这种限制性的提议总是会被否决，但是却反映费边社员对工党的热情逐步增加。持不同意见的人，如 S. G. 霍布森 1909 年提出，费边社应脱离工党，因为工党不是社会主义的党。肖伯纳对此的答复是，如果工党不是社会主义的党，那就去用社会主义思想渗透它，而不是分道扬镳。肖伯纳的修正案得到通过。1912 年 2 月的一次会议上，费边社执行委员会为了确定它对工党的适当态度，提议"在对工党大会通过的意见应采取适当的重视态度的同时，费边社绝无义务根据工党的见解来改变自己的态度或政策，尽管它也是联盟的一部分"[②]。同年晚期，费边社年度大会通过了执行委员会提出的一项鼓励费边社员和费边社团体同工党进行合作的决议。此外，还有几次会议中基尔特社会主义者提出过脱离工党的提议，但均被否决。

　　1912 年对于费边社对工党的态度来说是一个重要的时间点。费边社决定与前独立工党的领袖凯尔·哈迪和时任工党书记的阿瑟·亨德森进行非正式会谈来讨论费边社与工党的关系，他们二人都是费边社员。尽管亨德森同意会谈，哈迪尚未决定，但是费边社与独立工党的关系却有了很大进展。"这两个非马克思主义的团体，虽然经常不客气地互相指

---

① A. M. McBriar, *Fabian Socialism & English Politics 1884 - 1918* (London：Cambridge University Press, 1966), p. 340.

② 〔英〕玛格丽特·柯尔：《费边社史》，杜安夏、杜小敬等译，北京：商务印书馆，1984，第 135 页。

摘，但确实有很多共同点。"① 另一个重要的转变起因于 1911 年乔治·劳合的自由党政府通过的《国民保险法案》，这一法案的通过标志着费边社发起的废除济贫法运动的失败。② 这一失败意味着费边社最擅长的对两个老的政党的"渗透"活动，几乎宣告终结。韦伯夫妇在认清了废除济贫法运动失败的意义后，终于在 1912 年承认"渗透"政策已不可行，"而工党——'虽然可怜，但总是我们自己的'——成了在这个国家实现社会主义的唯一可能的工具"③。此后，费边社完全投向工党已经没有了障碍，第一次世界大战的爆发更是加速了这种靠拢。

　　第一次世界大战前费边社对于英国工党的态度尽管以犹犹豫豫为主，但它还是对工党产生了一些影响。从广泛的角度说，费边社在工党成立前就提出的谨慎的、非革命、合宪的、集体主义的社会主义思想已经广为流传，不可能对工党没有影响。费边社对同属社会主义阵营的独立工党的影响也不可能不反映在工党身上。但是这些影响多是间接的和隐性的，难以明确说明。具体的政策方面，费边社对于工党主要有两个贡献：一是建立工党党员的维持基金（the Labour Members' Maintenance Fund）；二是策划推行八小时工作制度的方案。关于党员基金的问题，费边社在劳工代表委员会成立 4 个月的时候就提出建议，1903 年建议被通过。由于当时英国议会的议员是没有薪酬的，由政党为其议会党员支薪，可以维护议员和候选人的纪律，使他们能够遵从党的指示和约束。此后劳工代表委员会的候选人，必须"严禁参加自由党或保守党，严禁做助长自由党或保守党任何一派利益的事"④。费边社的这一建议对于劳工代表委

---

① 〔英〕玛格丽特·柯尔：《费边社史》，杜安夏、杜小敬等译，北京：商务印书馆，1984，第 136 页。

② 废除济贫法运动是费边社发起的想要改变已经不合时宜的根据 1834 年情况制定出来的济贫法案的运动。费边社提出了著名的《少数派报告》来作为它的替代品，并施展浑身解数来动员济贫法皇家委员会成员采取他们的建议，而且在社会上发起声势浩大的废除济贫法运动。但是该报告的社会主义色彩太浓厚，不可能被当时英国政府所接受。结果自由党政府接受了仿照俾斯麦政府的国家福利政策制定出的《国家保险法案》，引起了费边社和社会主义者的极大不满。

③ 〔英〕玛格丽特·柯尔：《费边社史》，杜安夏、杜小敬等译，北京：商务印书馆，1984，第 173 页。

④ Henry Pelling and Alastair J. Reid, *A Short History of the Labour Party* (London: Macmillan Press Ltd., 1996), p. 11.

员会加强纪律性和独立性起了非常大的作用，使它更像一个"政党"。关于八小时工作制度，工党大会 1909 年采取了费边社提出的"行业选择"方案来推行八小时工作制度。该方案提出，由内政部专门从郡议会、镇议会、工会、工会会议、工厂监察员中选取委员组成委员会进行调查，再对八小时工作制度的实施做出规定。这一方案是对独立工党提议直接在全行业建立普遍的八小时工作制，以及费边社之前提议从各具体行业推行八小时工作制然后逐步推行到全行业的一个折中。^① 它具有更大的可行性。

一方面，从费边社的角度来说，它对英国工党的态度完成了从成立时的不冷不热到第一次世界大战前全力支持的转变，已经为与工党的结合做好了准备。另一方面，工党也在克服自己组织的混乱和指导思想的缺失，迫切需要明确的指导思想，它不断地从一个松散的联合体，走向一个具有明确社会主义性质的政党。对此，费边社起了一定的作用。

（二）"渗透"工党

1900 年成立的劳工代表委员会，后来演变成为改变英国政坛格局的一支重要力量，并最终取代了自由党，成为可以和保守党角逐政权、相提并论的两大党之一。但在成立之时，很难有人看出它的远大前景。

从组织上来说，劳工代表委员会仅仅是一个由工会、合作社团体和社会主义团体组成的委员会。每个成员都保留处理自己事务的充分的权利；每个团体无论是社会主义团体，还是工会都是自己提出候选人，自负竞选经费；也没有任何受委员会控制的地方组织存在。在它成立的头一年，各组织所属的人员总数为 375932 人，其中社会主义团体所属 22861 人，工会所属 353070 人^②，可以说工会组织在人员总数上占据着绝对的优势。但是当时英国工会会员的总人数将近 200 万人，其中 140 万人属于职工大会。^③ 因此，工会给予劳工代表委员会的支持也是非常

① 毛杰：《费边社对初期英国工党的影响（1900—1918）》，《网络财富》2010 年第 6 期。
② Henry Pelling and Alastair J. Reid, *A Short History of the Labour Party* (London: Macmillan Press Ltd., 1996), p. 197.
③ 〔英〕G. D. H. 柯尔：《社会主义思想史》第 3 卷（上），何瑞丰译，北京：商务印书馆，1981，第 198 页。

有限的。此外，各委员会成员也不是齐心协力，仅有的三个社会主义团体相互争吵不休。社会民主联盟就因为在成立大会和第二年年会上拒绝接受"阶级斗争"的概念而退出了劳工代表委员会。可以看出这样一个成分复杂的组织，离一个政党的要求还很遥远。

从政策上来说，1900 年 2 月 27 日和 28 日的会议代表们所做的全部事情就是建立了一个委员会以促进和协调争取劳工代表的计划。会议也没有通过任何的纲领，甚至都没有决定这个新的团体是像旧的团体一样与现有的某一政党进行合作，还是成立一个新的政党。独立工党的领袖凯尔·哈迪和麦克唐纳等人对劳工代表委员会的定位，就是一个为了有限目的成立的自由工会主义者和社会主义者之间的一个联合。这时的劳工代表委员会从意识形态上来说，是一个社会主义、劳工主义、工会主义以及激进自由主义的大杂烩，没有任何思想是占据主导地位的。委员会中的独立工党代表认识到，只有采取极其缓慢的步骤和谨慎的劝说，才能使大多数的工会主义者接受社会主义性质的措施。工党的社会主义化进程也是一个缓慢、波折的过程。以下就简要梳理英国工党是如何脱胎于一个松散的、没有指导思想的各组织联合体，到成为一个有明确社会主义目标和严格纪律的政党的过程。

从 1901 年的大会开始，劳工代表委员会就采取一系列的决议来替代应由某种纲领规定的内容。这样的做法主要原因在于委员会内部纷争激烈，无法采取一个令各方满意的纲领。来自社会民主联盟的代表强烈要求通过一个纲领，来全面阐述党的政策，这一纲领必然包括社会主义的目标。独立工党代表意识到一个包含明确社会主义内容的纲领必然会造成自由工会主义者与社会主义者之间的摩擦，从而引起委员会的分裂。因此，独立工党反对通过一个纲领，以维持委员会的团结。

凯尔·哈迪在 1901 年的大会上提出建议："本大会主张在议会中成立一个特殊的劳工派，这个劳工派应该有自己的'领袖'，并应在政策上取得一致意见，这个政策必须包括准备与当时推进对劳工有直接利益的立法的任何党派合作，同样，应联合任何党派来反对与此相反的各种方案。"[①]

---

① 〔德〕马克斯·比尔：《英国社会主义史》（下），何新舜译，北京：商务印书馆，1959，第 288 页。

凯尔·哈迪在 1903 年的大会上，发表了一个著名的演讲来说明劳工代表委员会的性质。他说，劳工代表委员会的基础不是社会主义、不是自由主义、不是托利主义，而是独立的劳工主义。任何声称劳工代表委员会应是社会主义者或是自由主义者的企图都会分裂这个运动。共识就是，在下院活动时，他们既不是社会主义者、自由主义者，也不是托利党人，而是工党。他劝说各代表应该满足于这个协议，因为目前不存在任何纲领的余地。① 独立工党从实际出发维系委员会生存的考虑，一直制约着劳工代表委员会的社会主义倾向。事实上，独立工党是有能力让劳工代表委员会宣称自己是社会主义团体的。以 1908 年的大会为例，一个社会民主联盟成员代表其组织提出将最终目标写入劳工代表委员会章程。这一建议在独立工党反对的情况下被投票否决，反对和赞成票悬殊：95.1 万票对 9.1 万票。同一届大会上，一项社会主义的决议被提出用来测试代表们的意见，决议在独立工党支持的情况下被通过，赞成和反对的票数比较接近：51.4 万票对 46.9 万票。由此可见，独立工党确实有左右劳工代表委员会性质的能力。但如果它要是强行实施一项社会主义性质的纲领，也必然会造成委员会的严重分裂。因此，独立工党宁愿暂时放弃一个社会主义的或是任何性质的纲领，在独立劳工主义的基础上将人数占据绝对优势的自由主义工会团结起来。

1906 年工党在选举中的突破性进展不仅使费边社开始对它刮目相看，也正式开启了工党的社会主义化进程。"虽然'劳工代表委员会'并不是社会主义的组织，一般的演说家和作家却都比较注重社会主义而忽视劳工。转瞬间，阐述社会主义的历史和要义有如雨后春笋……全国人民似乎都认为独立的劳工政党就意味着遵循社会主义的途径来改变社会的面貌。"② 社会主义性质的提案一个又一个地被提出，以求工党的批准。独立工党的代表最开始提出的是能够被激进分子所接受的边缘提案，但是很快他们的提案变得越来越具体。工党的第一个社会主义性质的提案，应该是格莱希尔在第六届年度大会上提出并被通过的。这一提案让工党接受了税收应该被

---

① A. M. McBriar, *Fabian Socialism & English Politics 1884 – 1918* (London：Cambridge University Press, 1966), p. 316.

② 〔德〕马克斯·比尔：《英国社会主义史》（下），何新舜译，北京：商务印书馆，1959，第 284 页。

用来在更加公平的基础上对国家收入进行再分配这一原则。[1] 在接下来的一次大会上，奎尔奇、蒂利特和索恩游说工党接受一个社会主义纲领，或者至少让会员就工党是否应当赞同生产资料的公有制进行投票。他们的提议以时机不成熟为由被拒绝，但是与会代表们接受了另一项对垄断行业实行公有制的提议。

1908 年的工党大会采取了一个更明确的措施，通过了支持对铁路实施国有化的决议。这是首次要求对某个特殊的领域实施公有制。直到 1913 年的大会，提出的决议除了要求对铁路实施国有化外，还要求对运河和水道进行国有化，并呼吁对土地和矿产实施全民所有。此外，还有一个关于建立国家医疗服务的动议也获得通过。1914 年，一个声称社会主义是工党目标的议案被提出，标志着工党向社会主义迈进了一大步。然而最后的一步直到 1918 年才终于迈出，社会主义目标被明确写入工党的新党章中。

在这些年工党的社会主义化的过程中，费边社的作用主要还是通过类似"渗透"政策的方式来施展的，主要体现在对工党领袖的影响上。这一时期工党的主要领导人都是或曾经是费边社员，如凯尔·哈迪、拉姆齐·麦克唐纳、阿瑟·亨德森等，也正是通过对他们的影响，工党的社会主义性质日渐增长，并最终将费边社会主义确立为他们的指导思想。这一时期费边社会主义的影响没有 1918 年后那么突出，但如果没有这些铺垫，费边社会主义思想不可能一蹴而就成为工党的"正统"思想。

三　成为工党"正统"意识形态

第一次世界大战是人类历史上最惨痛的悲剧之一，无数的生命和财产遭受损失，在文明的社会里留下了最黑暗和最血腥的记录。然而，抛开一战的罪恶与血腥，它在客观上却直接促进了英国社会主义运动的很大发展。首先，1914 年 8 月 5 日战争紧急时期全国工人委员会（The War Emergency：Workers' National Committee）的成立，促进了社会主义者长久以来徒然寻求的工人运动各派别的靠拢。这个委员会的初衷是为了保

---

① A. M. McBriar, *Fabian Socialism & English Politics 1884 – 1918* (London：Cambridge University Press, 1966), p. 317.

护工人免受战争带来的混乱的危害，后来则成为保护留在英国本土居民的权益和生活水准的组织。其次，大战对人力和物资的巨大消耗使国家成为国内最大的生产和分配机关，政府已经直接或者间接地掌握了生产和分配的权力。再次，战争中爆发出来的巨大的生产力显示出人类文明的进步可以创造出多么丰盛的财富，揭示了贫困是一种不必要而且可以消除的祸害。"现在，连最愚蠢的人都明白，国家既然能每天消耗 800 万镑来危害人类，他们最少也可以拿出几百万镑来改造人类。"① 在各种条件的综合影响下，英国工党的社会主义进程大大加快，其中费边社特别是韦伯本人起到了至关重要的作用。这些作用主要体现在组织和理论两个方面：一是帮助改组工党，完善其组织构成和群众基础；二是制定明确的纲领，使工党在理论上接受费边社会主义。

（一）帮助改组工党

第一次世界大战初始，韦伯没有在战争紧急时期全国工人委员会担任正式的职务，但是他出色的起草文件和组织活动能力使他从一开始就是该组织一个重要的角色。他在一星期之内起草了一本 32 页的小册子《战争与工人》（"费边短评"第 176 号），该文献主张建立工会和社会主义团体的地方委员会以协调舆论，提醒政府当局采取行动来防止混乱。这些活动在不同的领域取得了不同程度的成功，如增加军人家庭的分离津贴，提高对比利时难民、年长的养老金领取者和战俘亲属的供应，规定适当的残废抚恤金等。从而提高了工党在战争期间的影响力。

随着战争的进行，韦伯于 1915 年底成为费边社在工党执行委员会中的正式代表。从这时开始韦伯与工党书记、战时内阁成员亨德森的关系变得密切起来，并且在一定程度上亨德森代替了肖伯纳在韦伯生活中的地位。② 韦伯和亨德森一致认为，需要一个更强大的、在组织和政策上都更加完善的工党。促使工党改组加速进行的就是斯德哥尔摩事件。当时作为工党书记、战时内阁成员的亨德森同意英国派代表参加在斯德哥尔摩举行的国际社会主义者代表大会。政府不仅拒绝了他的提议，并且

---

① 〔德〕马克斯·比尔：《英国社会主义史》（下），何新舜译，北京：商务印书馆，1959，第 346 页。

② 〔英〕玛格丽特·柯尔：《费边社史》，杜安夏、杜小敬等译，北京：商务印书馆，1984，第 174 页。

战时内阁在他缺席的情况下讨论此事以及亨德森的地位问题，结果导致亨德森一气之下辞去战时内阁职位。尽管政府立即采取措施，任命另一位工党党员接替亨德森的职位，因此可以仍然得到工党的支持，并仍能拒绝派遣代表参加斯德哥尔摩大会，但是这一事件后来被证明是工党历史上的一个重要的转折点。

辞去政府职位的亨德森开始全力从事党的事务，他不但对党的组织机构进行重大改组，而且为工党制定了一整套纲领，也就是由韦伯起草的新的党章和工党成立以来的第一个正式纲领《工党与新社会秩序》。新的党章最革新的地方在于确定地方工党组织可以吸收个人党员，这样工党的支持者可以不必通过某个社会主义团体或是工会来获得党员资格，而之前个人无法直接加入工党。工党全国执行委员会此前以工会代表为主的组成成分也被改变，总计21个席位，其中至少5席留给地方工党提名的候选人，4个席位留给妇女代表，其余归工会和社会主义团体提名的候选人所有，他们之间不再规定席位数。这一改革的目的是将工会会员与社会主义者紧密团结起来，因此是"工会和社会主义者之间的一个完全'费边式'的折衷物"①。这一明显偏向社会主义者的章程遭到了工会代表们的强烈抵制，只是在亨德森和韦伯的极力斡旋下才得以通过。新的党章大大扩大了工党的执政基础，从而把一个基本上是工会和独立工党的、对自由党俯首帖耳的政党，改变为1918年后唯一一个有可能与保守党争夺政权的挑战者，为其在之后的执政铺平了道路。

（二）制定明确的纲领

新的党章另一个重要的地方就是著名的工党第四条款，该条款第一次明确地使英国工党获得了一个社会主义的基础。该条款声明："在生产资料公有制以及对每种工业和行业实行最佳的公众管理和控制的基础上，确保体力或脑力劳动者获得其辛劳的全部成果和可行的最公平的分配。"（To secure for the producers by hand or by brain the full fruits of their industry, and the most equitable distribution thereof that may be possible, upon the basis of the common ownership of the means of production and the best obtainable sys-

---

① 〔英〕玛格丽特·柯尔：《费边社史》，杜安夏、杜小敬等译，北京：商务印书馆，1984，第177页。

tem of popular administration and control of each industry or service.)① 条款的内容包括对生产资料公有制以及对公众管理和公平分配的诉求，是社会主义愿望的多重表述。新的党章意味着工党以社会主义作为党的明确目标，并且由一个社会主义者和工会组成的松散的联盟，变成了工会支持的社会主义政党。

在新党章通过四个月后的 1918 年 6 月，根据新党章召开的第一次会议上，又通过了韦伯起草的《工党与新社会秩序》的政策声明。这一声明极为重要，因为它构成了工党直到 1950 年大选为止的政策基础。关于这一纲领的某些思想，韦伯以及一些费边社员在战争期间就开始了考虑：社会主义运动可以从战争中吸取什么教训。他们思考的成果就是《如何吸取战争教训》的论文集，内容包括矿井和矿业的国有化，铁路和运河的国有化，邮电业的整顿和合理化，等等。这些成果为工党的新纲领奠定了基础。《工党与新社会秩序》所包含的社会主义是彻底的渐进主义，是韦伯式的费边社会主义。韦伯在该文献中认为，大战已经摧毁了孕育了这场战争的个人主义的资本主义生产制度的基础，作为它的自然表现形式的政治制度和各种意识形态也随之垮台。新的社会秩序的大厦将建立在四根支柱上面，也就是工党的四条原则：①国民最低生活标准的普遍实施；②工业的民主管理；③国家财政的革新；④剩余财富用之于公益；新的纲领对这四条原则做了具体的阐述。第一条原则确保社会的每一成员无论身处何种状况，都能具有健全生活和优良公民的一切必要条件。它竭力推行"工厂法案""教育法案""住宅法案"等立法和各种预防失业的措施，来普遍实施它所规定的最低限度的卫生、教育和生活标准。第二条原则强调了工业国有化的必要性，要求逐渐废除私人资本控制工业，以及在生产资料公有制和公平分配产品的基础上科学地改组企业。铁路、矿山、轮船公司、电力公司等应实施国有化。第三条原则对高收入者征收重税来补贴社会服务事业，大幅增加税收和遗产税。第四条原则提出应该通过国营和地方公营化，以及对个人所得和财产的高额累进税来积累国家的剩余财富，并将剩余财富尽可能地用于扩大全体人民享

---

① Henry Pelling and Alastair J. Reid, *A Short History of the Labour Party* (London: Macmillan Press Ltd. , 1996), p.39.

受教育和文化的机会，以及不断改进生产和运输工具、科学研究和老弱病残的赡养费用上。

至此，英国工党有了一个大为改进的党章和一个明确的纲领，它已然成为一支不仅可以引起工会兴趣，而且可以吸引全体选民，并能够争夺政权的力量。费边社会主义就此成为工党意识形态的主流，并且在之后数十年的时间里成为工党指导思想的"正统"。

四　正式成为工党智库

费边社 1919 年修改了它的"基础"，宣布"费边社是工党及国际社会主义者会议的组成部分"，自此费边社正式放弃了之前被视为费边主义特色的"渗透"政策，开始将工党当作唯一可以依靠的政治力量进行支持。在几乎整个 20 世纪二三十年代，尽管工党分别于 1924 年 1—11 月和 1929—1931 年两次执政，并且 22 名费边社员是工党首次执政时的下院议员，其中 5 人更是进入了拉姆齐·麦克唐纳的内阁。但是费边社作为一个整体对工党的影响并没有取得非常大的成绩，因为这些年工党本身的发展就处于困境中，以工人阶级为主的工党还在学习和适应英国的政治生态。此外，还由于之前费边社提出的改革目标如市有化等在一定程度上正在被实现，费边社也未能提出进一步的改革措施来与时俱进。许多大学也开始了对经济学和社会学的研究，特别是工党研究部的工作的进行，在很大程度上削弱了费边社在社会主义理论上的优势。

费边社作为一个整体在 20 世纪 20 年代对于工党并不十分热心，一方面，因为有了《工党与新社会秩序》这一纲领，他们认为能够将其实现就已经不错了；另一方面，1925 年韦伯退出了工党的全国执行委员会，并且没有费边社员来接替他的位置。在这期间，费边社作为一个整体对工党的作用没有它的社员个人的贡献大。例如，韦伯在 1923 年工党大会上作为主持人发表演讲时提出的"渐进的不可避免性"（inevitability of gradualism），被认为是对费边社会主义和工党政治理念的最简明和最精确的概括，在一定程度上成为费边社会主义和工党政策的代名词。另外一个突出贡献就算是韦伯夫人组织的"半圆俱乐部"了。这个俱乐部的目的是将工党党员的妻子们组织起来，进行社交乃至社会活动。参加政治活动的工党党员的妻子们往往被认为不能登大雅之堂，而被丈夫们冷落在家，这个俱乐部使越来越多的工党党员获得了以往只有中产阶级才拥有的社交机会。

到了 20 世纪 30 年代，费边社的发展几乎完全停滞。没有什么活动，出版物也出奇地少。它的代表人物韦伯夫妇 1933 年访问苏联后，更是将兴趣转移到了研究苏维埃的制度上面。而肖伯纳甚至在更早的时候就脱离了费边社的日常政治工作，此时的他正对墨索里尼的法西斯独裁赞不绝口，对希特勒也是赞许有加，肖伯纳已经远离了英国社会主义运动的主流位置。在这一时期拉斯基是除韦伯外，费边社执行委员会中最重要的人，他的著作构成了此时费边社出版物的很大一部分。但是，他在 1936 年离开了执行委员会，成为左派图书俱乐部主任和工党全国执行委员会的选区工党代表。因此，"在两次战争之间的时期临近结束时，费边社实际上已经奄奄一息了"①。

尽管在 20 世纪 30 年代费边社的活动处于停滞状态，但是另外两个与它不是完全没有关系的社会主义研究组织，在很大程度上代替了它对工党的作用。一个是社会主义调查宣传社（the Society for Socialist Information and Propaganda，SSIP），另一个是新费边研究局（the New Fabian Research Bureau，NFRB），它们中的许多成员是费边社员，新费边研究局更是在后来与费边社进行了合并。这两个组织都对首次执政昙花一现的工党进行反思，目的是通过调查和研究，制定出切实可行的社会主义纲领供工党参考。特别是新费边研究局，它是 1931 年柯尔在韦伯夫妇的支持下成立的，它遵循了费边社的社会主义研究传统，出版了大量的研究成果，就像费边社曾经做过的那样。虽然研究局与工党没有直接的关系，但是它的许多研究成果却是为工党服务的，例如 1936 年发表的关于"工党的前途""工党宣传"等专题论文。其中的一些研究成果为二战后工党的政府所采纳。

1938 年底新费边研究局和费边社经过反复磋商与谈判，完成了合并。为了尊重传统，新的组织仍然叫费边社。新的费边社废除了之前使

① 〔英〕玛格丽特·柯尔：《费边社史》，杜安夏、杜小敬等译，北京：商务印书馆，1984，第 230 页。

用多年的"费边社基础",采用了新的"费边社规则"。规则中规定,费边社附属于工党,与之前"费边社基础"中的规定相比较,更加明确了费边社与工党的关系。

五 费边社会主义的全面实施

1945 年的大选不仅使英国工党取得了前所未有的成功,也使费边社迎来了最辉煌的时期。工党获胜所选用的竞选宣言就是费边社员迈克尔·杨所写的《让我们面对未来》(Let Us Face the Future)。在以工党党员身份当选国会议员的 394 人当中,有 229 位费边社员,其中包括首相在内的 10 名内阁成员,35 名政务次官和其他政府官员,以及 11 名国会私人秘书。以至于有人称议会为"一所庞大的费边学校"。[1] 在工党的这一任期内,艾德礼政府的国有化和公有制等意识形态的来源主要是费边社会主义思想。福利国家与国民保健服务体系的建立,以及印度的独立在不同程度上都根植于费边社研究与讨论所奠定的基础。

具体来看,在国有化的立法程序在议会异常顺利地通过后,首先开始了对英格兰银行实施国有化,关于这一点,保守党人也没有反对意见。接着成立一个半独立性质的政府机构——国家煤炭委员会,它对燃料与动力大臣负一定的责任。在 1947—1949 年,成立了英国公路委员会,并对海底电报和无线电实施国有化,以及成立了国有航空公司、英国电力管理委员会和煤气委员会。钢铁工业的国有化政策也在经过激烈的讨论后得以通过。如果全部的国有化计划得以实现的话,大约有 20% 的经济部门将归为国有。这届工党政府最得人心的地方在于社会服务方面。它把中学生的毕业年龄提高到了 15 岁,增加了大学的国家奖学金,并且通过了国家保险法条例,使贝弗里奇的社会保险建议得以实施。卫生大臣安奈林·比万推行国家保健计划,提供了免费医疗和免费医药,包括实行医院的国有化等政策。[2]

除了这些大刀阔斧的改革措施外,费边社对这一届工党政府的殖民

---

[1] Deirdre Terrins and Phillip Whitehead, *100 Years of Fabian Socialism*: *1884 - 1984* (London: The Fabian Society, 1984), p. 22.

[2] 〔英〕亨利·佩林:《英国工党简史》,江南造船厂余学校英语翻译小组译,上海:上海人民出版社,1977,第 102 页。

地政策也有着重要的影响。1940 年成立的费边殖民局的主要目标就在于解决英国的殖民地问题，使那些附属国得到解放，逐步过渡为自治国家。它通过游说议员、部长和文职官员施加自己的影响。殖民局还和各殖民地民族运动的领导人建立联系，帮助一个一个的殖民地走向自治，例如，1941 年尼日利亚费边社成立，1948 年尼日利亚工人运动邀请殖民局书记 R. W. 索伦森议员访问尼日利亚为该国的民族解放运动提供帮助。这些殖民地的独立当然最主要应归功于各个民族不屈不挠的解放运动，以及以中国为代表的国家反对帝国主义压迫斗争胜利的影响。但是费边殖民局在这方面的工作也是卓有成效和有目共睹的。因为这项工作与社会主义的总原则是协调的，所有人都认为随着二战的结束帝国主义应告终结，被奴役的人民应当得到解放。此外，殖民局的工作能取得很大成绩还在于它高素质的工作人员。殖民局第一任主席是阿瑟·克里奇·琼斯，他在 1945 年担任负责殖民地事务的政务次官，后来又成了殖民大臣。为殖民局工作的许多人都是已经退休但又不甘心虚度晚年的前殖民地官员，例如曾任殖民地大臣的约翰·达格代尔议员、曾多年担任加纳总督的利斯托韦尔勋爵等。费边殖民局所做的工作正是费边社的创始者们打算对整个英国所做的工作的一个缩影。

这一届工党政府的施政，反映了费边社以及英国工党长久以来追求的社会主义目标的实现。虽然这一时期工党经常用民主社会主义来表述其意识形态，但它的本质仍然是费边社会主义思想。

六　费边社会主义影响的衰落

随着英国工党大规模地实施国有化，这一政策的低效、官僚主义等弊端也在不断地呈现出来。造成了工党竞选的连连失利，工党内部也掀起了一阵挑战费边社会主义"正统"地位的修正主义运动。前文已经说到以克罗斯兰、盖茨克尔和克罗斯曼等为代表的费边社和工党的理论家，根据已经变化了的社会和经济形势，将矛头对准了 1918 年韦伯等人撰写的《工党与新社会秩序》所体现的公有制思想，以及它最常见的实践形式——国有化。这些修正主义理论家的思想可以集中概括为：①拒绝承认传统社会主义观点，拒绝以生产资料公有制为社会主义的标志；②使用诸如个人自由、社会福利，特别是社会平等等表达价值与理想的词汇，对社会主义进行伦理重述。①

　　这些修正主义者的观点，必然遭到坚持将公有制和国有化认定为社会主义目标本身的一些费边社和工党理论家的反对。后来的工党首相哈罗德·威尔逊对要求修改党章第四条"公有制条款"的做法批评道，就像我们被要求将《创世纪》从《圣经》中拿掉一样，你不必是一个宗教观上的笃信者，也会说《创世纪》是《圣经》不可分割的一部分。②

　　英国工党内部的修正主义自20世纪50年代发起，经过几代修正主义理论家的长久努力，以传统费边社会主义为主导思想的工党正统意识形态逐渐被替代。当然，如前文所论述的，费边社会主义思想本身也在不断地发展。但随着战后英国政治上共识的达成，费边社在60年代和70年代遭到了边缘化，费边社会主义思想在此期间也陷入了低潮。

　　在20世纪80年代，工党经历了一次严重的脱党事件。前工党副首相罗伊·詹金斯与三位前大臣大卫·欧文、雪莉·威廉姆斯和威廉·罗杰斯等右翼代表脱离工党，另行成立了社会民主党，对工党造成了严重的影响。其中雪莉·威廉姆斯是费边社的主席，她的行为几乎造成费边社的分裂，并引发费边社是否还要附属于工党的争论。经过全体社员的投票，费边社决定仍然保持与工党的附属关系，并将加入社会民主党的社员剥夺了投票权，降级为准会员。经过这次震荡，费边社痛定思痛，重新加大研究力度以求恢复费边社的研究传统和理论优势。费边社在1983年举办了四名工党领袖候选人在BBC电视直播的竞选辩论。当选的工党领袖尼尔·金诺克和副首领罗伊·哈特斯利，都非常积极地参与费边社的活动。在费边社100周年的时候，他们出版了第三本费边论丛，90年代初又出版了第四本。此外，大量关于社会和经济问题的小册子的出版也有助于工党理清思路，制订新的选举策略。他们的这一系列的研究与活动，帮助工党在1995年，废除沿用了70多年的公有制条款，并以新的条款来代替。特别是费边社1992年出版的小册子《南部的不安》为工党制订了有针对性的选举策略，帮助工党在1997年赢得了历史性的

① 张志洲：《英国工党社会主义意识形态变迁研究》，北京：社会科学文献出版社，2011，第141—142页。

② 张志洲：《英国工党社会主义意识形态变迁研究》，北京：社会科学文献出版社，2011，第146页。

选举胜利。自 2010 年工党在野以来，费边社在组织和理论上也出现了一些新的变化。在 2010—2015 年的议会中，费边社将工作的焦点集中在政策制定者所面临的重要议题上，如国家和公共服务的未来以及创造更加健康、平衡、平等的经济等。同时，它也致力于为工党重新赢得权力设计选举战略。自 2015 年杰里米·科尔宾出人意料地成为工党领袖以来，费边社作为劳工运动中多元的、非派系的论坛的角色愈加重要。2019 年基尔·斯塔默作为费边社历史上第一位在任的执行委员会委员担任工党领袖。

可以说近些年来，费边社会主义的影响，包括对英国工党的影响，在一定程度上得以恢复。但与历史上的辉煌时期，无法相提并论。它可能再也无法重现曾经的影响力，但这并不妨碍费边社员继续发扬费边社调查研究以解决社会问题的传统。

第二节　费边社与伦敦政治经济学院、《新政治家》

一　成立伦敦政治经济学院

伦敦政治经济学院（London School of Economics and Political Science，LSE）成立于 1895 年。它在社会科学方面的前沿地位堪比哈佛大学、斯坦福大学等世界名校，并与牛津大学、剑桥大学、伦敦帝国学院和伦敦大学学院并称英国 G5 精英大学集团。伦敦政治经济学院是由费边社创立的，它的创意几乎可以完全归功于韦伯夫妇，以致人们经常说伦敦政治经济学院是韦伯夫妇最喜爱的孩子，而它的启动资金则来自一位费边社员的遗产。

亨利·哈钦森 1890 年 6 月加入费边社。他是费边社忠诚的支持者，曾多次给费边社执行委员会写信，尤其是给肖伯纳。他抱怨肖伯纳连明信片都不曾回他一张。费边社的同事们向肖伯纳施加压力，让他积极地回复哈钦森的信，因为哈钦森在资助费边社方面是非常慷慨的，例如他曾一次性捐助 100 英镑给费边社的一次巡回演讲，还曾主动替费边社交付办公室的租金。1894 年的夏天，哈钦森由于不堪忍受身体健康情况的恶化，自杀了。他在遗嘱中除了给他的遗孀每年 100 英镑和少量遗物外，把其余的资产（扣除遗产税外大约有1万英镑）交给5位托管人，其中除了哈钦森的女儿外都是费边社成员，并由韦伯担任托管人会议第一年的主席。按照哈钦森的遗愿，这笔钱将用于"费边社的宣传和其他事业，它的社会主义运动以及它认为有益的其他目的"。事实上，在费边社执行委员会得知这笔遗产之前，其至在5位遗产托管人开会商议之前，韦伯已经对这笔钱的安排有了计划。根据1925年伦敦政治经济学院学生会手册的记载，格雷厄姆·华莱士教授写道：1894年的8月份，韦伯夫妇、肖伯纳和我住在一个小农场。在韦伯得知根据亨利·哈钦森先生的遗嘱他将被授权来指导这笔钱的花费的前一天早上，他和韦伯夫人起得很早，并且交谈了很久。在吃早饭的时候，他们告诉我们这笔钱的一部分将用于在伦敦创办一个与巴黎自由政治科学学校相类似的学院。[①] 自韦伯1893年创立伦敦郡议会中的技术教育委员会并担任主席以来，他一直就有建立一所研究社会科学的机构的想法。哈钦森的遗产使他的理想有了实现的可能。

尽管韦伯对于哈钦森遗产的使用有着很大的发言权，但毕竟遗产被托付给了5位托管人，并且按照哈钦森的遗愿，这笔资金应用于"费边社的宣传和其他事业，它的社会主义运动以及它认为有益的其他目的"。为了实现自己的目的，韦伯对哈钦森的遗嘱做了补充，他认为遗嘱所包含的内容是"促进……实现费边社目前所有的或任何目的，促进或有助于促进对社会主义经济学以及各门社会科学或政治科学的研究，促进或有助于促进通过讲演、手册、书籍或其他方式所进行的对社会主义、经济或政治的学说的宣传或提倡，促进或有助于促进实现任何教育的、社会的或慈善的目标"[②]。根据这一解释，利用该遗产设立一所可以进行调查研究、传播社会主义知识的学校就是顺理成章的。除了哈钦森的遗产，韦伯还利用他在技术教育委员会的职位向学院拨款。在学院刚成立的头几年内，它从哈钦森基金和技术教育委员会得到了数量大约相等的资金。

遵从哈钦森的遗愿和韦伯对遗嘱的解释，遗产将用于费边社会主义

---

① Beatrice Webb, *Our Partnership* (Cambridge: Cambridge University Press, 1975), p. 86.

② 〔英〕玛格丽特·柯尔：《费边社史》，杜安夏、杜小敬等译，北京：商务印书馆，1984，第71页。

的传播。但是，伦敦政治经济学院按照韦伯的要求，在实际当中却能够不受限制地、科学地进行研究和教学，追求真理，远离教条，而不必倾向社会主义。在学校成立的最初几年中，许多任教的学者是具有保守主义和自由主义观点的。肖伯纳对此十分不满，他在一封信中写道："如果敌人抱怨，就必须说明，学校获得几笔重要捐款的条件就是必须有社会主义倾向。如果敌人一定要带有个人主义倾向的课程，他就必须为此捐款。"① 伦敦政治经济学院的成立再一次展示了韦伯高超的纵横捭阖技巧，无论如何，中立的、不必社会主义倾向的学院也不是哈钦森在遗嘱中想要实现的目标。费边社中也不是所有人都同意这一做法。后来的英国首相、工党领袖麦克唐纳当时还是费边社执行委员会的成员，并且是哈钦森讲座的讲师。他与韦伯就哈钦森基金的使用产生争议，他提出更多的钱应该用于扩张费边社，而不是用于学院的建设。他的建议没有得到采纳，再后来由于其他的一些原因，他退出了费边社。玛格丽特·柯尔说："有些人批评韦伯夫妇为了实现他们认为正确的目的而采取了不择手段的行为，他们从创办这所学院的过程中就可以找到一个很好的例子。"② 但是，利用如此微薄的资金创造出一个世界知名的学府的确是个奇迹。这笔遗产如果全部用在其他方面能够取得什么效果是很值得怀疑的，例如哈钦森基金的一部分以每年 300 英镑的份额被直接拨给费边社，用于提高秘书的工资和举办哈钦森讲座，它确实在促进英国改良社会主义的传播和教育方面取得了巨大的成就，但毕竟这种一般的活动在若干年之后就会被人遗忘。

伦敦政治经济学院的校训是 "Rerum cognoscere causas"（拉丁文：了解万物发生的缘故）。这与韦伯夫妇想要设立一所社会科学类大学的初衷是一致的，他们想通过研究和应用人类活动的理性与知识来改善社会的状况。在学院的档案中记录着学院最初设立的目标："随着经济与政治理论研究日益受到重视，学院的特殊目标是，从最初开始，调查和研究在英国和国外、现存的和曾存的，工业生活和经济与政治机构日常工作

---

① 〔英〕玛格丽特·柯尔：《费边社史》，杜安夏、杜小敬等译，北京：商务印书馆，1984，第 73 页。

② 〔英〕玛格丽特·柯尔：《费边社史》，杜安夏、杜小敬等译，北京：商务印书馆，1984，第 74 页。

的确凿事实。"① 在 19 世纪后期，随着社会和经济问题日趋复杂和重要，接受经济和政治科学方面的系统培训以进行调查和研究的需求迫在眉睫。当时在经济和政治研究方面比较成功的大学有巴黎的自由政治科学学校和纽约的哥伦比亚大学等，英国还没有在这些方面类似的机构。因此，韦伯夫妇就决定成立一所大学来弥补英国在这方面的空白。在学院成立之后，韦伯夫妇事必躬亲，为学院的运作付出了巨大的心血。哈耶克教授根据自己的亲身体会评价道："（学院的）管理委员会不过是换了个名字的悉尼·韦伯罢了。"②

在费边社留给英国和世界诸多的宝贵财富中，伦敦政治经济学院应该算是最实实在在、最不具争议的。在学院 100 多年的历史中，它深深地影响了英国与世界，尤其是在政治学和经济学的研究方面。以下仅列举一些与学院有关的耳熟能详的人物和成就。曾担任伦敦政治经济学院院长的著名人士有福利国家理论构建者、著名的《贝弗里奇报告》的提出人威廉·贝弗里奇和"第三条道路"理论的创始人安东尼·吉登斯等。曾在该校任教的知名学者有哈罗德·拉斯基、弗雷德里克·哈耶克等。到 2021 年为止，伦敦政治经济学院的校友及教员中共有 18 人获得了诺贝尔和平奖、文学奖以及经济学奖，37 人为现任或曾任国家领导人（包括美国前总统肯尼迪、新加坡前总理李光耀等）。③ 它的知名中国校友包括民国时期的多名学者、文人，如罗隆基、王造时、费孝通、徐志摩等，以及当代的龙永图、王光亚、杨洁篪、张业遂等多位外交方面人士。

用两位伦敦政治经济学院院长的评价来了解韦伯夫妇与学院的关系是再合适不过的。学院的第一任院长 W. A. S. 休因斯这样描绘他与韦伯夫妇的合作："在学院之外，一些不安分的经济学家经常警告我与韦伯夫妇交往的危险性。再也没有比这更荒唐的事了。我与许多不同的同事共事过，但我从未见过像他们二位那样毫无偏见，对所要做的事情绝对忠

---

① Lord Beveridge, "The London School of Economics and the University of London", in Margaret Cole, edited, *The Webbs and Their Work* (Westport: Greenwood Press, 1985), p. 44.

② Lord Beveridge, "The London School of Economics and the University of London", in Margaret Cole, edited, *The Webbs and Their Work* (Westport: Greenwood Press, 1985), p. 48.

③ 数据来自伦敦政治经济学院官网：https://www.lse.ac.uk/about-lse/lse-people。

实与投入，并且丝毫没有学术圈那种习以为常的成见的人。"① 学院的第
四任院长贝弗里奇勋爵对休因斯的记叙评价道：一切照旧。

二　创办《新政治家》杂志

《新政治家》（*The New Statesman*）是英国著名的政治与文化周刊。
与伦敦政治经济学院类似，它也是由费边社创办的，但几乎完全是韦伯
夫妇的思想产儿。与学院不同的是，它的费边主义色彩要浓厚得多。《新
政治家》于 1913 年 4 月 12 日出版创刊号，它开宗明义地宣称它是奉行
费边社会主义路线的。在当时的英国没有一种能够吸引人信仰社会主义
的杂志，反社会主义的周刊倒是不少。因此，韦伯夫妇决定创办《新政
治家》周刊，以便用社会主义的观点来影响英国的公众，特别是"渗
透"到受教育的、有影响的阶层当中。在成立之初的年月里，费边社员
是它固定的撰稿人和最稳定的读者。《新政治家》也确实站稳了社会主
义的立场，不断通过宣传和教育来培养公众的社会主义意识。在 20 世纪
30 年代，它是斯大林时期苏联的辩护者。《新政治家》曾拒绝刊登乔
治·奥威尔在西班牙内战时期从巴塞罗那发来的报道和托洛茨基反斯大
林的作品《被背叛的革命》，理由均是对苏联政权的攻击可能被视作反
对社会主义的宣传。

随着岁月的流逝，尤其是与几个竞争对手如《国家》《新社会》等
杂志的合并又分离，《新政治家》的费边主义色彩已经彻底淡化。它现
在对自己的评价是英国具有领导地位的、写得最好的、最权威的政治、
文化和时政周刊杂志。它的政治立场是中间偏左。但是正如玛格丽特·
柯尔所说："现在，《新政治家》不能，或者也不希望被称为费边主义刊
物了，尽管它对费边主义仍然抱有同情。但在很多年中，费边主义无疑
是它的性质所在，并且使它出了名。"② 这话是 20 世纪 60 年代说的，仍
然适用今天的《新政治家》。在它官方网站的自我介绍中，毫不掩饰当
初成立时的社会主义性质。尽管如今对社会主义的讨论并不多见，但它

---

① Lord Beveridge, "The London School of Economics and the University of London", in Marga-
ret Cole, edited, *The Webbs and Their Work* (Westport: Greenwood Press, 1985), p. 52.
② 〔英〕玛格丽特·柯尔：《费边社史》，杜安夏、杜小敬等译，北京：商务印书馆，
1984，第 165 页。

亲工党的倾向依然一如既往。

第三节　费边社会主义与英国的福利政策

在费边社开展它的早期活动的时候，英国社会流行的一般观点是：贫穷是不可避免的社会事实，贫困是个人品质有缺陷所带来的自然结果。失业在多数情况下则是一种偷懒的后果，如果对失业者加以严惩，失业现象是可以消除的。可以说这种观点的转变在很大程度上能够归功于费边社多年来坚持不懈的努力。费边社揭示了是这个贪婪的资本主义制度，而不是什么自然法则造就了贫穷。费边社会主义论证了贫穷是可以消除的，最主要的就是通过一个社会保险制度来做到这一点，其他的一些次要措施则包括为学童提供膳食和牛奶，规定公共住房的适当标准，减少劳动时间和改善工厂的工作条件等，用韦伯夫妇的话来说就是"文明国家的最低生活标准"。今天英国的社会保险制度直接采纳了《贝弗里奇报告》中的一些建议，正是由于这些建议的实现，英国才能够在1948年宣称自己已经成为一个福利国家。《贝弗里奇报告》的许多内容都来自费边社思想的结晶，特别是费边社的《少数派报告》（The Minority Report of the Poor Law Commission）。《少数派报告》的内容许多都在《贝弗里奇报告》中再现了。用柯尔的话说，《少数派报告》比1942年的《贝弗里奇报告》更为全面，所涉及的范围更为广泛，后者在许多方面都重复了它的主张。[1] 韦伯曾经说过："在一项改革首次提出后，英国公众要用二十年或三十年的时间去接受它；《少数派报告》，则用了四十年。"[2] 因此，《少数派报告》虽然没有被英国政府直接采纳，但它却奠定了英国福利国家政策的基石，是费边社会主义思想在英国的重要实践和影响之一。

一　英国《济贫法》的产生与《少数派报告》产生的背景

随着工业革命的进程逐渐深入，英国社会贫富两极分化的现象更加

---

① 〔英〕G. D. H. 柯尔:《社会主义思想史》第3卷（上），何瑞丰译，北京：商务印书馆，1981，第219页。

② 〔英〕玛格丽特·柯尔:《费边社史》，杜安夏、杜小敬等译，北京：商务印书馆，1984，第346页。

严重。一方面是少数资本家得到了财富的迅速扩张和极大的积累，另一方面是日益贫困的劳工阶级生活愈加悲惨，他们亲手创造出来的财富并没有改善他们的生活。越来越多的人开始认识到贫困的严重性，它能衍生出许多社会问题。而英国当时济贫观念相当落后，济贫机构管理混乱无序。

英国的济贫法历史相当悠久，最早起源于英国教会组织的民间慈善济贫活动。为了缓和社会矛盾，亨利八世分别在 1531 年和 1536 年颁布法令，对年老贫病者进行登记，允许他们在特定区域行乞，责成教区供养本区内贫民等；其后的爱德华六世曾经强令无家可归者去工厂做工；1579 年，英国国会规定教堂设济贫院收容贫民，父母子女有相互赡养的义务和责任等。直到 1601 年，英国女王伊丽莎白一世颁布了《济贫法》（The Poor Law of 1601），首次以法律形式明确了政府在救济事业中的责任，标志着英国开始从社会自发组织救济向国家管理的救济形式过渡。

200 多年以后，英王威廉四世在 1834 年通过了《济贫法修正案》，即新《济贫法》，区别于伊丽莎白一世的旧《济贫法》。但是，两部法律在本质上并没有区别，都认为贫穷不是社会原因造成的，而是个人原因带来的。贫穷是卑贱的，因贫穷而接受救济的"懒汉"应该受到社会的鄙视。

除此之外，济贫院的管理相当混乱。无论是缺乏劳动能力的非健全人士，还是有劳动能力但是找不到工作的失业人士，不论男女老少统统杂居在一起，并且都被强制做一些毫无意义的工作。济贫院内管理严苛，无事不许请假外出，做不完工不许吃饭，为了防止贫困人口继续增加，夫妻不能同住一室而要男女分住，并且不能随意与外界接触。食宿条件极差，生病的人也得不到及时治疗。救济款项和物资的发放在各地区并不平衡，甚至在发放过程中还出现了不少浪费和滥用的现象。

面对这种情况，1905 年，鲍尔佛的保守党政府指定了一个皇家济贫调查委员会，以调查整顿济贫管理中出现的问题。由于韦伯夫妇享有的专家声誉和韦伯夫人早年在伦敦东区贫困调查中表现出来的杰出能力，韦伯夫人也被选为皇家济贫调查委员会的成员。在皇家济贫调查委员会工作之初，韦伯夫人就发现自己在济贫思想、济贫方式等很多原则性方面与委员会大多数成员存在严重分歧。她坚持自己的看法，在缺少政府支持的情况下，由韦伯帮助，调动了许多费边社成员和追随者进行调查，历时 4 年，走访了 400 多个济贫地区和 400 多个济贫院，在 1909 年完成了由比阿特丽斯和另外两名委员签名的《少数派报告》。与之相对的，是一份由 16 名皇家济贫调查委员会委员签名的《多数派报告》。

二　《少数派报告》的主要内容

这份《少数派报告》由韦伯夫妇共同完成，主要包括两个部分，分别是"废除《济贫法》"（The Break-Up of the Poor Law）和"劳动力市场的公共组织"（The Public Organization of the Labour Market）。

首先，在第一部分"废除《济贫法》"中，韦伯夫人努力给人们灌输一个观念，就是贫穷并不是可耻的，需要救济的群体并非卑贱的。英国的工业虽然高速发展，但是治理贫困的社会观念一直没有进步，基于 1834 年新《济贫法》的济贫观念和济贫机构都已经跟不上时代发展，取而代之的应该是全新的以防止贫困为重心的广泛的社会保障制度。

其次，针对当时济贫院内各种贫困人群不论男女老少、健康与得病人群杂居的情况，韦伯夫妇在进行广泛调查之后，认为要将现存的救济机构打乱后重新进行洗牌，设立五个分管不同种类的救济机构，使它们各司其职，杜绝机构重叠。同时，为使救济机构高效运行，应将这五个隶属于各地方议会（郡议会或者自治市议会）的救济机构在全国范围内统一整合为一个整体系统。

再次，韦伯夫妇提倡区别对待老弱病残等无劳动能力的穷人和有劳动能力的穷人。对于前者，《少数派报告》建议将他们划分得更加细致，由各郡、各市下成立的分管教育、健康、精神疾病和养老的委员会分别加以管理，还建议政府设立"国民养老金计划"和"地方养老金委员会"。对于有劳动能力的穷人，报告在第二部分"劳动力市场的公共组织"中专门给了详细的区别对待的解决办法。

最后，"废除《济贫法》"部分还主张从收支两条线来规范济贫资金的收费标准和发放调配。《少数派报告》第二部分"劳动力市场的公共组织"，可以说是韦伯夫妇对失业问题多年研究的一个总结，他们终于找到了解决问题的方法。报告认为，政府各部门根本没有认识到工业社会中失业问题的严重性，现行的《济贫法》关注的对象 90% 以上都是老弱病残。"现行体制下没有机构管理失业，只是把失业工人与其他穷人混合……（他们）能够工作却没有工作。"① 失业大军成千上万，愿意去他们心目中的"穷人的巴士底狱"接受救济的人很少，赶上经济危机，失业的人群可达上百万。如果能解决这个群体的失业问题，也就能够解决他们的贫困问题。为此，韦伯夫妇认为首先应该把有劳动能力的失业人群从济贫院中老弱病残人群中分离出来。同时，将健全人的失业分为"长期失业、不连续就业、开工不足、不被雇用等四种形式"，对这四类人群区别对待、区别管理。还应设立国际劳工部，规范劳动力市场，建立国内与国际劳动交换和流动的机制。此外，还建立了工会保险制度，提出了对童工、女工、煤矿工人、铁道工人等特殊种类工人报酬、福利、培训等的具体建议。

除了以上的一些内容，韦伯夫妇提出的《少数派报告》更大的作用是挑战了传统的济贫观念，对贫困的内涵进行了重新定义。前文提到，1834 年的新《济贫法》与 1601 年的旧《济贫法》在本质上没有根本区别，都认为贫穷是个人懒惰和时运不济所致，失业绝大部分是逃避劳动的行为，个人要想脱贫应该靠自身努力，国家和社会不应该对此负责。

旧有的济贫观念甚至认为，贫穷的人是拖了整个社会后腿的"包袱"或"累赘"，如果一个人想通过《济贫法》寻求帮助，必须接受一些惩罚性措施，包括：提出救济申请的人必须接受财产检查，证明自己是赤贫，有人甚至因为家里仅有的一个旧衣柜被退回申请；失去人身自由，被限制在济贫院中从事繁重的毫无意义的重体力劳动，比如"砸石子"；丧失尊严，被看守呼来喝去；丧失基本的政治权利，被剥夺选举权。

韦伯夫妇认为，这种"惩罚贫穷"的济贫观念是落后的，已经完全不适合时代发展的需要。贫困不光是物质生活的匮乏，还会造成人们精神生活的低迷状态。很多人逃避贫困，只是想在心理上恢复一种自尊自强的精神状态。但《济贫法》所能提供的仅仅是物质上的补给，甚至这种济贫是以加深穷人的羞耻感为前提的，惩贫原则完全没有考虑到精神上的匮乏。因此，韦伯夫妇认为 1834 年《济贫法》是失败的。②

---

① 曹婉莉：《韦伯夫妇研究》，上海：上海社会科学院出版社，2012，第 172 页。
② 曹婉莉：《韦伯夫妇研究》，上海：上海社会科学院出版社，2012，第 175 页。

在韦伯夫妇看来，非个别现象的持续的大面积贫困成为社会普遍现象，并非全是个人原因造成的，而是英国社会经济发展到一定程度积累了大量问题造成的，是社会分配制度出现了问题。而这个问题的解决显然不能单纯依靠公民个人努力，而需要整个社会和国家层面来统一解决。

分析完贫困产生的原因之后，《少数派报告》提出了济贫社会化和救贫国家化的观念，创造性地提出了新的济贫方式。

韦伯夫妇受斯宾塞的社会有机体论的影响，认为社会是一个整体，每个人都是这个有机整体的一个细胞。贫困的出现首先令个人遭殃，进而就会影响整个社会。曾经参与了伦敦东区贫困人口调查的韦伯夫人发现，贫困不仅使人能力丧失，还使人道德沦丧，而且贫困滋生罪恶，感染健康的社会机体，所以，当穷人正在忍饥挨饿的时候，社会就正在变坏。韦伯夫妇还批驳了马尔萨斯的"穷人越帮越穷，所以应该对贫困放任自流而不是帮助和管理"的看法。[①]

韦伯夫妇和费边社成员认为，随着资本主义从自由竞争向国家垄断的过渡，大量的社会管理任务摆到了国家的面前，政府不能再像从前一样管得越少越好，而是应该把目光从政治、军事、外交事务更多地转到国内社会管理事务上来。这不是凭空讨论政府"管得多好"还是"管得少好"的问题，而是工业化发展过程中出现的贫困和失业，只能交给国家和社会从整体层面上予以调节和把握、控制。

此外，《少数派报告》还认为贫困是可以预防的，处理贫困可以"事前化"。所谓"事前化"就是从源头上解决贫困产生的原因，从而预防贫困。而当时皇家济贫调查委员会的多数成员只想在1834年济贫原则以内解决问题，对混乱的济贫管理机构进行一番调整使之重新运作而已。韦伯夫人坚持调查穷人的历史，分析贫穷产生的原因，为他们制定不同的措施，诸如提前的教育和培训，教会穷人自力更生的手段等；而皇家济贫调查委员会只关心救济金发放的多少。韦伯夫妇的济贫观念充满了人文主义关怀，有力地冲击了当时落后的旧有的贫困观念。

---

①　曹婉莉：《韦伯夫妇研究》，上海：上海社会科学院出版社，2012，第177页。

三　《少数派报告》的影响

在当时的英国自由党政府看来，完全打破新《济贫法》，设立国民最低生活标准等一系列扩大的社会救助计划无疑具有激进性和超前性，这份《少数派报告》所建议的宏大改革也超出处在福利制度新旧交替过渡阶段英国社会的接受程度，所以必不可免地被政府放弃了。

《少数派报告》是费边社会主义福利思想的标志性文件之一，韦伯夫妇和费边社成员们突破自由党人的重重阻力，使《少数派报告》得以发表，虽然它最终没有被英国皇家济贫调查委员会和当时的自由党政府采纳，但是它所传递出的精神却得到广泛传播。《少数派报告》中提出的国民最低生活标准、设立劳工介绍所制度和工会委员会法等具体措施在几年内都被自由党政府制定的《国民保险法》采用。

此外，参与起草《少数派报告》的秘书之中有一位叫作威廉·贝弗里奇的年轻人。1942 年，他所写的《贝弗里奇报告》是战后英国福利国家建成的标志性文件，这份文件完全践行了《少数派报告》所体现的精神和内容，直接继承了韦伯夫妇的济贫思想。

《少数派报告》为 1946 年《国民保险法》和 1948 年《国民救济法》的出台设定了方向，它对失业问题的研究还奠定了后来凯恩斯经济理论的部分基础。《少数派报告》被誉为 20 世纪英国最重要的国家文件之一，它所传递的济贫观念给资本主义由自由竞争向国家垄断过渡的转型时期的英国社会打上了深刻的烙印。

《少数派报告》是费边社为英国的福利事业做出的理论与实践的重要贡献，除此之外，费边社会主义作为左翼的思潮和运动，在许多方面为改善劳工阶级及更多人的福利待遇进行过努力。总之，费边社员们不断实践他们创社时立下的最高目标——"尽可能用最高的道德标准来争取重建社会"，使英国社会留下了深刻的费边社会主义痕迹。从某种意义上来说，费边社会主义是英国独有的，因为它完全符合和适合英国人民主、偏爱妥协的传统。换一个国家，费边社可能不会存在 100 多年而不倒。这也可以在一定程度上解释为什么现存的两个英国以外的费边社都在英联邦国家——澳大利亚和新西兰。从实际情况来看，费边社曾经遍布世界各地，如日本、美国、印度等。民国时期的"平社"等组织也是仿照费边社成立的。因此，费边社会主义的影响并不限于英国。费边社会主义对世界的最大贡献在于，它最早提出了比较完整的资产阶级改良主义性质的社会主义理论体系，并逐渐地影响了西欧许多国家的社会主义政党，从而影响了世界社会主义运动的发展。

第五章 费边社会主义对世界社会主义
运动的影响

社会民主主义是当代发达资本主义国家（主要是西欧各国）的社会民主党、社会党和工党的思想体系的总称。[①] 它最早出现在欧洲 1848 年的革命期间。在 100 多年的历史中，社会民主主义一词的含义几经演变，从代表激进民主主义者和小资产阶级社会主义者的理论，到科学社会主义的同义语，再到发达资本主义国家社会党、工党的理论。它是当今世界主要的政治社会思潮之一。社会民主主义的一个重要特点就是它的多元性，世界观多元、理论来源多元。正如殷叙彝教授所说："我们很难说谁的思想是民主社会主义的主要来源。例如，伯恩施坦主义对于民主社会主义的重大影响是毫无疑问的，但德、法、奥等国的考茨基、饶勒斯、鲍威尔、希法亭和英国费边主义的影响也绝不能忽视。"[②] 费边社会主义对世界社会主义运动最重要的贡献，本书认为是其在社会民主主义是科学社会主义的同义语的时候，为其注入了新的理论内涵，并逐渐为后来的西欧国家的社会主义政党所接受，费边社会主义是民主社会主义的主要源头。因此，在社会民主主义的诸多来源当中，本章用史论结合的方法来论证费边社会主义对社会民主主义的重要影响。此外，恩格斯、列宁对费边社会主义发表过不少的真知灼见，对于认识其本质有着重要的作用。在英国以外，费边社会主义对世界社会主义运动的发展也产生了重要的影响。本章以中国为例说明费边社会主义的国际影响。

[①] "社会民主主义"与"民主社会主义"这两个概念存在一定的继承和发展的关系，在不同的发展阶段各自有所侧重。本书视社会民主主义为民主社会主义的同义语，都是各国社会党、工党、社会民主党思想理论体系的总称。按照学界公认的大致划分：1951 年前多称社会民主主义，1951—1992 年常用民主社会主义，1992 年后社会民主主义一词又重新流行。

[②] 殷叙彝：《民主社会主义论》，北京：中央编译出版社，2007，第 6 页。

第一节　促进伯恩施坦形成修正主义理论

爱德华·伯恩施坦是德国社会民主党修正主义的鼻祖，他第一次公开全面地对马克思主义提出"修正"。他接受伦理社会主义的观点，主张和平的、渐进的、改良的社会主义，反对在资本主义社会与社会主义社会之间划出泾渭分明的界线。伯恩施坦主张多种经济形式长期并存、反对过早的大规模国有化等观点也体现在许多资本主义国家社会党的纲领和政策中。因此，伯恩施坦的思想对当代的民主社会主义有着很大的影响。伯恩施坦由于从事社会主义的宣传，受《反社会党人法》的迫害，曾长期流亡英国。他的性格据说很容易受环境的影响，倍倍尔和考茨基多次提到，伯恩施坦每改换一次政治环境，就会改变一次政治立场。① 在1898年德国社会民主党斯图加特代表大会上，考茨基在反驳伯恩施坦否定资本主义社会灾变的出现时曾说："伯恩施坦所建议的道路是不能想象的。如果伯恩施坦是在我们中间，他会是第一个谴责这一道路的人，这是我的确定不移的信念。"② 因此，在英国期间，可以肯定他受到了当时广为流传的费边社会主义的影响，才能够提出一条与他的同事们看法不同的实现社会主义的道路。

一　伯恩施坦与费边社的密切交往

1888年处于《反社会党人法》期间的德国政府施加压力，使伯恩施坦被迫离开瑞士前往伦敦。他在英国一直待到1901年，德国政府表示不再对他提起控诉后才返回德国。伯恩施坦在英国居住期间，与费边社的主要代表人物如韦伯、肖伯纳、布朗德等人有着密切的交往和学术上的交流，他本人还曾受邀在费边社发表演讲。据他本人所述，正是在费边社的一次演讲中休伯特·布朗德提出的几个善意的问题，给了他很大的刺激，引发了他想要修正马克思主义的想法。③

---

① 张世鹏：《关于伯恩施坦修正主义研究的几个问题》，《当代世界社会主义问题》2010年第3期。

② 中共中央马克思恩格斯列宁斯大林著作编译局国际共运研究室编《德国社会民主党关于伯恩施坦问题的争论》，北京：生活·读书·新知三联书店，1981，第49页。

③ 中共中央马克思恩格斯列宁斯大林著作编译局国际共运研究室编《德国社会民主党关于伯恩施坦问题的争论》，北京：生活·读书·新知三联书店，1981，第66页。

　　关于伯恩施坦受费边社会主义影响这一说法，他本人仅是遮遮掩掩地承认他并不是没有从费边派学到一些东西，韦伯夫妇关于合作社运动、工会运动和贫民问题的著作，以及费边社出版的关于经济和社会情况问题、关于各种部门的经济政策和社会政策问题的短论等使他的眼界得到了许多有价值的扩展。① 与此同时伯恩施坦强调，在英国居住对他的社会主义思想的影响是微不足道的："说我是学英国费边主义的榜样而转向修正主义的，这是完全错误的。"② 尽管伯恩施坦不承认费边社会主义对他的影响，但学术界包括伯恩施坦的同事公认他受到费边社会主义的影响是确凿无疑的，而且在他本人的作品中也可以找到体现费边社会主义影响的地方。

　　与伯恩施坦同时期的几乎所有的德国社会民主党领导人，包括恩格斯和倍倍尔在内，还有一些著名的学者都认为伯恩施坦受到费边社会主义的影响是不言而喻的。罗莎·卢森堡曾说："伯恩施坦是根据英国流行的关系构造他的理论的。他按照英国的眼光看待世界。"③ 戴维·麦克莱伦认为，"伯恩施坦刚到英国时，当然批判了费边主义的许多观点，但在十九世纪九十年代间，他的观点变得与费边主义非常接近了"④。柯尔也指出："他（指伯恩施坦——引者注）深受费边社和独立工党的影响。"⑤ 尽管伯恩施坦是在恩格斯去世后才正式提出了修正主义，但恩格斯在生前就已经通过伯恩施坦与费边社的交往看出了些许端倪。恩格斯曾经以嘲笑的口吻谈到了"爱德对费边社分子的那种可笑的尊重"⑥。1892 年 8 月 20 日，恩格斯在给倍倍尔的信中，谈到伯恩施坦"对费边社分子的过高评价"，认为需要"抵制他对费边社分子的迷恋"⑦。倍倍尔对此有着

———————————

① 〔德〕爱德华·伯恩施坦：《一个社会主义者的发展过程》，史集译，北京：生活·读书·新知三联书店，1962，第 26 页。

② 〔德〕爱德华·伯恩施坦：《一个社会主义者的发展过程》，史集译，北京：生活·读书·新知三联书店，1962，第 25 页。

③ 〔英〕戴维·麦克莱伦：《马克思以后的马克思主义》，余其铨、赵常林等译，北京：中国社会科学出版社，1986，第 28 页。

④ 〔英〕戴维·麦克莱伦：《马克思以后的马克思主义》，余其铨、赵常林等译，北京：中国社会科学出版社，1986，第 28 页。

⑤ 〔英〕G. D. H. 柯尔：《社会主义思想史》第 3 卷（上），何瑞丰译，北京：商务印书馆，1981，第 285 页。

⑥ 《马克思恩格斯全集》第 38 卷，北京：人民出版社，1972，第 423 页。

⑦ 《马克思恩格斯全集》第 38 卷，北京：人民出版社，1972，第 429 页；张世鹏：《关于伯恩施坦修正主义研究的几个问题》，《当代世界社会主义问题》2010 年第 3 期。

清醒的认识，他曾说："如果说有一个人受到他的环境的巨大影响的话，那就是伯恩施坦同志。根据他在这三十一年中由于种种情况所处的不同环境可以说明，他自己为什么发生了巨大的根本性变化。他最近的变化可以用他不得不多年生活在情况同我国根本不同的英国来解释，他不得不生活在那里，这不是他的过错，这甚至是他的功绩。如果他在德国就不会产生这样的观点。我不是谴责，不是非难，我只是说明事实。"①

从以上多位伯恩施坦的导师、同事和同时代学者的言论中可以得出，伯恩施坦与费边社领导人的交情不浅，他本人又是一个易受环境所影响的人。因此，费边社会主义对伯恩施坦的思想的影响或许已经潜移默化到他本人未能觉察的地步。

二　影响伯恩施坦修正主义

伯恩施坦的修正主义思想最集中地体现在 1899 年出版的《社会主义的前提和社会民主党的任务》一书中。在该书中，伯恩施坦从哲学、政治经济学、科学社会主义等方面全面系统地攻击和篡改了马克思主义。伯恩施坦批判的焦点集中在反对暴力革命，反对打碎旧的国家机器，反对无产阶级专政。按照伯恩施坦本人的说法，这本书写作的精神是来自如下的状况："随着民主制度的增加，在我们其他方面的社会生活中缓慢地但是坚定地开辟了道路的那种更为人道的看法，在意义更为重大的阶级斗争面前也将不仅不却步不前，而且同样要为阶级斗争创造出更为缓和的解决方式。在一百年前需要进行流血革命才能实现的改革，我们今天只要通过投票、示威游行和类似的威迫手段就可以实现了。"② 由此伯恩施坦根据自己的论证，反对资产阶级社会即将出现崩溃的见解，并坚持社会民主党应当转移它的策略来应对不会出现巨大社会灾变的情况。伯恩施坦实际上说的是，马克思主义所预言的资本主义的崩溃已经落空，因此通过阶级斗争来实现社会主义也已经过时。正如他在书中所提出的质疑："难道社会民主党今天不是一个力图通过民主改良和经济改良的手

---

① 中共中央马克思恩格斯列宁斯大林著作编译局国际共运研究室编《德国社会民主党关于伯恩施坦问题的争论》，北京：生活·读书·新知三联书店，1981，第442页。

② 〔德〕爱德华·伯恩施坦：《社会主义的前提和社会民主党的任务》，殷叙彝译，北京：生活·读书·新知三联书店，1973，第7页。

段来实现社会的社会主义改造的政党吗？"① 伯恩施坦指出社会主义不会作为社会主义者取得政权后所制定的一套制度而立即出现，它将通过社会行动，以逐渐积累的零星改革的方式而实现。在他看来，资本主义社会不会突然过渡到社会主义社会，前者只能逐步地过渡到后者，也就是通过改良使资本主义和平地转为社会主义。

从以上所述可以看到，伯恩施坦所强调的东西，"恰恰是费边主义者——尤其是悉尼·韦伯——远在伯恩施坦发表他的第一篇文章十多年前就一直在说个不停的东西。就社会进化的总过程来说，费边社的历史哲学的决定论成份不下于马克思的学说，而在强调经济因素的首要性这一点上，费边主义的经济观成份也不下于马克思。但是马克思认为历史是从一个时代突然跃进到另一个时代的，而韦伯及其弟子伯恩施坦则认为是一个进化的过程，突然的跃进是例外情况，一般的规律是日积月累的逐渐的变革"②。伯恩施坦肯定不会因为被称为韦伯的弟子而感到高兴。但是他所论证的资本主义和平地、逐步地转入社会主义的理论确实是费边社在他之前多年就提出的。正如前文所介绍的，费边社会主义本身就意味着渐进的、民主的、和平的社会主义。而伯恩施坦本人通过与费边社领导人的交往肯定对此是熟知的："由于和费边协会及其杰出领袖的熟识，我懂得了尊重它和它的作用。"③ 伯恩施坦 1897 年 1 月 29 日在费边社所做的演讲《卡尔·马克思与社会改革》也被认为是他背离马克思主义的一篇关键文献。④ 因此，伯恩施坦矢口否认费边社会主义对他的影响是说不过去的。

此外，在《社会主义的前提和社会民主党的任务》一书中，伯恩施坦还以赞同的口吻引证了韦伯夫人——比阿特丽斯·韦伯所著的《合作运动》一书中的观点，赞扬消费合作社，贬低生产合作社："从这两种

---

① 〔德〕爱德华·伯恩施坦：《社会主义的前提和社会民主党的任务》，殷叙彝译，北京：生活·读书·新知三联书店，1973，第 239 页。

② 〔英〕G. D. H. 柯尔：《社会主义思想史》第 3 卷（上），何瑞丰译，北京：商务印书馆，1981，第 290 页。

③ 〔德〕爱德华·伯恩施坦：《一个社会主义者的发展过程》，史集译，北京：生活·读书·新知三联书店，1962，第 26 页。

④ H. Kendall Rogers, "Eduard Bernstein Speaks to the Fabians: A Turning-Point in Social Democratic Thought?", *International Review of Social History*, Vol. 28, No. 3, 1983, pp. 320 – 338.

类型的合作社的经济性质的差别出发，产生了波特尔·韦伯夫人①所阐明的管理方面的差别：一切真正的买主合作社基本上具有民主的性质，一切纯粹的卖主的合作社有力求成为寡头统治的性质。"② 在该书的"民主和国民经济"部分，伯恩施坦继续追随韦伯夫妇的思路，否定在工业中实行自治的主张，认为韦伯夫妇的《英国工联的理论和实践》一书是论述工业中的民主的著作中最新最深刻的。

从以上各方面的论证可以看出，无论伯恩施坦本人是否承认，他在英国期间受到费边社会主义的影响是毋庸置疑的。因此，费边社会主义通过影响伯恩施坦，间接地影响了当时欧洲最大的、最有影响力的社会主义政党——德国社会民主党内的修正主义论战。尽管论战是以伯恩施坦的失利告终，却为德国社会民主党后来由一个革命的政党转型为改良主义的政党埋下了伏笔。

第二节　重新定义社会民主主义

除了对伯恩施坦修正主义的影响，费边社会主义本身就被许多的学者认为是社会民主主义的源头。例如席富群教授认为社会民主主义理论最早出现在英国，表现为"费边社会主义"。③ 曾汉祥教授和王凤鸣教授也提出，费边社会主义者是民主社会主义的鼻祖。费边社会主义理论较之伯恩施坦修正主义更接近于今日的民主社会主义。④ 本书赞同这种说法，认为费边社会主义是当代民主社会主义思潮的主要源头，社会民主主义正是受了费边社会主义的影响，才从科学社会主义的"同义语"开始向民主社会主义转变。对于这一观点的论证，本节先梳理社会民主主义思潮的演变历史，再考察费边社会主义如何影响社会民主主义的发展。

---

① 此处疑有误，波特尔是比阿特丽斯·韦伯的婚前姓。
② 〔德〕爱德华·伯恩施坦：《社会主义的前提和社会民主党的任务》，殷叙彝译，北京：生活·读书·新知三联书店，1973，第164页。
③ 席富群：《社会民主主义思想的产生、演变及其在近代中国的影响》，《二十一世纪》（网络版）2009年2月号。
④ 曾汉祥、王凤鸣：《英国费边社评析》，《中国人民大学学报》1989年第4期。

一 社会民主主义思潮的演变过程

社会民主主义一词最早出现于 1848 年欧洲革命时期。从那以后至今的一百多年中，这一概念大致经历了五个发展阶段。

第一个阶段大致从 19 世纪中叶到 19 世纪 70 年代。这一时期的社会民主党人主要是指一些激进民主主义者或是小资产阶级社会主义者。当时流行的社会主义是一种改良性质的思潮，代表着一种资产阶级、小资产阶级甚至封建贵族都可接受的观念。因此当时马克思和恩格斯代表无产阶级主张共产主义，批判形形色色的社会主义。例如恩格斯在 1890 年《共产党宣言》的德文版中对法国社会主义民主党添加的注释中说道："当时在法国以社会主义民主党自称的政党，在政治方面的代表是赖德律 - 洛兰，在著作界的代表是路易·勃朗；因此，它同现今的德国社会民主党是有天壤之别的。"①

第二个阶段从 19 世纪 70 年代起到第二国际时期。社会民主主义一词在此期间很大程度上是科学社会主义的同义语。关于这一说法，高放教授认为，这一时期"科学社会主义和民主社会主义是同祖、同根，是同义语"②。殷叙彝教授也持相同观点，认为："从德国社会民主党建党到第一次世界大战爆发这一期间，社会民主主义一词的内涵基本上是和科学社会主义等同的。"③ 柯尔同样认为，在第二国际成立到第一次世界大战爆发这一时期，马克思主义在整个西欧已经以社会民主主义的面貌出现，并且已经体现在一系列全国性政党的组织中。④ 在这一时期，马克思、恩格斯同意使用社会主义，而极少提共产主义。这是因为社会主义思潮被英、法、德、俄等国的工人派别所接受。特别是 1869 年在爱森纳赫成立的德国社会民主工党，是历史上第一个以社会民主主义命名的工人政党。起初社会民主主义的含义仍旧比较模糊，随着马克思主义的传播，社会民主主义逐渐具有了科学社会主义的内容，表明信奉社会民

---

① 《马克思恩格斯选集》第 1 卷，北京：人民出版社，2012，第 434 页。
② 高放：《百年来科学社会主义与民主社会主义关系的演变》，《理论学刊》2007 年第 6 期。
③ 殷叙彝：《民主社会主义论》，北京：中央编译出版社，2007，第 36 页。
④ 〔英〕G. D. H. 柯尔：《社会主义思想史》第 3 卷（上），何瑞丰译，北京：商务印书馆，1981，第 3 页。

主主义的工人政党肩负着民主主义和社会主义的双重任务。这些变化特别体现在各国工人政党的纲领中，例如 1881 年马克思亲自指导法国工人党制定了《勒阿弗尔纲领》；德国社会民主工党从《爱森纳赫纲领》时对社会主义模糊不清的认识，到《哥达纲领》，再到考茨基和伯恩施坦等起草的基本上是马克思主义性质的《爱尔福特纲领》。这些都反映了各国工人政党的领导人对社会主义的认识是朝着科学社会主义不断提高的，社会民主主义的含义也从模糊变得逐渐清晰起来。但是，尽管这一时期社会民主主义具备了科学社会主义的内涵，却并不意味着各国的社会党的指导思想都是纯正的马克思主义。无论是各国的社会民主党还是第二国际内部，一直都存在意见的分歧，也存在不同的派别。直到第一次世界大战爆发后，第二国际陷入瓦解，社会民主主义的概念又一次发生变化。

从 1919 年第三国际成立以后，社会民主主义的发展进入了第三个阶段。这一时期，社会民主主义作为原来第二国际中各党的右派和中派成立的社会党共同的思想体系，与各党左派成立的共产党的布尔什维主义相对立。社会民主主义逐渐成了各社会党改良主义观点的表述，并增加了一些新的内涵，为二战后的民主社会主义奠定了基础。这一时期也可视作第二国际的社会民主主义向当代的民主社会主义过渡的阶段。社会民主主义与布尔什维主义的论战主要在于批判后者的无产阶级专政这一部分思想和实践，并强调自己的民主性质。尽管如此，这时的社会民主主义仍旧坚持马克思主义的理论，依然认为生产资料公有制是传统的社会主义标志，并且不完全排除暴力革命和无产阶级专政的可能。因此，相当多的社会民主党人在批判苏俄无产阶级专政的同时，还对它抱有同情。

第四个阶段是指社会民主主义完成向民主社会主义的转变。民主社会主义思想体系形成的标志是 1951 年社会党国际在法兰克福代表大会通过的纲领文件《民主社会主义的目标和任务》。德国社会民主党 1959 年哥德斯堡代表大会通过的基本纲领，又进一步发展了民主社会主义的理论。在此之前社会民主主义与民主社会主义经常混用，基本可以视作完全相同的概念。在此之后，当代的民主社会主义与两次大战之间的社会民主主义相比，呈现出以下几个特点：①世界观多元，完成"非马克思主义化"；②否定科学社会主义，把伦理社会主义当作社会主义的主要论据；③把民主视为社会主义的最高原则；④逐步放弃生产资料公有制是社会主义主要标志的观点，提倡混合经济；⑤不再明确区分社会主义和资本主义之间的界限，认为社会主义是一个长期持久的任务。① 社会民主主义向民主社会主义的这一转变，不仅仅是用词的改变，还是本身内涵的进一步发展。

社会民主主义发展的第五个阶段是指社会民主主义一词，又重新为各国的社会党所频繁使用。这一阶段的重要标志是 1992 年社会党国际在柏林举行的第十九次代表大会，发表了《变化中的世界社会民主主义》的声明。社会民主主义和民主社会主义又开始交替使用。1997 年八个西欧国家在德国召开理论研讨会，会后出版了论文集《变革中的欧洲社会民主主义》，说明社会民主主义重新被发达资本主义国家的社会党普遍接受。但是，关于民主社会主义和社会民主主义概念的争论仍在继续。这一现象的客观原因在于苏联解体后，欧美各国的右翼政治家、理论家极力宣扬社会主义已经彻底失败，资本主义最终获胜的谬论，造成各国社会党面临现实中的压力和理论上的混乱。一些主要国家的社会党认为不应该再寻求用"民主的"社会主义来替代资本主义，而应该赋予当前的民主主义以"社会的"内容。特别是"第三条道路"理论的提出，表明发达资本主义国家的社会民主党正在适应新的世界政治经济形势，努力探求理论的创新。

从以上社会民主主义演变历史的简要回顾来看，社会民主主义并没有一个严密而完整的理论体系，它可以说是西方的社会党关于发达资本主义国家实现社会主义道路的理论探索。它是多元的、开放的、不断发展的。从这一点来看它与费边社会主义的特点非常相似。甚至说费边社会主义是社会民主主义的理论雏形也不为过，因为作为一种理论体系，费边社会主义的成形早于现代意义上的社会民主主义。特别是在社会民主主义作为科学社会主义的同义语时期，费边社会主义就具有了后来的民主社会主义的理论内涵。本章正是从这一角度来论证费边社会主义对社会民主主义的影响。

---

① 殷叙彝：《民主社会主义论》，北京：中央编译出版社，2007，第 57 页。

二 费边社的社会民主主义思想

1889 年出版的《费边论丛》的序言中写道，本书的所有作者都是社会民主主义者。① 前文提到，19 世纪末一些西欧的社会民主党信奉的社会民主主义指的是科学社会主义。费边社会主义者在这一时期也常常谈论社会民主主义，它与马克思主义经典作家所指的含义不同，更加接近后来的民主社会主义。从这一角度来看，可以说费边社会主义为社会民主主义注入了新的理论内涵。

1888 年韦伯在费边社做的一次演讲，后来出版成为第 15 号"费边短评"《英国迈向社会民主主义》。韦伯在该文中提到了他对社会民主主义的一些看法。他说："英国的集体主义不可避免地会是民主的——一种真正的'社会民主主义'，而不是自由党人所取得的仅仅在政治上的民主。"② 韦伯在文章中总结道，不管我们是否能够掌握或者愿意看到，社会主义的进展是社会进化不可阻挡的浪潮；如果我们的领导人落后于这一思想，如果我们忽视正在形成中、即将落实为实际行动的巨大社会力量，如果我们放任贫穷、压迫、非正义滋生残忍的暴行和猛烈的报复，社会进化将会伴随社会灾难而来。我们逐渐地采取社会民主主义是我们避开这一灾难的途径。③

肖伯纳在《费边论丛》中的《向社会主义过渡》一文中说道："因此，我们就有了社会民主主义者这一个可以加以区别的名词。这个名词被用来表示这样的一些男人和女人：他们企图通过民主而把所有人民包括在政府内。对于这个政府我们可以把国家的地租交给它，最后并把土地、资本、国家工业组织——所有生产资料，简言之，把我们现在所委之于私人贪欲的一切东西都交给它。"④ 可以看出，肖伯纳所指的社会民

---

① 〔英〕肖伯纳主编《费边论丛》，袁绩藩、朱应庚、赵宗煜译，北京：生活·读书·新知三联书店，1958，第 49 页。

② Sidney Webb, *English Progress towards Social Democracy* (London：Fabian Society, 1893)，p. 14.

③ Sidney Webb, *English Progress towards Social Democracy* (London：Fabian Society, 1893)，p. 15.

④ 〔英〕肖伯纳：《向社会主义过渡》，载〔英〕肖伯纳主编《费边论丛》，袁绩藩、朱应庚、赵宗煜译，北京：生活·读书·新知三联书店，1958，第 252 页。

主主义者，已经具有后来的社会民主党想要转型成为的"全民党"的含义，与当时代表工人阶级政党的欧洲大陆的多数社会民主党有所不同。

1896 年 8 月，国际社会主义工人和工会代表大会在伦敦举行。费边社参加了大会并提交了一份关于费边社政策的报告。该报告是费边社重要的纲领性文件之一。费边社在报告中提出，社会民主主义不是工人阶级的全部纲领，工业社会化的每一步措施都要与其他的社会改革进行竞争。社会民主主义的每一部分只能是各项措施中的一项。随后，费边社又声明，它所拥护的社会主义仅仅是国家社会主义。英国拥有精心设置的民主国家机器。欧洲大陆君主国中国家与人民的对立并不妨碍英国的社会主义者。例如，德国国家社会主义与社会民主主义的区分在英国毫无意义。①

由以上费边社关于社会民主主义的认识中可以看出，它与当时欧洲大陆社会民主党的社会民主主义也就是科学社会主义，主要的分歧就在于对待资产阶级国家的态度不同，其他的一些不同观点也大都可以追溯到这一起点。马克思、恩格斯的国家学说以历史唯物主义为基础，认为国家是阶级社会的产物，是统治阶级的工具。资本主义国家是资产阶级镇压和剥削工人阶级的工具。因此，工人阶级必须通过革命夺取政权并且打碎旧的国家机器，建立无产阶级专政，才能解放自己实现社会主义。第二国际时期的各国社会党基本上是按照马克思主义的观点来对待资产阶级国家的。尽管他们也宣布应利用包括议会在内的一切合法手段来提高工人阶级的待遇，但都非常重视阶级斗争的思想。例如考茨基在《爱尔福特纲领解说》中指出：使无产阶级的阶级斗争能够成为更自觉和更合目的的斗争，这就是社会民主主义的任务。② 费边社表达的社会民主主义的国家观认为国家是可以信赖的，是超越阶级之上的，无产阶级利用现成的国家机器就可以实现社会主义。肖伯纳甚至说过，国家会继续被资产阶级用来对付人民，直到人民能够以同样的能力和决心用国家来

---

① Fabian Society, Report on Fabian Policy and Resolutions (London：Fabian Society, 1896), p. 5.
② 〔德〕考茨基：《爱尔福特纲领解说》，陈冬野译，北京：生活·读书·新知三联书店，1963，第 186 页。

对付资产阶级。① 对待资产阶级国家的态度问题，也是后来第二国际内部改良主义者与马克思主义者争论的焦点问题。费边社所持有的态度也正是后来的改良主义者和修正主义者所采纳的。例如伯恩施坦在 1927 年出版的《唯物主义历史观》中就认为，现代民主国家和以前的各种国家形式已有根本的区别，它并不是注定要成为少数剥削者的工具，它的国家机器之所以被剥削者利用并不是由它的本质决定的，只是由于工人阶级还不够强大和成熟，而民主本身就提供了改变这一情况的条件。因此民主越发达，国家机器就开始从镇压被剥削者的工具转变为解放被剥削者的工具。②

除此之外，费边社的社会民主主义思想认为社会主义是逐渐地、一步一步到来的，与当时欧洲许多社会民主党坚信无产阶级夺取政权后应利用国家权力来大力推行社会主义不同。比如考茨基就认为，"只有当劳动者阶级成为国家的统治阶级的时候，国家才会停止其为资本家的企业，才能转变为社会主义共同体"。他还说，"如果无产阶级无意利用它在国家中的统治来达到这种目的，就是：借国家政权的帮助来掌握生产资料和用社会主义生产代替资本主义的商品生产，那么，事理的逻辑最终也会引起这种情况的出现"③。考茨基观点的实质是社会主义不可能通过零星的改革日积月累来完成，只能是一蹴而就，在无产阶级取得政权的情况下，资本主义的维护者无力阻挡这种力量。这显然与费边社会主义提倡的渐进主义相去甚远。

费边社会主义作为一种思想体系本身就具备后来的社会民主主义的主要特征和内涵。《费边论丛》所阐述的社会主义思想，如本书之前所总结的，包括渐进的社会发展与变革、民主是社会主义的本质、社会主义也是道德要求、完善的国家与地方自治和多元性的世界观等，几乎可以完全移植到后来的民主社会主义的纲领中去。费边社的社会民主主义思想可以说是对费边社会主义思想的提炼，它的价值就在于它在 19 世纪末期就阐述了其他国家的社会主义政党在 20 世纪才形成和接受的社会民

① Bernard Shaw, *The Impossibilities of Anarchism* (London：Fabian Society, 1895), p. 27.
② 殷叙彝：《民主社会主义论》，北京：中央编译出版社，2007，第 132 页。
③ 〔德〕考茨基：《爱尔福特纲领解说》，陈冬野译，北京：生活·读书·新知三联书店，1963，第 102、179 页。

主主义思想。简言之，费边社会主义是社会民主主义的源头，并且使社
会民主主义逐步摆脱了科学社会主义的含义。

关于这一点，肖伯纳说得更为清楚："在费边社成立的 22 年来，社
会主义在欧洲变得费边主义化了。爱德华·伯恩施坦在 19 世纪 80 年代
由于他的社会主义事业被俾斯麦驱逐，流亡到了伦敦。他从费边社早期
的激烈讨论中，得知旧的、教条的马克思主义被驳斥得体无完肤，符合
宪法的、议会的和市政的社会主义纲领已经被详细制定出来。回到德国
后，他通过领导针对老一辈领袖的费边主义的反叛，即所谓的修正主义，
分裂了社会民主党。比利时的王德威尔得、法国的饶勒斯和意大利的屠
拉梯议会社会主义党的领袖，他们在一切方面都具有典型的费边主义特
征，而与费边派所取代的 1848—1871 年的老兵们毫不相同。……在本质
上，费边派已经不是急先锋了，他们所开辟的阵地已经被整个欧洲社会
主义运动的中心所占领了。"①

第三节　社会民主主义在英国产生的原因

费边社会主义的一个主要特点，后来也成为民主社会主义的主要特
征的是它的渐进主义、改良主义。这一特点的产生是与英国独特的、喜
爱妥协的历史传统及其国民性格有密切联系的。英国绝不会出现像法国
大革命那样的社会剧变，英国人认为资本主义取代封建制度并不是依靠
突然的猛烈革命，而是长期渐进的新制度渗透到旧制度的一个过程。社
会主义替代资本主义也会遵循同样的方式。

一　偏爱妥协的传统

英国的资产阶级革命是一次过早进行的、不彻底的革命。革命的结
果是以资产阶级和封建贵族达成妥协而告终。这样的结果是由于英国的
资本主义因素很早就发展起来，并且英国的封建统治阶级还没有到达完
全退出历史舞台的地步，虽然一方的实力在上升，另一方在下降，但双
方在争斗的时候实力旗鼓相当，谁也没有完全战胜另一方的绝对实力。

---

① G. Bernard Shaw, *Socialism: Principles and Outlook* (London: Fabian Society, 1930), p. 16.

英国革命不得不以资产阶级和封建贵族的妥协而结束，远不如18世纪末法国资产阶级对寿终正寝的封建阶级摧枯拉朽般的大革命冲击力大。关于英国人这种妥协的特点，可见恩格斯在《社会主义从空想到科学的发展》的1892年英文版导言中所做的精彩描述："新的起点是新兴的中等阶级和以前的封建地主之间的妥协。后者在当时和现在均被称为贵族，其实早已开始向法国的路易-菲力浦在很久以后才变成的'王国第一流资产者'转变了。……因此，从亨利七世以来，英国的'贵族'不但不反对发展工业生产，反而力图间接地从中获益；经常有这样一部分大地主，他们由于经济的或政治的原因，愿意同金融资产阶级和工业资产阶级的首脑人物合作。这样，1689年的妥协很容易就达成了。"①

　　英国人这种偏爱妥协的性格是与其统治阶级惧怕暴力革命与战争的心理紧密相关的。肖伯纳在《费边论丛》的序言中用爱尔兰争取自治斗争的例子指出："英国政府当着有刺刀逼近喉头的时候〔在这次战争（指第一次世界大战——引者注）里是德国刺刀，但英国的刺刀也同样有效的〕能够以急转直下的神速和令人最满意的成就，完成作为国家组织应该建立的一切功勋。"② 柯尔在《社会主义思想史》中也说过，甘地在印度之所以认为实行非暴力的革命可以成功，完全是因为它的革命矛头指的是宁可让步也不愿开枪的英国人的统治。试想如果甘地面对的是专制的俄国沙皇或者是普鲁士君主的统治，恐怕除了暴力革命外就没有其他的斗争方式了。

　　可见在英国这样喜爱妥协，又有一定的资产阶级民主和立宪政府经验的国家里，暴力革命是不大可能发生的。换句话说，在这样的国家里"革命"并不意味着流血牺牲。对于英国的工人阶级和社会主义者来说，他们完全可以期待在最后关头统治阶级认识到群众运动的强大，不可抵挡，从而对他们的要求做出让步。就像考茨基一直期待在德国出现的那种情况。改良还是革命对英国人来说并不是令人头疼的问题，就像对俄国布尔什维克来说也不是一样。既然没有"决战"，无须革命，改良就成为英国社会主义者的必然选择。这当然不是否认工人阶级斗争的必要

---

① 《马克思恩格斯选集》第3卷，北京：人民出版社，2012，第763—764页。
② 〔英〕肖伯纳主编《费边论丛》，袁缋藩、朱应庚、赵宗煜译，北京：生活·读书·新知三联书店，1958，第7页。

性，也不是否认英国的工人阶级运动中曾经出现过暴力事件，无论如何统治阶级是不会主动做出让步的，即便是妥协也是需要争取的。例如英国的宪章运动曾被列宁称为"世界上第一次广泛的、真正群众性的、政治性上已经成型的无产阶级革命运动"[1]。在宪章运动被镇压以后，英国工人阶级的革命性就被磨灭掉了，革命主张从此再也没有成为英国工人运动的主流思想，与之相对应的是改良主义的不断滋长。但同时，英国的资产阶级面对工人阶级的挑战时做出的不断让步，对于英国工人阶级革命性的消退也起到了重要的作用。这种状况至少说明了英国工人阶级、社会主义者选择改良的、渐进的社会主义道路是符合自身社会发展条件的。

二　工业的领先发展

如果说改良主义、渐进主义的思想仅仅是费边社会主义特有的思想，那它对世界社会主义的贡献就要小得多。后来第二国际多数的社会党也大都放弃了革命道路，选择了改良的、渐进的通往社会主义之路。至少可以说费边社会主义者率先揭示、实践了一种与马克思主义不同的社会主义模式，而这种模式后来又为许多发达资本主义国家的社会主义者所采纳。可以说《费边论丛》中所体现的社会民主主义思想在英国率先产生并对世界社会主义产生影响，最重要的原因是英国资本主义的领先发展。

英国作为工业革命的发源地，它的资本主义发展在很长一个时期内都位居世界首位。英国也率先经历了资本主义发展的兴衰起伏。英国的工人阶级运动同样具有悠久性和复杂性。英国学者莫尔顿和台德指出："十八世纪末和十九世纪初叶，我们就经过了其他国家很久以后才达到的那些阶段。"[2] 韦伯也说过："作为最老的工业国家，我们很可能还会保持这种领先，尽管老式的政治家无辜地认为社会主义是危险的和未经检验的创新。"[3] 英国的统治阶级在资本主义发展的初期，对资本主义社

---

① 《列宁全集》第 36 卷，北京：人民出版社，2017，第 292 页。
② 〔英〕莫尔顿、台德：《英国工人运动史（1770—1920）》，叶周、何新等译，北京：生活·读书·新知三联书店，1962，第 1 页。
③ Sidney Webb, *English Progress towards Social Democracy* (London：Fabian Society, 1893)，p. 14.

会的矛盾和资本主义制度的弊端，往往不知所措，只知用简单粗暴的方式予以应对。而到 19 世纪末期，随着生产力的进一步发展，英国资产阶级在统治经验、矛盾解决、危机处理、自我修复等各方面都取得了长足的进步。与之相适应的是英国资产阶级对付工人阶级的手段更加高明，不仅有物质方面，还有精神方面。他们逐渐使工人阶级对现存制度从心理上认可，从物质上满足。例如柯尔指出，1850—1890 年，英国工人平均工资提高了 70%—80%。这一时期的主要农产品和日用品的价格却呈下降趋势。英国的面粉、土豆和糖的零售价在 1877—1900 年下降了 1/2，面包和肉的零售价下降了 1/3。与之相伴而来的是工人阶级教育水平的提高和政治权利的扩大。英国于 1870 年起施行儿童义务世俗教育。英国工会组织在 1871 年得到法律承认，1875 年，议会废除主仆法，代之以《企业主和工人条例》，以法律形式承认劳资双方享有平等权利。最后的结果是到了 19 世纪晚期以后，西欧工人阶级的大多数心理上普遍倾向于改良主义，而这个过程始于 19 世纪的"世界工厂"英国。① 这种新的时代背景、资本主义发展的新气象，都使社会主义者需要建立以新的历史条件为根据的社会主义理论。在这种情况下，费边社的社会民主主义思想应运而生。在韦伯看来，不能站在革命和阶级斗争的立场来研究一个准备负起社会改革责任的民主国家、一个具有经济影响和力量的工人阶级、一个道德日渐发展的民族。社会主义的基本概念需要一个更符合新条件的新基础和新方法。社会主义应该适应民主，这种适应的工作是由韦伯来进行的。这种工作表现在由马克思主义进到费边主义，由社会革命理论过渡到社会实践。②

如前所述，费边社会主义在产生的时候是具有英国特色的，后来则成为被普遍接受的理论，那是因为最初其他国家资本主义的发展还不曾达到英国的地步。就在 19 世纪末期，英国在资本主义世界虽然仍属领先，但已是江河日下。恩格斯在 1892 年《英国工人阶级状况》德文第二版序言中指出："英国现在已经度过了我所描写的这个资本主义剥削的青

---

① 张光明：《布尔什维克主义与社会民主主义的历史分野》，北京：中央编译出版社，1999，第 6—8 页。

② 〔德〕马克斯·比尔：《英国社会主义史》（下），何新舜译，北京：商务印书馆，1959，第 246—247 页。

年时期，而其他国家则刚刚进入这个时期。法国、德国，尤其是美国，这些可怕的敌手，它们如同我在 1844 年所遇见的那样，正在日益摧毁英国的工业垄断地位。它们的工业比英国的工业年轻，但是其成长却迅速得多，现在已经达到了与 1844 年英国工业大致相同的发展阶段。"[1] 后来的历史发展也证明了，随着英国以外西欧各国在工业发展中后来居上，西欧的社会主义沿着社会民主主义的道路不断前进，为二战后民主社会主义的确立，奠定了理论与实践的基础。

第四节　恩格斯、列宁论费边社会主义

一　恩格斯论费边社会主义

伟大导师恩格斯的晚年主要在英国度过，并于 1895 年 8 月 5 日在伦敦逝世。恩格斯的晚年与费边社早期的活动在时间和地点上都有交集。因此，恩格斯熟悉费边社早年的活动，并见证了费边社第一个辉煌的时期。他对早期费边社及其部分社员的活动与主张发表过不少真知灼见。恩格斯的有关评论对于全面认识费边社、了解科学社会主义与费边社会主义的本质区别有着重要的意义。恩格斯对于早期费边社会主义的评论主要可以分为两类。一是从科学社会主义的立场，对其进行严厉的批判。二是认可费边社在宣传和实现社会主义方面取得的一些成绩。恩格斯对待费边社的态度，反映了一个无产阶级革命家严谨辩证、实事求是的科学态度。

（一）恩格斯对费边社会主义惧怕革命的批判

恩格斯对费边社会主义的批判主要是针对它的不通过革命就可以实现社会主义这一观点进行的。1893 年，恩格斯与弗里德里希·阿道夫·左尔格讨论独立工党的代表会议时指出："在伦敦这里，费边派是一伙野心家，不过他们有相当清醒的头脑，懂得社会变革必不可免，但是他们决不肯把这个艰巨的事业交给粗鲁的无产阶级单独去做，所以他们惯于自己出来领导。害怕革命，这就是他们的基本原则。他们是地道的'有

---

[1]　《马克思恩格斯选集》第 1 卷，北京：人民出版社，2012，第 68 页。

教养的人'。……但是，当他们一谈到他们的特殊策略——抹杀阶级斗争，那就糟糕了。他们之所以疯狂地仇视马克思和我们大家，就是因为阶级斗争问题。"①

恩格斯在这里点出了费边社认为社会主义终将到来的必然性，也道破了他们不愿意革命的心理。实际上，费边社会主义作为一种多元观点的综合体，相互矛盾的观点也时常存在于同一时期。在费边主义渐进、和平社会主义道路的耀眼光芒的掩盖下，革命的社会主义道路似乎与费边社会主义的主张互相抵触，却真实存在于费边社的出版物中。

肖伯纳 1889 年在《费边论丛》中的一段话似乎被遗忘了："社会主义者无需为他们首先建议（如他们做过的那样）工人阶级的武装组织和普遍起义而感到羞惭。这个建议被证明了是行不通的；而且它已经被英国社会主义者们所放弃了——虽然是以公开表示遗憾的方式而放弃了的——可是对于我今天所提出的社会民主主义纲领来说，工人阶级的武装组织和普遍起义，仍不失为一个唯一的、最后可能采取的另一个办法。"② 在这里，肖伯纳首先否认了英国通过革命实现社会主义的可能，却又将它视为最后的一种办法而予以保留。在该书 1908 年再版的序言中，肖伯纳又指出："马克思虽然肯定地有一点儿自由主义宿命论者的味道（他不是说过暴力乃是进步的产婆吗？但他并没有提醒我们：暴力同样是混乱的产婆，而混乱却又是戒严令的产婆），但他在任何情况下都不是自由放任的信仰者。"③ 肖伯纳此时认为社会主义不可能是用暴力推翻现存制度的自发结果。1931 年《费边论丛》再版时，肖伯纳再次转变了观点："一个欧洲的大变乱……在四年之内，就把整个世界改变得比费边社根据宪法在四百年内似乎可能做到的还要多。"④ "费边社发现自己面临着一种在本论丛中所未曾预料到的任务。它必须筹划新的政府机构，这种机构不是如我们现有的机构那样，被设计出用来阻碍政府的行动和中

① 《马克思恩格斯选集》第 4 卷，北京：人民出版社，2012，第 90—91 页。
② 〔英〕肖伯纳：《向社会主义过渡》，载〔英〕肖伯纳主编《费边论丛》，袁绩藩、朱应庚、赵宗煜译，北京：生活·读书·新知三联书店，1958，第 273 页。
③ 〔英〕肖伯纳主编《费边论丛》，袁绩藩、朱应庚、赵宗煜译，北京：生活·读书·新知三联书店，1958，第 35 页。
④ 〔英〕肖伯纳主编《费边论丛》，袁绩藩、朱应庚、赵宗煜译，北京：生活·读书·新知三联书店，1958，第 7 页。

立皇家的特权，而是被设计出来把我们这个国家的主权加以组织并使它发生效力，从而限制私人财阀利益所僭取的特权。在没有完成这一任务以前，所有循着立宪的道路来达到社会主义的说法都是一些空谈。今天，这种立宪的道路是完全不能达到上述目的的，是行不通的。当人们走上这条道路的时候，他们只有诉诸革命或者采用独裁政治。"① 这时的肖伯纳又对欧洲社会主义的发展缓慢表达了不满，明确地指出了革命的方式。

肖伯纳对于通过革命实现社会主义观点的反复，反映了他对于社会主义认识的不足与局限。确实，与其他的费边社著名的理论家，如韦伯夫妇、柯尔、拉斯基等比起来，肖伯纳的社会主义思想略显肤浅。对肖伯纳来说，社会主义是一个效率和方便的问题，而且他根本不在乎民主，他希望由专家来当政策的制定者和执行者，如果独裁者能够让专家放手去开展工作，肖伯纳也会不吝其词地赞扬独裁者。这一点在后来肖伯纳对第二次布尔战争和墨索里尼的态度上，反映得淋漓尽致。柯尔指出，肖伯纳跟韦伯夫妇不同，作为一个社会主义思想家来说，他并没有真正的重要地位。② 恩格斯也早已看透："怪癖的文学家肖伯纳——作为文学家，他很有才能，也很敏锐，但作为经济学家和政治家，却不值一提，尽管他很正直，也不追逐名利。"③ 不管怎样，以和平的、渐进的社会主义道路而著称的费边社会主义，掩盖了它多元、民主原则下主张革命社会主义道路的微弱声音。

此外，恩格斯也准确地批判了费边社早期轻视工人运动，选择通过"渗透"现有的政党来实现社会主义的做法。而正如之前所分析的，费边社早期无视工人运动的重要性，选择在已有的两个资产阶级政党之间左右逢源。这种做法虽然短时间立竿见影，能够快速有效地实现他们的社会主义目标。但也使许多诚实和正直的社会主义者和工人阶级代表对他们感到不满。玛格丽特·柯尔就曾形容道："甚至四十年后，地区工党

---

① 〔英〕肖伯纳主编《费边论丛》，袁缉藩、朱应庚、赵宗煜译，北京：生活·读书·新知三联书店，1958，第 10 页。

② 〔英〕G. D. H. 柯尔：《社会主义思想史》第 3 卷（上），何瑞丰译，北京：商务印书馆，1981，第 232 页。

③ 《马克思恩格斯文集》第 10 卷，北京：人民出版社，2009，第 632 页。

及其党的机构还认为'费边'只不过意味着'高级势利小人'。"①

恩格斯一针见血地指出了费边社"渗透"策略的特点和不足。在1892年9月4日给考茨基的信中,恩格斯谈到当时英国工人向着建立一个独立的政党迈出决定性的一步时,指出费边社分子"所宣扬和实行的是要工人依附自由党,结果不出所料:自由党分给他们四个不能取胜的选区,费边社分子的候选人也就遭到了惨败"②。恩格斯接着分析道:"你认为费边社还未定型。恰好相反,这些人太定型了。这是一个由形形色色的资产阶级'社会主义者'——从钻营之徒到感情上的社会主义者和慈善家——拼凑起来的集团,他们只是由于害怕工人要取得统治权而联合起来,他们尽一切力量通过保障自己的即'有教养的人'的领导权的办法来防止这种危险。……费边社的手段和卖身求荣的议员们的花招是完全一样的:金钱,倾轧,名位。纯粹是英国式的:每个政党(只有工人的情况不同!)都采取不同的方式给自己的代理人以金钱或者用职位来酬劳他们,这被看做是理所当然的事情。这些人已经深深地陷入了自由党的倾轧活动,在自由党那里任职,例如悉尼·韦伯这个典型的英国政治家就是这样。这些人的所作所为,正是要提醒工人们加以避免的。"③ 恩格斯一语道破了费边社此时对工人阶级的疏远,以及"渗透"自由党的危害。

1893年1月18日给左尔格的信中,恩格斯又综合评价了费边社会主义者的市政社会主义主张和"渗透"策略:"他们的社会主义是市政社会主义:生产资料应当归公社所有,而不应当归国家所有,至少是在开头应该这样。他们把自己的社会主义描述为资产阶级自由主义的一种极端的、然而是不可避免的结果,因此就产生了他们的策略:不是把自由党人当作敌人同他们进行坚决的斗争,而是推动他们作出社会主义的结论,也就是哄骗他们,用社会主义渗透自由主义,不是拿社会主义候选人去同自由党人相抗衡,而是要把他们硬塞给自由党人,强加给自由党人,也就是用欺骗手段使自由党人接受他们。费边派这样做不是自己被

---

① 〔英〕玛格丽特·柯尔:《费边社史》,杜安夏、杜小敬等译,北京:商务印书馆,1984,第97页。
② 《马克思恩格斯文集》第10卷,北京:人民出版社,2009,第632页。
③ 《马克思恩格斯文集》第10卷,北京:人民出版社,2009,第633—634页。

欺骗和被愚弄，就是欺骗社会主义，这当然是他们所不了解的。"①

总之，尽管恩格斯与一种作为主义的费边社学说在时间上只有六年交集，他却洞悉了早期费边社会主义的本质，指出了它的特点与不足，那就是惧怕革命、不相信工人阶级、盲目信任资产阶级政党等。恩格斯对早期的费边社会主义和费边社员的点评和批判十分精准和正确。

（二）恩格斯对费边社宣传和其市政社会主义的认可

在恩格斯对费边社会主义的点评中，也有一些赞扬了费边社在社会主义宣传和实践方面取得的成就。这说明恩格斯对费边社活动和主张的评价是从全面客观、实事求是的角度出发的。例如，1893 年 1 月 18 日恩格斯在给左尔格的信中指出："费边派除了出版各种各样的恶劣作品外，还尽力出版了一些好的宣传品，这是英国人在这方面所出版的最好的东西。"②这反映了费边社在宣传社会主义方面取得的成功也得到了恩格斯的认可。

在恩格斯去世的 1895 年，他还致信劳拉·拉法格，称赞费边社在伦敦市政社会主义方面的表现："如果支持进步派，那就等于承认约翰·白恩士在郡参议会里的表现很好，就等于赞同悉尼·维伯和费边派的政策，后者虽然作为社会主义者不中用，但在市政方面确实干得很好，他们坚决而巧妙地为伦敦的自治而斗争。就这样，'社会主义者'宁愿支持一个拒绝给伦敦以自治并拼命致力于使郡参议会处于无能为力状态的党。可是要知道，郡参议会是政府机器里能够在最近以最轻易的办法夺取过来的一个部分，如果工人阶级团结起来，明天就可以把它拿到手。如果伦敦有个社会主义的、自治的参议会，议会会变成什么样!"③

前文提到过，费边社之所以在这一时期主张由市政当局来管理工业和土地等生产资料，一个重要的原因是费边社可以对当时的伦敦郡议会施加重大的影响，并且也取得了显著的成绩，所以他们认为除了铁路、邮政等因技术原因需要国家来占有和控制外，其余的生产资料应由地方当局来管理。这反映了费边社会主义渐进主义的原则。恩格斯对他们的这种做法和成绩表示了认可，体现了伟大导师实事求是的科学态度。

---

① 《马克思恩格斯文集》第 10 卷，北京：人民出版社，2009，第 642—643 页。
② 《马克思恩格斯文集》第 10 卷，北京：人民出版社，2009，第 643 页。
③ 《马克思恩格斯全集》第 39 卷（上），北京：人民出版社，1974，第 430 页。

综合恩格斯对费边社会主义的评价以及马克思、恩格斯对英国社会主义的研究可以看出，阶级斗争、暴力革命是马克思主义的重要内容，但是它的创始人从来都没有不加条件地施用自己的理论。因此，尽管恩格斯对费边社会主义不革命的观点提出了批判，但是恩格斯以及马克思很早就提出过英国有不通过革命实现社会主义的可能性。他们的这种观点远在费边社会主义诞生之前很久就产生了。

马克思在 1872 年《关于海牙代表大会》中就提到："有些国家，像美国、英国，——如果我对你们的制度有更好的了解，也许还可以加上荷兰，——工人可能用和平手段达到自己的目的。"[1] 恩格斯在 19 世纪后期也多次提到在民主国家走议会道路实现和平变革的可能性。例如恩格斯在 1886 年《资本论》英文版序言中指出："这个人（指马克思——引者注）的全部理论是他毕生研究英国的经济史和经济状况的结果，他从这种研究中得出这样的结论：至少在欧洲，英国是唯一可以完全通过和平的和合法的手段来实现不可避免的社会革命的国家。"[2] 再如恩格斯在《1891 年社会民主党纲领草案批判》中指出："可以设想，在人民代议机关把一切权力集中在自己手里、只要取得大多数人民的支持就能够按照宪法随意办事的国家里，旧社会有可能和平长入新社会，比如在法国和美国那样的民主共和国，在英国那样的君主国，英国报纸上每天都在谈论即将赎买王朝的问题，这个王朝在人民的意志面前是软弱无力的。"[3]

由此可见，就英国如何实现社会主义的方式上，马克思主义者早就根据英国的实际情况，提出了通过议会道路来逐渐地实现社会主义的可能性，这一点与后来费边社会主义的主张是一致的。最重要的是，马克思主义者与费边社会主义者，以及与后来的修正主义者最大的不同就是马克思主义者从未否定暴力革命在实现社会主义中的作用。

二　列宁论费边社会主义

列宁对英国的社会主义运动及费边社有着长期的关注和深入的研究。早在 1898 年，列宁被沙皇流放到西伯利亚的舒申斯克村时，就和妻子克

①　《马克思恩格斯全集》第 18 卷，北京：人民出版社，1964，第 179 页。
②　《马克思恩格斯文集》第 5 卷，北京：人民出版社，2009，第 35 页。
③　《马克思恩格斯选集》第 4 卷，北京：人民出版社，2012，第 411 页。

鲁普斯卡娅在那里翻译过韦伯夫妇的《英国工会运动史》一书。① 这本书对英国工会运动的发生和发展做了翔实的记述，是研究英国工会运动史的重要参考书。通过对该书的翻译，列宁及克鲁普斯卡娅一方面学习了英语，另一方面了解了英国资本主义及工人运动的发展状况。

在后来的革命生涯中，特别是在第二国际的有关活动中，列宁对费边社会主义以及一些费边社员有了更加全面的了解。列宁对于费边社会主义的态度主要是批判的。这种批判主要可以分为两种，一是赞同恩格斯对费边社会主义惧怕革命的批判，二是批判费边社对于帝国主义战争的立场，其中后者对于揭露费边社会主义的本质具有更大的意义。

（一） 赞同恩格斯对费边社会主义惧怕革命的批判

列宁对费边社会主义的批判主要集中在第一次世界大战爆发后。1915 年列宁在《英国的和平主义和英国的不爱理论》一文中提到了恩格斯对费边社所做的评价，并且完全赞同恩格斯的观点："最完整地体现了机会主义和自由派工人政策的，无疑是'费边社'。读者如果翻阅一下马克思和恩格斯同左尔格的通信集（有两种俄译本），就会看到恩格斯对这个团体所作的出色的评价，他把悉尼·韦伯先生及其一伙看做一帮想腐化工人、想以反革命思想影响工人的资产阶级骗子。可以担保，第二国际中任何一个稍微重要的和有影响的领导者都不仅从来没有试图推翻恩格斯的这个评价，甚至从来也没有怀疑过它的正确性。"②

同年在《机会主义与第二国际的破产》一文中，在将英国的费边派与德国的考茨基分子进行比较时，列宁也曾大段地引用恩格斯的原话来证明费边社会主义惧怕革命和疏远工人阶级的主张与行动："让我们把英国的费边派和德国的考茨基派比较一下。关于费边派，一位真正的马克思主义者弗里德里希·恩格斯在 1893 年 1 月 18 日曾写过一段话：这是'一伙野心家，不过他们有相当清醒的头脑，懂得社会变革必不可免，但是他们决不肯把这个艰巨的事业交给粗鲁的无产阶级单独去做……害怕革命，这就是他们的基本原则。……'（《与左尔格通信集》第 390 页）

---

① 〔苏〕娜·康·克鲁普斯卡娅：《列宁回忆录》，哲夫译，北京：人民出版社，1960，第 27 页。
② 《列宁全集》第 26 卷，北京：人民出版社，2017，第 278—279 页。

1893 年 11 月 11 日，恩格斯又写道：'这些高傲的资产者……大发慈悲，要从上面来解放无产阶级，只要无产阶级愿意明白事理，认识到如果没有这些睿智的律师、著作家和悲天悯人的女士们的恩惠，像他们这样的愚昧无知的群众是不可能自己解放自己的，是必将一事无成的。……'（同上，第 401 页。）"[1]

可见，在对费边社会主义机会主义、妥协主义、自由主义的批判上，列宁与恩格斯是完全一致的。但是，由于历史条件限制，费边社会主义关于战争特别是帝国主义战争的观点在恩格斯生前并不成熟，也没有得到事实的检验。1899 年的布尔战争尤其是 1914 年爆发的第一次世界大战，促使费边社开展了关于战争问题的充分讨论，也让费边社关于战争的帝国主义和社会沙文主义的观点暴露得淋漓尽致。列宁从马克思主义的立场对其进行了深刻的批判。

（二）批判费边社对帝国主义战争的支持

费边社在成立后的很长一段时间里，很少将视线投向英国以外，他们更多关注和讨论的是英国国内的各种事务。最好的证明就是早期的"费边短评"鲜有关于国际事务的讨论。但是在 19 世纪末 20 世纪初的两场与英国有关的重要战争——第二次布尔战争和第一次世界大战中，费边社都支持了政府的帝国主义战争。列宁从无产阶级社会主义、国际主义的立场对费边社对待这两次战争的态度做了激烈的批判。

关于费边社对待战争的态度，早期最重要的声明就是费边社参加 1896 年在伦敦举行的第二国际第四次代表大会暨国际社会主义工人和工会代表大会，所提交的一篇关于费边社政策的报告。这篇报告是费边社会主义的纲领性文件之一。该报告宣传了费边社所赞成的各种和平渐进的改良，阐述了费边社的理论原则和政策等，其中包括对战争的看法。

关于战争，该报告警示，需要注意到有关现代资本主义国家拥有强大军备的事实，这些军队不是对邻国，而是对本国的劳动人口构成常备的威胁，现代军队最重要的作用是镇压阶级战争中劳工对资本的抵抗。报告还指出，最近在欧洲和南非发生的事件证明，最小的国家能够通过巧妙地挑拨一个国家与另一个国家的关系，成功对抗欧洲军事大国的干

---

① 《列宁全集》第 27 卷，北京：人民出版社，2017，第 125 页。

涉。报告警告欧洲的工人们，不要诉诸民族自豪感和对军事荣誉的热爱。报告重申了资本主义制度使军队成为投机者的爪牙（catspaw），而不是国家伟大和荣誉的工具。报告最后总结道，世界和平的唯一可能保证，在于在社会民主主义的基础上巩固最先进国家的利益。目前战争的存在主要是因为社会各阶层可以从中获得巨大的利益，如果英法德美四国的工业社会化使这一切无法实现，那么这四个国家不仅会停止相互威胁，而且还会联合起来把和平强加给社会组织较落后的国家。因此，大会在对和平仲裁协会的宗旨表示衷心同情的同时，应该敦促他们牢记，在国内引起劳资双方冲突的社会利益的对立消除以前，不应该保持国际的团结。① 报告的这部分内容虽然道破了资本主义国家军队镇压的性质，却没有明确指出费边社对于战争的态度（据说有费边社成员在此次大会上主张本国在遭到侵犯时保卫祖国，也就是保卫资产阶级祖国。② 但这应该是个别社员的行为，不代表费边社整体看法），特别是它认为强国可能会把和平强加给较落后国家的观点，为后来战争来临时，费边社采取社会沙文主义立场埋下了伏笔。

　　一般认为，1914 年第一次世界大战全面爆发后，德、英、法三国社会主义政党带头连同大部分社会党背信弃义，号召本国工人阶级保卫祖国，即保卫资产阶级统治的国家，完全背叛了《巴塞尔宣言》，造成了第二国际和国际共产主义运动的分裂。但在此十余年前，以费边社为代表的部分英国社会主义者已经做过了同样的事情。

　　在 1899 年以前，费边社既不支持政府的殖民战争，也不支持帝国主义。1899—1902 年，英国同荷兰移民后代布尔人建立的德兰士瓦共和国和奥兰治自由邦为争夺南非领土和资源进行了第二次布尔战争。在布尔战争爆发之初，费边社没有改变其一贯做法，没有深入讨论战争，并宣示鲜明的立场："至于费边社，它应在尽力避免卷入与战争相关的事务中的同时继续在国内为社会主义进行工作。实际上，他们认为这场战争与费边社的工作毫不相干，也不希望卷入关于这场战争是否正确的

---

① Fabian Society, Report on Fabian Policy and Resolutions（London：Fabian Society, 1896），pp. 11 - 12.

② 高放：《国际共产主义运动史纲（1847—1917）》（下），西安：陕西师范大学出版总社，2018，第 404 页。

讨论。"[1] 但是，随着战争的进行，费边社内部产生了激烈的争论，要求对这场战争进行讨论并表明立场。费边社的立场最终在肖伯纳的《费边主义和帝国》一文中彻底表现了出来。肖伯纳认为奥兰治和德兰士瓦这两个布尔人国家是彻头彻尾反动的，双方都毫不关心南非当地居民的福利，但是由于没有一个国家或国际组织接管这两个国家，对付它们最好的办法就是由大英帝国予以兼并，强迫它们更有效地传播文明。任何妨碍国际文明传播的国家无论大小都必须消灭。肖伯纳的观点是，在 20 世纪应该把国家主义看作过时的东西，应该把注意力集中于建立一个以社会主义原则为基础的世界秩序。世界秩序将来会掌握在大国手中，大国在发展世界市场的过程中一定会将小国踢开。肖伯纳还解释道，不论有意还是无意，大国都必然会为整个文明的利益进行统治。因此，像金矿这样的富饶资源，任由它们不负责任地掌握在边疆居民的小团体中，根本不符合共和国的利益。这些资源和武装应该国际化，但是在世界联邦建立以前，必须接受现有的最负责任的帝国联邦来承担世界联邦的角色。肖伯纳还含蓄地为当时讨论得很激烈的瓜分中国辩护，甚至还赞扬了德国在推进对外贸易时所采取的帝国主义政策。[2]

肖伯纳赤裸裸的令人震惊的帝国主义观点得到了韦伯夫妇等多人的大力支持，造成了社内的严重分裂。这场冲突最终以部分社员退出费边社的结果而告终，退社的成员包括后来首任英国工党首相麦克唐纳。[3]更加糟糕的是，当时英国另外两个著名的社会主义团体独立工党和社会民主联盟都是反对这场战争的，这也造成了费边社元气大伤。在维护资产阶级统治的国家利益面前，费边社又一次走在了欧洲各国社会主义政党和团体的前列。为后来第一次世界大战爆发后，各国社会主义政党支持本国的资产阶级政府开了一个很不好的先河。

1916 年列宁在他著名的《帝国主义是资本主义的最高阶段》一文中

---

[1] 〔英〕玛格丽特·柯尔：《费边社史》，杜安夏、杜小敬等译，北京：商务印书馆，1984，第 102 页。

[2] 〔英〕G. D. H. 柯尔：《社会主义思想史》第 3 卷（上），何瑞丰译，北京：商务印书馆，1981，第 203 页。

[3] 毛杰、于文杰：《费边社帝国主义观念的矛盾及其原因》，《贵州社会科学》2013 年第 2 期。

指出，费边社在支持帝国主义政策方面走在了欧洲各国社会党的前列："德国现在的所谓'社会民主'党的领袖，被人们公正地称为'社会帝国主义者'，即口头上的社会主义者，实际上的帝国主义者，而霍布森早在 1902 年，就已经指出英国存在着属于机会主义'费边社'的'费边帝国主义者'了。"① 1919 年在《论第三国际的任务》一文中，列宁继续对此进行批判："在英布战争期间，盎格鲁撒克逊的刊物就已十分清楚地提出了帝国主义是资本主义的最新（和最后）阶段的问题。如果我没有记错，那不是别人，正是拉姆塞·麦克唐纳在那时退出了'费边社'这个'伯尔尼'国际的原型，这个曾被恩格斯在他和左尔格的通信里天才地、鲜明地、正确地描述过的机会主义的温床和模型。'费边帝国主义'——这就是当时在英国社会主义书报中流行的一个用语。……'费边帝国主义'和'社会帝国主义'是一个东西：口头上的社会主义实际上的帝国主义，即机会主义转变为帝国主义。"②

1912 年在世界大战日益逼近的情况下，第二国际第九次代表大会在瑞士巴塞尔召开。这次社会党的非常代表大会，通过了关于《国际局势和社会民主党反对战争危险的统一行动宣言》。宣言指出目前的国际形势比任何时候都更加要求国际无产阶级竭尽全力推行协调一致的活动来制止战争的扩大，还要求各有关国家的劳动阶级及其在议会中的代表采取最有效的手段去阻止战争，如果战争爆发，则有责任尽快地结束战争。其中最重要的任务落在了德国、法国和英国工人阶级的身上。但是，随着第一次世界大战的全面爆发，各国工人阶级转而支持本国的资产阶级政府，从而导致了第二国际的破产。其中，以费边社为代表的英国社会主义者们更是不遗余力地投入到了战争的各项准备工作当中。1915 年，列宁在《第二国际的破产》一文中指出："觉悟的工人认为，国际的破产就是大多数正式社会民主党令人触目惊心地背叛了自己的信念，背叛了自己在斯图加特国际代表大会和巴塞尔国际代表大会上的演说、决议等等中所作的最庄严的声明。"③

同年，列宁在《英国的和平主义和英国的不爱理论》一文中，专门

① 《列宁全集》第 27 卷，北京：人民出版社，2017，第 421 页。
② 《列宁全集》第 37 卷，北京：人民出版社，2017，第 92—93 页。
③ 《列宁全集》第 26 卷，北京：人民出版社，2017，第 223 页。

指出了费边社在第一次世界大战中采取的社会沙文主义立场:"现在,我们暂且不谈理论而来比较一下事实。你们可以看到,在战争期间,费边派的行为(见他们的周刊《新政治家》杂志)和包括考茨基在内的德国社会民主党的行为一模一样。他们都同样地直接间接为社会沙文主义辩护,同样地把这种辩护和各式各样的关于和平、裁军等等的善良的、人道的、貌似左的词句结合起来。……费边派不承认马克思主义,考茨基之流'承认'马克思主义,这丝毫改变不了事情的实质,改变不了实际的政策,而只是证明某些著作家和政治家等等把马克思主义变成了司徒卢威主义罢了。他们的这种伪善并不是他们个人的缺陷,在某些场合他们还可能是最有德行的家长。他们的伪善是他们所处的社会地位在客观上是虚假的这一情况造成的,——他们表面上代表革命的无产阶级,实际上却是向无产阶级传播资产阶级沙文主义思想的代理人。费边派要比考茨基一伙人真诚老实一些,因为他们并没有许诺要拥护革命,但是,在政治上,他们如出一辙。"① 同年底,列宁在《机会主义与第二国际的破产》一文中又多次批判了费边社的社会沙文主义立场。

恩格斯和列宁对费边社和他们的理论做了多次尖锐的、实事求是的批判。他们的批判侧重点又有所不同,恩格斯主要从理论上,列宁主要针对费边社的实际行动展开批判。他们的批判对于揭露费边社会主义的本质,认识费边社会主义与马克思主义以及与欧洲大陆社会主义的关系,有着重要的启示价值。

第五节　费边社会主义在中国的传播及影响

在 20 世纪初,中国迎来了两次探索社会主义的热潮,特别是 1919年五四运动以后,对社会主义的探索更广泛、更深入也更有效。正是在这样的探索中,中国人接触到了形形色色的社会主义流派,并最终选择了马克思主义作为指导思想,建立了新中国,完成了新民主主义的革命任务。费边社会主义也是在这两次对社会主义探索的热潮中传入中国的。据本书的考证,中国最早介绍费边社的著作是 1922 年共学社翻译的费边

① 《列宁全集》第 26 卷,北京:人民出版社,2017,第 279 页。

社元老爱德华·皮斯 1916 年著的《费边社史》，以及同年在报纸《吴江》上刊登的侣琴为该书所作的序。在 20 世纪 20—40 年代，《新生命》《国际译报》《国际周报》《新中华》《主流》《新月》等报纸杂志多次刊登介绍费边社的文章以及翻译的费边社作品。在此期间，一批留学欧美的知识分子如王造时、罗隆基、胡适、徐志摩等在拉斯基以及费边社会主义的影响下，建立多个费边社式的团体，如"平社"等，并仿照费边模式进行议政。费边社会主义受到一些既不满意马克思主义，也不满意资本主义的知识分子的推崇，对民国时期的思想界产生了一定的影响。

在民国时期，一些著名的中国学者也受到了费边社会主义的影响。这些影响主要体现在一批留学英国和美国的自由主义学者身上。他们大多受到了 20 世纪 20—40 年代著名的费边社员哈罗德·拉斯基以及同时期费边社会主义主张的影响。拉斯基是欧美重要的政治哲学家，也是英国工党著名的理论家、活动家，同时还是费边社的重要成员。1923 年，拉斯基被选入费边社执行委员会，成为费边社当时最重要的理论家之一。之后的一些年里，拉斯基的著作构成费边社出版物相当大的一部分，在费边社会主义思想的发展史上，他的思想也处于承前启后的重要位置。

在 20 世纪 30—40 年代中国近代自由主义知识分子群体中，拉斯基的影响堪比杜威、罗素。① 当时，中国有不少著名的自由主义者在留学期间曾经受业于他，包括钱昌照、陈源、徐志摩、罗隆基、王造时、杭立武、张奚若、蒋廷黻、吴恩裕等，他们深受拉斯基费边社会主义思想的影响。② 这些学术精英学成回国后，也把拉斯基的思想和费边社会主义的一些理论带回了中国。他们主要成立了四个组织，其中有些还有交叉，分别是新月社、平社、主张与批评派、主流社。

一 新月社

五四运动之后，中国社会处于动荡变革之中，社会政治势力和文化阵营都处在急剧分化之中。20 世纪 20 年代初，北京逐渐兴起一种借生

---

① 许纪霖：《现代中国的社会民主主义思潮》，载许纪霖编《二十世纪中国思想史论》（下），上海：东方出版中心，2000，第 32 页。
② 刘是今：《拉斯基思想对 20 世纪 30 年代中国思想界的影响——以罗隆基、王造时为例》，《湖南第一师范学院学报》2009 年第 6 期。

日会、聚餐会等社交形式交流讨论的风尚，很快流行于社会各个阶层之间，其中尤以一些欧美留学回来的大学教授之间最为盛行。他们以聚餐会的形式组成社交团体，在聚餐中讨论政治或文学等。胡适、徐志摩等人的聚餐会大致就是在 1923 年底开始的，他们轮流在各人家里聚会，到 1924 年参加人数逐渐增加，由徐申如（徐志摩的父亲）和黄子美二人垫付一笔钱，在北京租了一处房子，成立了新月俱乐部，这就是新月社——"一个要得的俱乐部，有舒服的沙发躺，有可口的饭菜吃，有相当的书报看"，而且"新年有年会，元宵有灯会，还有什么古琴会、书画会、读书会"①。

　　由此可以看出，新月社与其说是政治社团，不如说是文化团体，徐志摩在致新月社朋友的信中说："我们当初想望的是什么呢？当然只是书呆子们的梦想！我们想做戏，我们想集合几个人的力量，自编戏自演，要得的请人来看，要不得的反正自己好玩。"② 新月社成员复杂，既有大学教授，也有银行家、作家、政客、交际花，成员的兴趣、专业、背景大不相同，加上新月社活动经费主要依靠社员每月交纳的社费，总有社员不愿或没有按时交纳社费，新月社的活动一向难以展开。除了排演过一出《齐德拉》的戏剧和接待了泰戈尔访华，新月社"想做戏"的愿望几乎化为泡影，所以徐志摩才发出了"从新月社产生'7 号'的俱乐部，结果大约是'俱不乐部'"的感叹。由于社团成立的初衷和奋斗目标并不明确，加之政治局势变化，新月社主要骨干纷纷南下，1926 年秋天，活动了 3 年多的新月社逐渐自行解散。

　　1928 年 3 月，徐志摩、闻一多等人在上海创办《新月》月刊。到 1933 年 6 月终刊为止，《新月》一共刊行了 4 卷 43 期。按照版权页上所印的编辑名单，《新月》编辑共有 10 人，即徐志摩、梁实秋、罗隆基、胡适、叶公超、饶梦侃、潘光旦、闻一多、余上沅和邵洵美。他们既是编辑，也是撰稿人。据统计，这 10 人在 43 期《新月》上共发表了 245 篇文章，其中仅徐志摩、梁实秋、罗隆基、胡适 4 人所发表的文章就达 165 篇。《新月》所刊文章涉及范围十分广泛，除了诗歌、散文、小说、

---

①　徐志摩：《欧游漫录——第一函　给新月》，《晨报副刊》1925 年 4 月 2 日。
②　徐志摩：《欧游漫录——第一函　给新月》，《晨报副刊》1925 年 4 月 2 日。

剧本、传记、游记、杂文、文学评论、翻译文章，还有一些政治、经济、法律等方面的论文。《新月》不设主编，而由大家轮流担任总编，第 3 卷第 2 期之前主要由徐志摩任总编，主要刊载文学艺术作品，政治意味比较淡薄。

在大多是由前新月社成员组成的《新月》撰稿人之中，有一部分对政治和国家前途命运感兴趣的自由主义知识分子，希望能够另外开办讨论问题、交换意见的《平论》杂志。至于创办《平论》的目的，1929 年 3 月 10 日出版的《新月》月刊第 2 卷第 1 期《编辑后言》中提到："我们本想为这时代，为这时代的青年，贡献一个努力的目标：建设一个健康与尊严的人生。这里只是站在时代的低洼里的几个多少不合时宜的书生，他们的声音，即使偶尔听得到，正如他们的思想，绝不是惊人的一道，无非是几句平正的话表示一个平正的观点。因此为便于发表我们偶尔想说的'平'话，我们几个朋友决定在这月刊外另出一周刊或旬刊，取名《平论》，不久即可与读者们相见。"胡适在其 1929 年 3 月 25 日的日记中写下"《平论》的人员是徐志摩、梁实秋、罗隆基、叶公超、丁西林"。但是后来《平论》一直未能刊出。新月社虽然是一个主要讨论文艺的小团体，但是它为后来效仿费边社的平社奠定了组织与出版的基础。

二　平社

《平论》没有办成，但是平社由此成立并以此得名，平社的活动也开展起来，原本想发表在《平论》的文章都尽数在《新月》上与公众见面。从 1929 年 4 月到 6 月，平社成员大概每周在各家聚会一次，各家轮流准备，每次由一人做报告然后大家共同讨论。从平社历次聚会并撰写报告的情况来看，其成员主要有胡适、罗隆基、徐志摩、梁实秋、叶公超、潘光旦、吴景超、刘英士、丁西林、全增嘏、吴泽霖、王造时等人，任鸿隽、闻一多、邵洵美、余上沅、陈源等人也参加了若干活动，总数也就 20 人左右。平社是一个松散的具有学术研讨性质的跨学科的自由主义知识分子社团，某种意义上具有学术沙龙的性质，以胡适为核心，以新月派同人为骨干，扩大至人文社会科学各个专业的学者。

平社的议政报告在《新月》上的发表，使《新月》从第 2 卷第 2 期开始一改之前偏向文艺的面貌，以口诛笔伐的论政内容突破了文艺杂志的界限，迅速成为举国上下瞩目的议政刊物。平社活动伊始，就围绕人权问题与国民党当局进行了一场论战，也正是由于这场论战，平社的主张才产生了广泛的社会影响，成员的思想倾向也进一步明晰。

当时，国民党当局在南京建立政权和东北易帜之后，宣布由"军政"过渡到"训政"阶段，对人民的集会、结社、言论、出版等自由权在"法律范围内加以限制"。由自由主义知识分子组成的平社成员发表了一系列文章，向国民党当局发起论战，其中包括胡适的《人权与约法》《我们什么时候才可有宪法？》，罗隆基的《专家政治》《我对党务上的"尽情批评"》和梁实秋的《论思想统一》等一系列文章。这些文章和撰稿人立即遭到国民党当局高压对待，国民党中央训练部要求国民政府令行政院转饬教育部对胡适严加警告，并迫使他辞去上海中国公学校长一职，刊载他们文章的《新月》杂志也被密令没收焚毁。

随着平社议政活动的展开，平社成员们从最初关注人权、约法、民主等问题也扩大到社会各个方面。1929 年 5 月 11 日平社第四次聚餐会上，罗隆基讲述了英国费边社的历史及议政方式，胡适随即发起倡议，认为平社也可以效仿费边社的议政方法，请成员们各准备一篇论文，总题目为《中国问题》，每人承担一方面的写作任务，分期提出讨论，然后在《新月》上发表，倾听社会反响，最后按照费边社编辑出版《费边论丛》的形式将这些论文合刊为一部书。1929 年 5 月 19 日，胡适在日记中记载，他们决定从种族、社会、经济、科学、思想、文学、道德、教育、财政、政治、国际、法律等 12 个方面分别作报告论文，共同讨论《中国问题》。与此同时，平社成员也开始有计划地翻译介绍拉斯基的著作和文章，新月书店还出版了拉斯基的《政治》一书。

从 1930 年开始，平社的活动方式由一人报告改为两人互相辩论，再由大家讨论。1929 年大家讨论的总题目是"中国的现状"，1930 年讨论的总题目则是"我们怎样解决中国的问题"，和之前一样也分列了许多子题目由各人承担。1930 年 4 月 12 日，胡适向平社提交了《我们走那条路》的文章，作为他制定的"我们怎样解决中国的问题"的总题的引论。此文刊于《新月》第 2 卷第 10 期，立刻引起国内舆论的热烈讨论。① 到 1930 年 7 月，由于国民党内部矛盾曝光，汪精卫公开声讨蒋介石，罗隆基、王造时等平社成员趁机发表了《从"真命天子"到"流氓皇帝"》等言辞激烈的文章，罗隆基很快因此遭到拘捕。

1930 年 11 月底，胡适前往北大任教，平社活动中断。原定的议题和讨论方向由潘光旦加以汇总在《新月》刊出。1931 年初，潘光旦将这些文章共 10 篇归集为《中国问题》一书，由新月书店出版。全书分为政治，财政，人口，农民，制度与民性，宗教与革命，姓、婚姻、家庭的存废，教育，优生共 9 个方面，此书被赞为替中国人"指出一条共同努力的方向"。而徐志摩、邵洵美出面改组《新月》后主张该刊以后不谈政治。可以说，平社的议政活动是知识分子仿照费边社的活动方式对国民党专制统治所做的微弱的抗争，由于国民政府施加的高压，平社很快偃旗息鼓，收回了言辞激烈的议政论争。

三　主张与批评派

主张与批评派是中国现代思想史上一个具有鲜明特色的政治派别，其主要成员王造时、彭文应、潘大逵和罗隆基等都与新月社成员重合，其思想观点也在很大程度上与新月社有交集和兼容之处。他们以《主张与批评》《自由言论》为阵地，以宣扬费边社会主义为宗旨，以政治民主加经济民主作为改造中国的方案，他们的思想成为后人研究近代民主社会主义的重要素材。

（一）主张与批评派的成员

主张与批评派得名于 1932 年创刊的《主张与批评》杂志，是以杂志社同人为面貌出现的一个政治团体。比之新月社，尤其是新月社前期和中期，主张与批评派将浓厚的文学色彩和以排演戏剧、创作新诗为主要活动的内容基本排除在外，更加纯粹地聚焦于政治问题、社会问题，似乎体现了新月社胡适等人建立平社专论政治的初衷，但在时间节点上，又排在平社之后。按 1932 年《主张与批评》创刊时算起，胡适已经于 1930 年 11 月底北上北大任教，由于国民党反动当局的高压政策，胡适等

---

① 沈卫威：《中国式的"费边社"议政——胡适与"平社"的一段史实》，《史学月刊》1996 年第 2 期。

人已经放弃了在公众言论层面过分刺激当局的做法，转而不谈政治，只谈社会问题。

主张与批评派的主要成员有王造时、彭文应、潘大逵、徐敦璋、罗隆基、诸青来、丁廷标、华鼎彝、薛迪靖、张培均、魏寒铁等人。其中，核心成员主要是王造时、彭文应、潘大逵和罗隆基。

王造时（1903—1971年），原名雄生，江西安福人。1918年考入北京清华学校中等科，1925年赴美国威斯康星大学攻读政治学专业。1929年获政治学博士学位后于同年8月进入英国伦敦政治经济学院，师从著名政治学家拉斯基，研究并接受了费边社会主义思想。1930年回国后任上海光华大学、中国公学政治学教授。

彭文应（1904—1962年），别名爵缘，江西安福人。1917年年仅13岁的彭文应考取清华学校，1925年彭文应赴美国威斯康星大学攻读政治学专业，获学士学位，之后进入哥伦比亚大学攻读政治学硕士学位。1932年回国后，彭文应在上海担任上海法学院及光华大学教授。

潘大逵（1902—1991年），四川开县人。1917年进入清华学校，1924年毕业，次年赴美留学，获得威斯康星大学法学硕士学位。1930年回国后，先后担任上海法学院、朝阳大学、云南大学、重庆大学教授。1932年开始，与王造时、彭文应等创办《主张与批评》《自由言论》等刊物，成为主要撰稿人。

罗隆基（1896—1965年），字努生，江西安福人。1913年考入清华学校，1921年赴美留学，进入威斯康星大学获学士学位，之后进入哥伦比亚大学攻读哲学博士学位。1925年前往伦敦政治经济学院师从拉斯基。1928年回国后任《新月》杂志主编，曾任中国公学政治经济系教授，光华大学政治系主任，暨南大学、南开大学教授。

从这四人早期的人生轨迹可以看出，他们的确有很多相似之处。四人之中有三个是江西安福人，都考取了清华学校，毕业之后都有赴美留学的经历，罗隆基和王造时两人都有赴英国伦敦政治经济学院师从拉斯基的求学经历。

清华学校是美国用庚子赔款建立的一所预备留美的学校，学制是中等科4年、高等科4年、留美5年，一共13年。他们从十三四岁起，在清华学校接受了长达8年的美式教育，对他们而言，这种影响是极为深刻的。王造时后来回忆说："在清华读书八年，我深深受到美国资本主义教育的感染。"①

哈罗德·拉斯基是 20 世纪二三十年代英国工党著名政治理论家和政治活动家，费边社成员，长期在英国伦敦政治经济学院执教。拉斯基还曾担任英国工党执行委员会委员（1939—1946 年）和主席（1945—1946年），作为多元主义国家理论的创始人之一和英国工党左翼理论家，他的学说在英美等国政治学界产生过重大影响。他在伦敦执教期间，有不少中国留学生师从于他，从他这里逐渐认识并接受了费边社会主义学说，其中就包括王造时和罗隆基。20 世纪 40 年代末，罗隆基曾在一篇文章上署名为"拉斯基一门徒"②，拉斯基对他的影响可见一斑。

《江西文史资料选辑》第 19 辑收录的潘大逵《代序——我对王造时同志的点滴回忆》一文记载："在威大这段时间，造时非常关心国内政治前途。……我们当时对国民党的专制独裁、腐败无能都非常反对，但对中国共产党的主张，由于缺乏资料，无有较深的认识，只有部分的赞成，因而对中国前途颇感焦虑。他当时有强烈的爱国思想，很想成立一个政治组织，曾约集几位同学如徐敦璋、彭文应、王国忠、陈国珫和我等每月节约一点钱，由他保管储蓄，为将来回国创办刊物的基金。"③ 而正是这笔钱，成为后来创办《主张与批评》《自由言论》的启动资金，也正是这几个人，成为后来主张与批评派的核心成员。

1930 年前后，罗隆基、王造时、潘大逵、彭文应四人先后回国，他们既不想到南京去做反动政府的官吏，又由于自身的阶级背景和教育背景倾向于资产阶级改良主义，故而也没有投向无产阶级革命道路。在他们看来，到大学任教也就成了自然而然的事情。这里既有相对宽松的环境，又能确保衣食无虞，方便他们实现改良政治、宣传思想的理想和使命。

其中，罗隆基、王造时、彭文应都选择了光华大学的政治系，潘大

---

① 叶永烈：《王造时——我的当场答复》，北京：中国青年出版社，1999，第 67 页。

② 转引自谢泳《罗隆基的一生》，载《谢泳自选集》，天津：百花文艺出版社，1999，第 126 页。

③ 潘大逵：《代序——我对王造时同志的点滴回忆》，载中国人民政治协商会议江西省委员会文史资料研究委员会编印《江西文史资料选辑》第 19 辑，1986，第 1—2 页。

遂选择了上海法学院。共同的就业选择，让他们再次走到了一起，相同的政治取向，让他们有了用一个声音说话的冲动。在这种背景下，《主张与批评》杂志应运而生，而以此杂志名命名的主张与批评派也最终形成。

（二）《主张与批评》与《自由言论》

《主张与批评》杂志于 1932 年 11 月 1 日在上海创刊，主编王造时，为政论性半月刊。杂志面向全国发行，在全国各省市县大书坊设有分销处。《主张与批评》发表了王造时的《国民党怎么办》一文，因言辞激烈，仅出了 4 期，就被国民政府查禁，罪名是"肆意诋毁本党"，"系属反动刊物"。事后，主张与批评派多次要求国民党当局取消禁令，均未成功。

在这一背景下，主张与批评派转而出版发行另一刊物《自由言论》。该杂志于 1933 年 2 月 1 日创办，1934 年 1 月再次遭到查禁，前后共发行 24 期。可以这样说，《自由言论》其实是《主张与批评》的改头换面，换了个杂志名称而已，其主要撰稿人和宣传的思想都如出一辙。

如此短命的两种刊物，在当时的中国思想界竟然能引起重视，并使王造时等人因此得名"主张与批评派"，大概与这两种刊物的独特性有很大关系。两种刊物虽然是自由主义知识分子创办的，但它们跟其他政论性刊物最大的区别就是，"它不是一个可以公开讨论问题、提出不同思想的论坛，而是一个宣传费边社会主义的窗口和平台，它对所探讨的问题和提出的简介有严格的规定"①。《主张与批评》的发刊词《我们的根本主张》指出："所谓主张，就是我们对于改造中国的见解，发表的主张……乃是代表我们忠实负责的信仰与意见。"② 虽然杂志也欢迎读者投稿，但是所投稿件"须与本刊的根本主张（见本刊第一期）大体相同"③。这一规定，虽然不可避免地拒绝了绝大部分读者的来稿，却也保证了杂志主题思想的纯洁，保证了刊物的特色。

《主张与批评》的主旨思想是宣扬在中国实行费边社会主义。费边

---

① 刘是今：《一个鲜为人知的费边社会主义宣传团体——主张与批评派初探》（上），《广西社会科学》2007 年第 12 期。
② 王造时：《我们的根本主张》，《主张与批评》第 1 期，1932 年。
③ 刘是今：《一个鲜为人知的费边社会主义宣传团体——主张与批评派初探》（上），《广西社会科学》2007 年第 12 期。

社会主义认为公平、公正是人道主义的要求，认为一个民主政府可以将社会产品进行平等公平的分配，他们原则上反对暴力革命，反对阶级斗争，主张在资本主义体制内进行和平、渐进、民主的改革，以实现生产资料的国有，最终在资本主义制度内"和平长入"社会主义。因而，他们对社会主义的简单表述就是政治民主加经济民主。在主张与批评派看来，费边社会主义道路完美地把资本主义与共产主义结合起来，正是中国未来的理想道路。

这一基本思想集中反映在发表于杂志第 1 期的创刊词《我们的根本主张》中，主要包括四点：第一，"主张实现独立统一的国家"，崇尚国家的独立，反对帝国主义在华势力和封建军阀的割据；第二，"组织社会主义的生产"，主张实行国有经济、计划生产，反对个人垄断；第三，"建设民主法治的政府"，主张以法治国、保障民权，反对国民党和个人独裁；第四，"提倡科学的文化"，主张发扬五四新文化运动精神，反对复古倒退。该文涉及内政外交、经济、文化各个方面，集中表达了主张与批评派的基本思想，实际上成为该派日后的政治纲领。

对自由与民主的宣传注定了主张与批评派的命运是悲剧的。1934 年 1 月，《自由言论》再次遭到反动当局的查禁，这个派别就此失去了他们的舆论宣传阵地。除罗隆基以外，主张与批评派整体加入救国会，逐步接受中国共产党的影响与领导，成为中国共产党的外围组织。[①]

四 主流社与中国民主自由社会主义学会

到了 1945 年，虽然国民党反动当局一直拒绝实行"宪政"，但阻碍不了中国人民对自由和民主的探索。抗日战争结束之后，在对敌接收和军政复员过程中，国民党政府的腐败无能一再暴露出来，政治上一片混乱，经济上濒于崩溃，社会上不满情绪充斥。在这种情况下，一些知识分子再次开始在中国宣传费边社会主义道路，其代表就是罗梦册和主流社。

罗梦册，字瑾南，河南南召县人，1906 年生，1932 年毕业于河南大

---

① 刘是今：《一个鲜为人知的费边社会主义宣传团体——主张与批评派初探》（下），《广西社会科学》2008 年第 1 期。

学前身中州大学的文史系，1934 年赴英留学，其间对费边社会主义思想和工党的政治活动做过深入系统的研究，并搜集了一些有关费边社会主义理论和工党形成发展的资料。1937 年罗梦册回国，1939 年任中央政治学校研究所研究员，1945 年任国立政治大学教授，从事政治历史方面的研究和教学。

早在抗战时期，罗梦册在重庆中央政治学校从事研究教学工作时，就不断宣扬费边社会主义思想，并注意物色对这一主张感兴趣的学生。抗战胜利后，中央政治学校迁回南京，罗梦册周围已经团结了一小批笃信费边社会主义思想的人。他们大都是刚刚大学毕业踏入社会的 20 多岁的青年，虽然社会阅历很浅，但是热情很高，勇于为理想做出贡献。罗梦册认为时机成熟，就以他的学生为主组成了主流社，于 1946 年上半年创办《主流》月刊。

主流社曾经的成员聂常庆对《主流》发表的文章做过归纳分类：第一类，介绍英国费边社会主义思想理论及其发展过程，介绍费边社产生发展的历史，介绍费边社会主义著名学者及其著作的内容；第二类，介绍英国工党的政治主张，介绍工党历史上著名政治家的言论著作；第三类，谴责当时国民党政府的腐败无能，批判揭露官僚资产阶级对国民经济的垄断控制，把贪污腐化的官吏和唯利是图的官僚资本家直指为革命的对象；第四类，批判共产主义不适合人类社会，批判马克思列宁主义的阶级斗争和阶级专政理论，反对暴力革命，反对没收私人财产；第五类，主张在中国实行民主自由社会主义的政治经济制度，鼓吹进行不流血的革命，在个别文章里也提出要贪官污吏和官僚资本家流血的激烈主张。①

这些文章宣扬的思想迎合了当时中国的一大批知识分子，《主流》出刊后发行量迅速从几百份增加到数千份。除了南京，罗梦册的家乡河南开封也有书店出售。据聂常庆介绍，《主流》杂志的撰稿人，除了罗梦册本人之外，其他全是 20 多岁使用化名的青年，绝大多数都是罗梦册的学生。每期刊物所载文章都是在罗梦册主持下，拟定题目，事前分配，经过个人起稿再集体讨论定稿。《主流》月刊的经费，没有任何名流富商的捐助，完全是社员想方设法筹措的，印刷、撰稿等一切杂务都由社员义务完成。

---

① 聂常庆：《费边社会主义在中国》，《河南文史资料》1992 年第 4 辑。

随着《主流》杂志的发行，主流社于 1947 年上半年宣布成立中国民主自由社会主义学会，原来主流社的社员当然是新成立的学会会员，虽然社会上对主流社思想有兴趣的人不少，但学会并没有迅速扩大，而是谨慎缓慢地吸收新成员。主流社对其成员素质要求较高，不但要对《主流》宣传的思想坚信不疑，还要有较高的道德品质。据聂常庆介绍，在河南只有聂本人、孙明诚和韦德懋三个人，学会成立后，聂常庆在河南民政厅的同事王炎升，韦德懋在三青团河南支团部的同事黄云楼被吸收为会员，之后孙明诚的妻子刘静生也被吸收为会员。河南会员总共不过十几个人，南京是学会总部所在地，会员数量大概比河南多一些，四川和江西的人数也不会超过河南，约略计算中国民主自由社会主义学会的成员只有数十人。

学会成员的活动，主要是阅读《主流》杂志，宣传《主流》鼓吹的思想，讨论《主流》刊发的文章。学会一般被认为是政治团体，罗梦册也自认为是政治团体。但从会员活动内容来看，对理论、知识、学术的研究探讨多了些，从一个政治团体角度要求，就有很多不足之处。首先，学会没有入会仪式，新会员入会，经人介绍讨论通过，填写登记表即可。其次，学会也没有组织形式，学会权力机构、执行机构怎么产生，各部门负责人是谁，各省会支部组织负责人是谁，都没有规定。最后，学会没有纪律要求，这直接导致了学会的夭折。1948 年夏秋之际，《主流》杂志曾经的会计携款潜逃，罗梦册等几个人的积蓄也在会计手中，杂志随即陷入困境。当时解放战争已经打响，解放军已经逼近长江北岸，杂志复刊事宜终因战局紧张作罢。

新中国成立以前，社会主义在中国的传播有两次高潮。第一次是 20 世纪初，中国人主要通过日本了解到西方各派社会主义学说，并将之传入中国国内，引发了中国历史上第一次对社会主义的探索，给长期闭关自守的古老中国打开了窗户，引进了第一道社会主义的曙光，使中国开始知道了西方还有各种社会主义的学说和派别。中国历史上第二次探索社会主义的热潮是在 1919 年五四运动之后。"十月革命一声炮响，给我们送来了马克思列宁主义。"[1] 这时第一批初步接受了科学社会主义世界

---

[1] 《毛泽东选集》第 4 卷，北京：人民出版社，1991，第 1471 页。

观的先进知识分子开始自觉地在中国传播科学社会主义。科学社会主义在中国的正式传播引发了关于社会主义的大论战，形形色色的社会主义流派粉墨登场与科学社会主义进行了辩论。正是通过这样一场大论战，中国的先进知识分子认清了社会改良主义与无政府主义的谬误与危害，自觉地选择了科学社会主义作为指导思想，并且把它与中国工人运动结合起来，创立了中国共产党。随即在科学社会主义指导下、在中国共产党的领导下，开展了中国的社会主义运动。中国共产党领导中国人民完成了新民主主义革命、社会主义革命，并正在进行改革开放这一新的伟大革命，使中国发生了翻天覆地的变化。费边社会主义在中国的昙花一现，反映了社会主义思潮在中国传播的曲折历程，反映了中国人对社会主义思想进行探索、甄别的过程。

结语：对费边社会主义的简要总结和评价

　　1905 年，费边社执行委员会请肖伯纳就费边社成立二十年来的"政治性建议的成果"写一篇文章。一个月后，肖伯纳在一封肖伯纳式风格的复信中拒绝了这一要求。他指出，尽管事实上英国政治中一切好的东西都是通过费边社取得的，但如果这样讲出去，就没有人会相信。肖伯纳当然有点夸大其词，但今天如果有人想做出类似的评价，可能会碰到同样的困难。

　　费边社从不强迫它的社员服从它的指示，对于自行其是的费边社员，它也无法将其开除。20 世纪 80 年代曾经分裂费边社和背叛工党的费边社主席雪莉·威廉姆斯，受到的惩罚仅仅是被剥夺在费边社内的投票资格。这样的情况造成的问题就是使人分不清单个费边社员究竟是以费边社员的名义进行活动，还是以工党党员的身份，抑或是以个人身份。换个说法，如果一名非费边社的个人所提出的建议与费边社一直以来的宣传一致，是否可以说是因为受了费边社的启发呢？就像伯恩施坦的修正主义还有《贝弗里奇报告》。但是无论如何，费边社会主义还是有实际意义的，并且它的多数影响也都是有迹可循的。因此，正如英国著名政治学家欧内斯特·巴克所说："未来的历史学家很可能会像当今的历史学家重视边沁主义那样重视费边主义。"① 通过历史的视角可能将费边社会主义的影响看得更为透彻。就本书对费边社会主义的研究，它的影响主要体现在以下四个方面。

　　第一，费边社会主义者改变了英国人对贫穷的观念。在 19 世纪后期，贫穷被视为贫穷者自身的过失，是不可避免的社会事实。如果严刑威逼的话，失业是可以避免的。正是费边社的不懈努力使英国人逐渐改变了这一观念。就像他们在第 1 号"费边短评"《为什么如此多人贫困

---

　　① 〔英〕欧内斯特·巴克：《英国政治思想——从赫伯特·斯宾塞到现代》，黄维新、胡待岗等译，北京：商务印书馆，1987，第 148 页。

不堪?》中所指出的，费边社会主义者认为如果有一个社会保险制度的话，贫困是可以消除的。经过几代费边社会主义者的努力，福利国家的建设终于实现。费边社对此的贡献不仅仅在于提出某些建议，它并不是唯一的提倡者。它的作用在于以事实和论证为依据，进行广泛的、持续的宣传，终于使事情朝着他们想要的方向发展。

第二，费边社会主义使英国人普遍接受了社会主义观念。在费边社成立的年代，英国只有一个社会主义组织——信奉马克思主义的社会民主联盟。它在工人中比费边社受到更大的欢迎，但始终没有费边社那样广泛的影响。费边社会主义使人相信，社会主义不必是深奥晦涩的理论，它能够以周围日常可见的社会进化为依据，用人人都懂的通俗语言来证明，社会主义不过是现存的社会即将进入的下一个阶段。爱德华·皮斯曾在《费边社的历史》中暗示，费边社会主义一个重要的成就是打破了对马克思主义的迷信。这一点主要是针对社会民主联盟那种将马克思的每句话都当作圣经的做法。本书已经论证了，费边社会主义受到马克思主义影响之处，远远超出费边社会主义者所批评的地方。他们实际上褪去了马克思主义的暴力革命色彩，使马克思对资本主义必然灭亡、社会主义必然胜利的论断更能为英国人所认可。

第三，费边社创造了一个现代工党。费边社参与了英国工党的成立，但在之后，它们在很长一短时间内都各行其是。直到 1918 年，韦伯和亨德森这两位费边社员联手为工党制定了一个党章和纲领，使它从一个松散的工会组织和社会主义的联合体，成为一个有纪律、有追求的现代政党。并且，"它在以后四十多年中的改变比教育制度的改变小得多"①。工党的党章几乎毫无改动，工党的政策和纲领也始终保持《工党与新社会秩序》的观点。直到 20 世纪 50 年代，费边社和工党才发现它们都需要改变。

第四，费边社会主义改变了社会民主主义的内涵。在社会民主主义是科学社会主义的同义语的时代，费边社会主义所表达的社会民主主义的概念已经是 20 世纪中期的了。1889 年《费边论丛》所阐述的社会主

---

① 〔英〕玛格丽特·柯尔：《费边社史》，杜安夏、杜小敬等译，北京：商务印书馆，1984，第 345 页。

义思想，如本书所总结的，包括渐进的社会发展与变革、民主是社会主义的本质、社会主义也是道德要求、完善的国家与地方自治和多元性的世界观等，几乎可以完全移植到后来的民主社会主义的纲领中去。正如罗素所说："政治、经济先进的国家里发展起来的哲学，在它的出生地无非是流行意见的一个澄清和系统化，到别的地方可能成为革命热血的源泉，最后会成为现实革命的源泉。"① 这种说法非常凝练地解释了社会民主主义的内涵从科学社会主义转移到费边社会主义的原因。

　　本书目前为止主要从积极、正面的意义来讨论费边社会主义的影响。以下就研究中的一点心得来谈谈费边社会主义的不足。当然，最大的不足就是作为民主社会主义的滥觞，费边社会主义与马克思主义有着本质的区别，这一点已经在书中多个地方论证过了。以下主要从费边社会主义本身的发展与特点方面来简要论述。

一　"眼高手低"

　　费边社会主义的影响，从 20 世纪 50 年代以来就一直呈现出下降的趋势。以对工党的影响为例，在 50 年代之前，著名的费边社员，其在费边社的身份是重于其工党党员的身份的，例如韦伯夫妇，人们首先认为他们是费边社员，然后才是工党党员。在 1950 年后，著名费边社员的身份都是以工党党员或工党理论家的身份为人所知，例如克罗斯兰、克罗斯曼等人。正像玛格丽特·柯尔所说的，费边社的命运已经趋向"追随选举结果"，即工党的命运了②。要知道费边社的资格老于它所帮助成立的工党，工党成立时的其余两个社会主义团体早已不复存在。工党的章程从来没有束缚过费边社，反倒是费边社在为工党出谋划策的同时，直言不讳地指出它执政时的不足。这一点可以从柯尔对费边社的定性中找到答案。柯尔指出，费边社不是一个政党，它的目标是去影响他人而不是去实践自己的观点与政策。费边社是一个思考和讨论的组织，而不是

---

① 〔英〕罗素：《西方哲学史》（下），何兆武、李约瑟译，北京：商务印书馆，2013，第139—140 页。
② 〔英〕玛格丽特·柯尔：《费边社史》，杜安夏、杜小敬等译，北京：商务印书馆，1984，第 328 页。

选举组织，它将这项任务留给其他机构①。因此，费边社非常满意自己作为"大脑"的地位。费边社评价自己的标准是有多少政策和建议能够被付诸实践，并不是它亲自去实践，而是被无论哪个党执政的政府采纳。它从来不看重社员人数的多少。1893 年，在新成立的独立工党，将《费边论丛》出版后雨后春笋般成立的费边社地方分社纷纷吸纳过去后，费边社感到的是如释重负而不是难过。因为它可以更加不受约束地实现其"渗透"政策了。换句话说也就是制定政策，然后找到合适的人去实施。这种定位在很大程度上限制了费边社的发展壮大，但同时也使它保持了独立研究的地位。

二 "孤芳自赏"

费边社从一开始就是一个有限制的团体，即只限于有一定的经济地位，并有很高文化水平的人加入。像肖伯纳那样以嬉笑怒骂的态度来传播社会主义的人，是不容于其他的社会主义团体和工人组织的。如他本人所说："我们养成了自由嘲笑自己的宝贵习惯，这种习惯使我们总是显得与众不同，使我们免于受到那些把社会运动同他们的热情混为一谈的狂热分子的阻碍。这种人刚看了我们一眼就走开了，说我们不严肃。我们对于实际建议和批评的欣赏，对于那些对工人阶级的热望仅仅表示同情的不满，更不用说我们总爱取笑我们的对手而不把他们斥责为人类的敌人的做法，都使一些热心和善辩的社会主义者与我们分道扬镳。对他们来讲，面对社会主义者所反对的苦难，哪怕是保持一般的冷静，也似乎是太冷淡无情和玩世不恭了。"② 这种态度使费边社在很长时间内都无法重视工人阶级的政治运动，而热衷于对保守党和自由党的"渗透"。这种态度也在很大程度上限制了工人阶级入社的可能。这也解释了为什么在费边社人数不足百人的时候，另一个对阶级成分要求不高的社会主义团体社会民主联盟的人数达到数千人。对许多诚实正直的社会主义者来说，"费边"这个名字就是他们感到气愤的原因。在费边社会主义成为工党的主导思想后，许多地方工党党员还认为"费边"不过意味着高

---

① G. D. H. Cole, *The Fabian Society: Past and Present* (London: Fabian Society, 1942), p. 15.
② 〔英〕玛格丽特·柯尔：《费边社史》，杜安夏、杜小敬等译，北京：商务印书馆，1984，第 26 页。

级的势利小人。这在很大程度上，是它一直执行的千方百计走上层路线的"渗透"政策所造成的。

三　"抓小放大"

费边社会主义作为一个完整的理论体系，有目标、有策略、有主张、有论证。但是，作为一个理论体系，它在理论深度方面做得不够好。就像本书在研究的难点中所说的，费边社会主义多是就事论事地解决实际问题，少有就抽象哲学问题做深奥的长篇大论。费边社的成名作和代表作都是论文集就是最好的证明。这也是英国思想界的一个特点，与恩格斯在《反杜林论》中提到的，在德国，最不起眼的哲学博士，甚至大学生，动辄就要创造一个完整的"体系"，形成鲜明的对照。马克思主义之所以具有强大而持久的生命力，首先就在于它拥有明确的唯物史观这个哲学基础。马克思主义哲学揭示的是自然、社会和人类思维发展的一般规律。科学社会主义着重研究的是无产阶级和全人类的解放，更具体的是改变资本主义世界和建设社会主义世界的一般规律。费边社会主义在形成过程中，尽管也受到马克思、边沁、穆勒、斯宾塞等人哲学思想的影响，但是它的理论在哲学高度方面有着明显的不足。费边社会主义被许多人认为没有哲学基础。就像玛格丽特·柯尔所说的，费边主义者在与马克思主义一刀两断的同时，可能是把精华连同糟粕一同抛掉了①。这里指的是他们满足于做那种自得其乐、琐碎无益的分析，而缺乏关于原则的基本讨论。从历史上来说，许多费边社员还是有很高的学术成就和出色的理论功底的，如韦伯夫妇、柯尔、拉斯基、H. G. 威尔斯等，他们都不是像马克思、恩格斯、列宁那样划时代的巨人，但是也在社会主义理论、经济学、政治学等领域出类拔萃。今天的费边社会主义思想更像是观点的折中与批评，缺少理论方面的创新。

尽管费边社会主义有着种种的不足，但是没有一个理论是完美的。如肖伯纳所指出的，"费边之名可能消失，费边之种子永远延续"②。费边社那种实事求是、不惧权威、开明民主的态度不断推动着人类思想的更新。

---

① 〔英〕玛格丽特·柯尔：《费边社史》，杜安夏、杜小敬等译，北京：商务印书馆，1984，第 340 页。

② 张明贵：《费边社会主义思想》，台北：联经出版事业公司，1985，第 400 页。

参考文献

一 经典著作

1. 《马克思恩格斯文集》（第1—10卷），北京：人民出版社，2009。

2. 《马克思恩格斯选集》（第1—4卷），北京：人民出版社，2012。

3. 《资本论》第1卷，郭大力、王亚南译，上海：上海三联书店，2012。

4. 《列宁选集》第1—4卷，北京：人民出版社，2012。

二 中文著作

1. 曹婉莉：《韦伯夫妇研究》，上海：上海社会科学院出版社，2012。

2. 高放：《社会主义的过去、现在和未来》，北京：北京出版社，1982。

3. 何声：《英国社会主义的发展与成就》，香港：自由出版社，1952。

4. 李华锋：《英国工党政坛沉浮与主导思想的关系研究》，北京：中国社会科学出版社，2013。

5. 钱乘旦、许洁明：《英国通史》，上海：上海社会科学院出版社，2013。

6. 商文斌：《战后英共的社会主义理论及英共衰退成因研究》，北京：中国社会科学出版社，2010。

7. 阎照祥：《英国政治思想史》，北京：人民出版社，2010。

8. 殷叙彝：《民主社会主义论》，北京：中央编译出版社，2007。

9. 张光明：《布尔什维主义与社会民主主义的历史分野》，北京：中央编译出版社，1999。

10. 张光明：《社会主义由西方到东方的演进》，昆明：云南人民出版社，2004。

11. 张明贵：《费边社会主义思想》，台北：联经出版事业公司，1985。

12. 张志洲：《英国工党社会主义意识形态变迁研究》，北京：社会科学文献出版社，2011。

三　译著

1. 〔德〕爱德华·伯恩施坦：《一个社会主义者的发展过程》，史集译，北京：生活·读书·新知三联书店，1962。

2. 〔德〕爱德华·伯恩施坦：《斐迪南·拉萨尔及其对工人阶级的意义》，郑异凡、梁建华、于沪生译，北京：生活·读书·新知三联书店，1964。

3. 〔德〕爱德华·伯恩施坦：《社会主义的前提和社会民主党的任务》，殷叙彝译，北京：生活·读书·新知三联书店，1973。

4. 〔德〕爱德华·伯恩施坦：《社会主义的历史和理论》，马元德、严隽旭、彭金安、蔡升译，北京：东方出版社，1989。

5. 〔英〕艾德礼：《工党的展望》，吴德芬、赵鸣岐译，北京：商务印书馆，1961。

6. 〔英〕艾伦·胡特：《英国工会运动简史》，朱立人、蔡汉敖译，北京：世界知识社，1954。

7. 〔比〕艾·王德威尔得：《社会主义反对国家》，马清槐译，北京：生活·读书·新知三联书店，1964。

8. 〔英〕安东尼·克罗斯兰：《社会主义的未来》，轩传树、朱美荣、张寒译，上海：上海人民出版社，2011。

9. 〔奥〕奥托·鲍威尔：《布尔什维主义还是社会民主主义?》，史集译，北京：生活·读书·新知三联书店，1978。

10. 〔美〕巴林顿·摩尔：《专制与民主的社会起源——现代世界形成过程中的地主和农民》，王茁、顾洁译，上海：上海译文出版社，2013。

11. 〔英〕柏克：《法国革命论》，何兆武、许振洲、彭刚译，北京：商务印书馆，2010。

12. 〔英〕伯特兰·罗素：《自由之路》，何新译，北京：商务印书馆，1959。

13. 〔英〕戴维·麦克莱伦：《马克思以后的马克思主义》，余其铨、赵常林等译，北京：中国社会科学出版社，1986。

14. 〔英〕E. P. 汤普森：《英国工人阶级的形成》（上下卷），钱乘旦等译，南京：译林出版社，2013。

15. 〔奥〕F. A. 哈耶克：《致命的自负》，冯克利、胡晋华译，北京：中国社会科学出版社，2007。

16.〔英〕佛兰克·赫理斯：《萧伯纳传》，黄嘉德译，北京：外国文学出版社，1983。

17.〔德〕弗·梅林：《马克思传》，樊集译，北京：人民出版社，1972。

18.〔德〕弗·梅林：《德国社会民主党史》（第1—4卷），青载繁译，北京：生活·读书·新知三联书店，1963—1966。

19.〔英〕G. A. 科恩：《为什么不要社会主义》，段忠桥译，北京：人民出版社，2012。

20.〔英〕G. D. H. 柯尔：《社会主义思想史》（第1—5卷），何瑞丰等译，北京：商务印书馆，1981—1997。

21.〔英〕哈罗德·威尔逊：《英国社会主义的有关问题》，李崇淮译，北京：商务印书馆，1966。

22.〔英〕哈罗德·J. 拉斯基：《欧洲自由主义的兴起》，林冈、郑忠义译，北京：中国人民大学出版社，2012。

23.〔美〕汉娜·阿伦特：《马克思与西方政治思想传统》，孙传钊译，南京：江苏人民出版社，2008。

24.〔英〕赫伯特·斯宾塞：《社会静力学》，张雄武译，北京：商务印书馆，2012。

25.〔英〕J. S. 密尔：《代议制政府》，汪瑄译，北京：商务印书馆，2010。

26.〔德〕卡尔·考茨基：《恐怖主义和共产主义》，马清槐译，北京：生活·读书·新知三联书店，1963。

27.〔德〕卡尔·考茨基：《无产阶级专政》，何疆、王禺译，北京：生活·读书·新知三联书店，1963。

28.〔德〕考茨基：《爱尔福特纲领解说》，陈冬野译，北京：生活·读书·新知三联书店，1963。

29.〔德〕卡尔·考茨基：《一个马克思主义者的成长》，叶至译，北京：生活·读书·新知三联书店，1973。

30.〔德〕卡尔·考茨基：《近代社会主义的先驱》第1卷，韦建桦译，北京：商务印书馆，1989。

31.〔美〕卡尔·兰道尔：《欧洲社会主义思想与运动史》（上下卷），群立、刘山等译，北京：商务印书馆，1994。

32. 〔英〕柯尔：《社会学说》，李平沤译，北京：商务印书馆，1959。

33. 〔美〕克莱顿·罗伯茨、戴维·罗伯茨、道格拉斯·R. 比松：《英国史》（下册），潘兴明等译，北京：商务印书馆，2013。

34. 〔英〕克里门特·艾德礼：《走向社会主义的意志和道路》，郑肃译，北京：商务印书馆，1964。

35. 〔英〕拉尔夫·密利本德：《英国资本主义民主制》，博铨、向东译，北京：商务印书馆，1988。

36. 〔法〕卢梭：《社会契约论》，何兆武译，北京：商务印书馆，2003。

37. 〔英〕罗素：《西方哲学史》（上下卷），何兆武、李约瑟译，北京：商务印书馆，2013。

38. 〔英〕洛克：《政府论》（上下篇），叶启芳、瞿菊农译，北京：商务印书馆，2012。

39. 〔英〕玛格丽特·柯尔：《费边社史》，杜安夏、杜小敬等译，北京：商务印书馆，1984。

40. 〔德〕马克斯·比尔：《英国社会主义史》，何新舜译，北京：商务印书馆，1959。

41. 〔德〕马克斯·韦伯：《新教伦理与资本主义精神》，苏国勋、覃方明、赵立玮、秦明瑞译，北京：社会科学文献出版社，2010。

42. 〔德〕麦克司·比尔：《社会主义通史》，嘉桃、启芳译，北京：生活·读书·新知三联书店，1958。

43. 〔英〕密尔：《论自由》，顾肃译，南京：凤凰出版社，2010。

44. 〔英〕莫尔顿、台德：《英国工人运动史（1770—1920）》，叶周、何新等译，北京：生活·读书·新知三联书店，1962。

45. 〔英〕欧内斯特·巴克：《英国政治思想——从赫伯特·斯宾塞到现代》，黄维新、胡待岗等译，北京：商务印书馆，1987。

46. 〔英〕乔·柯尔：《费边社会主义》，夏遇南、吴澜译，北京：商务印书馆，1984。

47. 〔美〕乔治·萨拜因：《政治学说史》，邓正来译，上海：上海人民出版社，2011。

48. 〔英〕R. G. 甘米奇：《宪章运动史》，苏公隽译，北京：商务印书馆，1996。

49. 〔英〕社会主义同盟编著《二十世纪的社会主义》，孟长麟译，北京：商务印书馆，1964。

50. 〔英〕唐纳德·萨松：《欧洲社会主义百年史》（上下册），姜辉、于海青、庞晓明译，北京：社会科学文献出版社，2008。

51. 〔法〕托克维尔：《旧制度与大革命》，冯棠译，北京：商务印书馆，2012。

52. 〔英〕韦伯夫妇：《英国工会运动史》，陈建民译，北京：商务印书馆，1959。

53. 〔美〕西达·斯考切波：《国家与社会革命》，何俊志、王学东译，上海：上海人民出版社，2013。

54. 〔英〕锡德尼·维伯、比阿特里斯·维伯：《资本主义文明的衰亡》，秋水译，上海：上海人民出版社，2005。

55. 〔英〕肖伯纳主编《费边论丛》，袁绩藩、朱应庚、赵宗煜译，北京：生活·读书·新知三联书店，1958。

56. 〔英〕休谟：《休谟政治论文选》，张若衡译，北京：商务印书馆，2012。

57. 〔英〕约翰·密尔：《密尔论民主与社会主义》，胡勇译，长春：吉林出版集团有限责任公司，2008。

58. 〔英〕约翰·伊顿：《论英国工党的"社会主义"》，李一泯译，北京：世界知识社，1955。

59. 〔美〕约瑟夫·熊彼特：《资本主义、社会主义与民主》，吴良健译，北京：商务印书馆，2009。

60. 〔美〕张效敏：《马克思的国家理论》，田毅松译，上海：上海三联书店，2013。

61. 中共中央马克思恩格斯列宁斯大林著作编译局国际共运研究室编《德国社会民主党关于伯恩施坦问题的争论》，北京：生活·读书·新知三联书店，1981。

62. 中共中央马克思恩格斯列宁斯大林著作编译局资料室编《伯恩施坦言论》，北京：生活·读书·新知三联书店，1966。

四 期刊论文

1. 曹绍濂：《费边社思想的批判》，《武汉大学学报》1956 年第 1 期。

2. 曹媛媛：《费边社会主义的策略分析——对社会有机体进化的比较研究》，《云南社会主义学院学报》2014 年第 1 期。

3. 陈慧生：《费边派对待马克思学说的态度》，《当代世界与社会主义》1988 年第 2 期。

4. 陈慧生：《费边社的理论活动近况》，《当代世界与社会主义》1989 年第 4 期。

5. 樊文治：《英国独立劳工政治运动与费边社会主义》，《世界历史》1990 年第 2 期。

6. 关勋夏：《费边社会主义的产生及其反动本质》，《华南师院学报》（哲学社会科学版）1980 年第 2 期。

7. 关勋夏：《19 世纪 80 年代社会主义重新在英国出现》，《华南师范大学学报》（社会科学版）1995 年第 1 期。

8. 郭心悦：《费边主义中的社会福利思想及其对中国的启示》，《学理论》2012 年第 36 期。

9. 李柏红、宫敬才：《费边社渐进主义思想研究》，《人民论坛》2013 年第 29 期。

10. 刘是今：《一个鲜为人知的费边社会主义宣传团体——主张与批评派初探》（上），《广西社会科学》2007 年第 12 期。

11. 刘是今：《一个鲜为人知的费边社会主义宣传团体——主张与批评派初探》（下），《广西社会科学》2008 年第 1 期。

12. 刘是今：《拉斯基思想对 20 世纪 30 年代中国思想界的影响》，《湖南第一师范学院学报》2009 年第 6 期。

13. 刘是今：《20 世纪 30 年代王造时费边社会主义思想述论》，《湖南师范大学社会科学学报》2012 年第 6 期。

14. 刘淑青：《论费边社的现代福利理论》，《德州学院学报》2002 年第 1 期。

15. 刘雅丽：《王造时早期国家理论探析——"费边社会主义式的想法"》，《中共南昌市委党校学报》2004 年第 6 期。

16. 卢毅：《平社与费边社渊源初探——兼论拉斯基学说在中国》，《学术研究》2002 年第 3 期。

17. 毛杰：《费边社对初期英国工党的影响（1900—1918）》，《网络财富》

2010 年第 6 期。

18. 毛杰、于文杰：《略论费边社的社会福利思想》，《史学月刊》2012 年第 4 期。

19. 毛杰、于文杰：《费边社帝国主义观念的矛盾及其原因》，《贵州社会科学》2013 年第 2 期。

20. 聂常庆：《费边社会主义在中国》，《河南文史资料》1992 年第 4 期。

21. 沈卫威：《中国式的"费边社"议政——胡适与"平社"的一段史实》，《史学月刊》1996 年第 2 期。

22. 吴韵曦：《拉斯基与民国思想界》，《当代世界社会主义问题》2012 年第 3 期。

23. 徐孝明：《英国费边社会主义产生的历史背景与思想渊源》，《杭州师范学院学报》1997 年第 5 期。

24. 徐孝明：《试论早期费边社会主义的思想特点》，《杭州师范学院学报》1998 年第 4 期。

25. 徐学谦：《韦伯夫妇社会改良思想与实践》，《当代世界社会主义问题》2008 年第 1 期。

26. 曾汉祥、王凤鸣：《英国费边社评析》，《中国人民大学学报》1989 年第 4 期。

27. 张文成：《十九世纪末二十世纪初费边社的工人运动政策及其实践》，《国际共运史研究资料》1986 年第 2 期。

五　学位论文

1. 李柏红：《费边社会主义思想研究（1884—1984）》，博士学位论文，河北大学，2014。

2. 卢少鹏：《费边社会主义思想研究》，硕士学位论文，华东师范大学，2003。

3. 谭庆辉：《30 年代初思想界社会主义思潮的历史考察》，硕士学位论文，湖南师范大学，2007。

4. 万璐：《早期费边社会主义社会福利思想及其评价（1884—1914）》，硕士学位论文，华中科技大学，2009。

5. 王凤鸣：《费边社及费边社会主义述评》，硕士学位论文，中国人民大

236　　　费边社会主义的演变及影响（1884—2021 年）

学，1989。

6. 吴韵曦：《哈罗德·拉斯基的社会主义思想研究》，博士学位论文，中国人民大学，2013。

7. 徐学谦：《韦伯夫妇社会改良思想与实践研究》，博士学位论文，中国人民大学，2008。

8. 张明爱：《萧伯纳的费边社会主义思想》，博士学位论文，南京大学，2003。

六　外文著作

1. A. M. McBriar, Fabian *Socialism & English Politics 1884 – 1918*, London：Cambridge University Press, 1966.

2. A. W. Wright, *G. D. H. Cole and Socialist Democracy*, Oxford：Oxford University Press, 1979.

3. Beatrice Webb, *Our Partnership*, Cambridge：Cambridge University Press, 1975.

4. Ben Pimlott, edited, *Fabian Essays in Socialist Thought*, London：Fairleigh Dickinson University Press, 1984.

5. Bernard Shaw, *Sixteen Self Sketches*, London：Constable and Company Limited, 1949.

6. David Piachaud, *What's Wrong with Fabianism?*, London：Fabian Society, 1993.

7. Deirdre Terrins and Phillip Whitehead, *100 Years of Fabian Socialism: 1884 – 1984*, London：the Fabian Society, 1984.

8. Edward Pease, *The History of the Fabian Society*, New York：Book Jungle, 2008.

9. Ellie Levenson, Guy Lodge, Greg Rosen, *Fabian Thinkers: 120 Years of Progressive Thought*, London：Fabian Society, 2004.

10. Henry Pelling and Alastair J. Reid, *A Short History of the Labour Party*, London：Macmillan Press Ltd., 1996.

11. G. D. H. Cole, *Guild Socialism Re-Stated*, London：Leonard Parsons Ltd., 1921.

12. G. D. H. Cole, *The Meaning of Marxism*, London: Victor Gollancz Ltd. , 1948.

13. L. P. Carpenter, *G. D. H. Cole: An Intellectual Biography*, London: Cambridge University Press, 1973.

14. Margaret Cole, *The Life of G. D. H. Cole*, London: Macmillan St Martin's Press, 1971.

15. Margaret Cole, edited, *The Webbs and Their Work*, Westport: Greenwood Press, 1985.

16. Mark Bevir, *The Making of British Socialism*, Princeton: Princeton University Press, 2011.

17. Norman and Jeanne Mackenzie, *The Fabians*, New York: Simon and Schuster, 1977.

18. Patricia Pugh, *Educate, Agitate, Organize: 100 Years of Fabian Socialism*, London: Methuen, 1984.

19. Paul Q. Hirst, *The Pluralist Theory of the State: Selected Writings of G. D. H. Cole, J. N. Figgis, and H. J. Laski*, London: Routledge, 1993.

20. Peter Beilharz, *Labour's Utopias: Bolshevism, Fabianism, Social Democracy*, London: Routjedge, 1993.

21. Preston King, edited, *Socialism and the Common Good: New Fabian Essays*, London: Frank Cass & CO. LTD. , 1996.

22. R. H. S. Crossman, edited, *New Fabian Essays*, London: Turnstile Press, 1952.

23. Stanley Pierson, *Marxism and the Origins of British Socialism*, Ithaca and London: Cornell University Press, 1973.

24. Willard Wolfe, *From Radicalism to Socialism*, New Haven and London: Yale University Press, 1975.

七 外文期刊论文

1. Anthony W. Wright, "Guild Socialism Revisited", *Journal of Contemporary History*, Vol. 9, No. 1, 1974.

2. Anthony W. Wright, "Fabianism and Guild Socialism: Two Views of Democra-

cy", *International Review of Social History*, Vol. 23, No. 2, 1978.

3. David M. Ricci, "Fabian Socialism: A Theory of Rent as Exploitation", *Journal of British Studies*, Vol. 9, No. 1, 1969.

4. David Owen, "The Influence of Fabianism", *The Review of Politics*, Vol. 26, No. 3, 1964.

5. David W. Morgan, "The Father of Revisionism Revisited: Edward Bernstein", *The Journal of Modern History*, Vol. 51, No. 3, 1979.

6. E. J. Hobsbawm, "Bernard Shaw's Socialism", *Science & Society*, Vol. 11, No. 4, 1947.

7. George J. Stigler, "Bernard Shaw, Sidney Webb, and the Theory of Fabian Socialism", *Proceedings of the American Philosophical Society*, Vol. 103, No. 3, 1959.

8. Gertrude Himmelfarb, "The Intellectual in Politics: The Case of the Webbs", *Journal of Contemporary History*, Vol. 6, No. 3, 1971.

9. Gordon K. Lewis, "Fabian Socialism: Some Aspects of Theory and Practice", *The Journal of Politics*, Vol. 14, No. 3, 1952.

10. H. Kendall Rogers, "Eduard Bernstein Speaks to the Fabians: A Turning-Point in Social Democratic Thought?", *International Review of Social History*, Vol. 28, No. 3, 1983.

11. Jesse D. Clarkson, "The Background of Fabian Theory", *The Journal of Economic History*, Vol. 13, No. 4, 1953.

12. Josephine Fishel Milburn, "The Fabian Society and the British Labour Party", *The Western Political Quarterly*, Vol. 11, No. 2, 1958.

13. Leon D. Epstein, "Socialism and the British Labor Party", *Political Science Quarterly*, Vol. 66, No. 4, 1951.

14. Mark Bevir, "Fabianism, Permeation and Independent Labour", *The Historical Journal*, Vol. 39, No. 1, 1996.

15. Mark Bevir, "Sidney Webb: Utilitarianism, Positivism, and Social Democracy", *The Journal of Modern History*, Vol. 74, No. 2, 2002.

16. Mary E. Murphy, "The Role of the Fabian Society in British Affairs", *Southern Economic Journal*, Vol. 14, No. 1, 1947.

17. Mary Peter Mack，"The Fabians and Utilitarianism"，*Journal of the History of Ideas*，Vol. 16，No. 1，1955.

18. Peter Weiler，"William Clarke: The Making and Unmaking of a Fabian Socialist"，*Journal of British Studies*，Vol. 14，No. 1，1974.

19. William Irvine，"George Bernard Shaw and Karl Marx"，*The Journal of Economic History*，Vol. 6，No. 1，1946.

20. William Irvine，"Shaw, the Fabians, and the Utilitarians"，*Journal of the History Ideas*，Vol. 8，No. 2，1947.

附　录

费边社的基础与规则

费边社的基础（1887 年）①

费边社由社会主义者组成。

因此，它的目标是通过把土地和工业资本从个人和阶级的所有中解放出来，并为了大众的利益将其归于社会。只有这样，这个国家天然的和创造的优越条件才可以公平地为全民所享。

由此，费边社致力于消除土地的私人所有，以及因之而产生的为得到使用土地的许可和上等土地与位置的优势而支付租金的个人占有。

费边社进一步追求将工业资本在实际可行的情况下转交社会管理。这是因为，由于过去生产资料被垄断，工业的发明和剩余收入向资本的转化主要使所有者阶级致富，工人不得不依靠这个阶级来生存。

如果以上措施被付诸实践而无须补偿（尽管被剥夺所有权的人们会在社会认为合适的时候得到某种安慰），租金和利息将成为劳动者的报酬，依靠别人劳动而活的不劳而获的阶级将会消失，经济力量的自发活动将由于个人自由的干扰比目前体系下少得多而保证实际的机会均等。

为了达到这些目标，费边社力图传播社会主义的主张，以及因此产生的社会和政治变化（包括男女平等的公民权）②。它通过广泛传播经济、道德和政治等方面个人与社会间关系的知识来探索达到这些目标的方式。

---

① 译自 Fabian Society，The Fabian Parliamentary League（London：Fabian Society），1887。

② 括号中内容为 1907 年所增加。

费边社的基础（1919 年）①

规则的前两段与之前的相同，从第三段起改为：

因此，费边社致力于消灭土地私有，同时对已确定的遗产予以公平的考虑，并制定有关住宅和宅地使用权的适当规定；致力于通过宪法将可进行社会管理的工业转交社会；同时，致力于建立一个为公众谋利益的体制以取代为私人谋利益的思想体系，作为在生产、分配与行政管理中的指导思想。

费边社是工党及国际社会主义者会议的组成部分；但它不受约束地参加所有可以被引导为它自己的目标服务的社会、经济和政治诸方面的宪法运动。它的直接职责是①配合现时问题的社会主义宣传；②进行与社会、工业、政治及经济有关的调查与发现；③制定社会主义关于立法和重建行政管理的原则；④发表调查结果以及其政治教训。

费边社完全信奉男女平等公民权，它向所有献身于上述目标并保证促进它的工作的人——无论性别、种族和信仰——敞开大门。

费边社规则（1939 年）②

（1）本团体的名称为费边社。

（2）费边社是社会主义者的组织。因此，它的目标是通过对国家经济资源的集体所有及民主管理，建立一个保障机会均等、消灭个人及阶级的经济势力与特权的社会。它寻求以政治民主的方式达到这些目的。

---

① 引自〔英〕玛格丽特·柯尔《费边社史》，杜安夏、杜小敬等译，北京：商务印书馆，1984，第 351 页。1887 年的费边社基础一直沿用到 1919 年，几乎完全没有修改过。原因不是在于它是一个完美的共识，恰恰相反，多数人都对它不满意，没有修改是因为没有一个令各方满意的方案。1919 年已经投靠了工党的费边社对它的"基础"进行了修改，阐述了它与工党的关系，并进一步明确了它的目标。

② 引自〔英〕玛格丽特·柯尔《费边社史》，杜安夏、杜小敬译，北京：商务印书馆，1984，第 351—352 页。1939 年，多年停滞不前、面临生死存亡境地的费边社与新费边研究局合并后，经过商议通过了新的"规则"。在此之前，"费边社基础"是关于费边社性质、目标、活动方式的声明。"费边社规则"是对费边社的组织、会员资格、选举方式执行委员会权力等进行的规定。1939 年后，两部分内容合并统称为"费边社规则"，其中前半部分相当于旧的"费边社基础"，后半部分相当于旧的"费边社规则"。本书仅引用相当于之前的"费边社基础"的部分。

　　费边社完全信奉平等公民权，它向所有献身于它的目标并保证促进它的工作的人——无论性别、种族和信仰——敞开大门。

　　费边社附属于工党。它的活动是通过召集大会、演讲、讨论小组、会议和暑期学校，通过促进对于国际国内政治、经济及社会问题的研究，通过出版书籍、小册子和刊物以及任何其他适当的方法来推进社会主义和社会主义公共教育。（它的目的还在于贯彻《联合国宪章》和《世界人权宣言》。它寻求建立有效的国际性组织以维护和加强世界和平。）①

　　（3）作为一个整体，费边社除"规则 2"中提到的之外，没有共同政策；它的调查工作是不受约束和不存偏见的。

　　除有关费边社本身管理的决议外，不得以费边社的名义提出任何表达一种意见或呼吁行动的政治性决议。派出参加工党会议或其他会议的代表由执行委员会任命，但不得对其作任何强制性的指示。

　　（4）凡愿意遵守费边社"规则"与"附则"的人，都可以成为费边社的正式社员。由执行委员会批准接受申请者入社。

　　在特殊情况下，执行委员会可表决接受费边社名誉社员。

　　不愿意或不适于成为费边社正式社员的人，如基本上赞同费边社的目标，可成为非正式社员。由执行委员会批准接受申请者。在阅读费边社出版物、参加费边学校、会议及演讲大会方面，非正式社员享有和正式社员同等的权利，但没有表决权，不能进入执行委员会和出席费边社年度大会及特别全体大会。工人党派的联盟、政治团体、各选举区工党及地方工党、各工会及其分会、合作组织和其他团体，可成为费边社的署名团体。由执行委员会批准接受申请组织。

　　（5）费边社由年度全体社员大会管理，开会的时间和地点由执行委员会决定。要求社员提交决议案。大会将散发决议案并要求社员提交修正案。全部议事日程，包括决议案及其修正案，在大会召开两星期之前同年度报告一起散发。经大会同意，大会主席有权接受紧急决议案及其修正案。全体本国社员、正式地方费边社中付清会费的社员及署名团体的代表有权出席大会并参加表决。

　　（6）执行委员会可在任何时间召集讨论任何费边社事务的特别全体

---

　　① 括号中的内容为 1959 年修改所加。

大会。

如拥有选举执行委员会表决权的全体社员的 5% 向总书记递交要求召开特别全体大会的书面申请，执行委员会应指定最早的合适的开会日期并散发提交的任何决议。

（7）执行委员会可以——或根据由拥有选举执行委员会表决权的全体社员中不少于 5% 的签名的正式要求——将任何问题提交拥有选举执行委员会表决权的全体社员进行通讯表决。

（8）"规则"可由年度大会或特别全体大会——提议须在大会召开十四天之前散发——或通讯表决作出修改。

对于"规则"第一条至第六条的任何修改或增添，须经出席年度大会或特别全体大会的社员中不少于 3/4 的投票赞成或通讯表决的简单多数赞成，方可通过。

费边社章程（2022 年修订）①

（1）社团的名称是费边社。

（2）费边社由社会主义者组成。因此，它的目标是一个财富和权力得到公正分配，以确保真正平等机会的无阶级的社会。它认为经济活动的整体方向和分配应由社会通过其民主的制度来决定，并且社会应该寻求在合适的情况下促进对经济资源的社会的和合作的所有权。它支持有力的和负责的、反映满足需求的公共服务价值的公共机构。它相信其特征是自由、宽容和尊重分歧的积极的民主。它致力于实施《联合国宪章》与《世界人权宣言》，并寻求创造有效的国际机构来维护和促进世界和平与可持续发展。它寻求通过政治民主的方法来实现这些目标。

费边社坚信最广泛意义的平等公民权，并对所有致力于该社的目标和目的，并承担促进其工作的人开放，而无论其种族、性别、性取向、年龄、身体缺陷与信仰。它的活动是促进社会主义，并教育公众认识社会主义路线，方式有组织会议、演讲、讨论小组和大会，在国内外推广对政治、经济和社会问题的调查研究，出版图书、小册子和期刊，以及

---

① 译自费边社官方网站：http://www.fabians.org.uk/。

其他任何合适的方式。费边社附属于工党。

（3）费边社作为一个整体没有超出章程第二条所示的集体政策，它的调查研究在方法上是自由与客观的。政治人物表达观点或是号召行动的议案，除非与费边社运行有关，否则不能以费边社的名义进行。参加工党大会或其他任何大会的代表由执行委员会任命而不接受其他指派。

（4）费边社的正式会员限于那些愿意接受本社的章程和细则，并且有资格成为工党个人党员的人。在地方和全国的选举中反对或者倾向于反对工党的其他党派成员，无法保留其会员资格或是被接受为会员。申请者的接受需要执行委员会的确认。

执行委员会在特殊情况下可以选出费边社的荣誉会员。

不愿意或者不够资格成为费边社正式会员的人，如果赞同本社的目标，可以成为准会员。申请者的接受需要执行委员会的确认。准会员与正式会员在费边社的出版、学校、大会和演讲会等方面拥有相同的权利。工党的联合会组织、镇、区和地方工党，工会及其分支，合作组织和它们的分部，都可以成为费边社的捐助机构。申请者的接受需要执行委员会的确认。

（5）费边社的管理通过会员年度会议来进行，会议的时间和地点由执行委员会决定。会员受邀递交议案。议案在会员中传阅，并邀请会员提交相关的修正案。年会的完整议程，包括议案以及相关修正案与年度报告一起，在不晚于年会召开前两周在会员中传阅。年会的主席在会议的许可下有权接受紧急议案和修正案。所有的全国会员、被认可的地方分社的付全额会费会员、捐助机构的代表等都有权出席年会并投票。

（6）执行委员会可以在任何时间召开特别大会，来讨论关于费边社的任何事务。如果有 5% 的有投票选举执行委员会权利的会员，向秘书长递交召开特别大会的书面申请，执行委员会应尽早在合适的时间安排会议，并传阅任何递交的议案。

（7）执行委员会可以将任何问题提交给有投票选举执行委员会权利的会员的投票来决定，并且在不少于 5% 的有投票选举执行委员会权利的会员签名申请时必须提交。

（8）章程可以通过年度会议或者特别大会进行修改，前提是修改的提议在会议召开前两周得到传阅，也可通过全体成员的投票进行修改。

对章程第一至六条的修正或是增加，只有在不少于 3/4 参加年度会议或是特别大会的会员投票赞同下，或是全体会员投票情况下的简单多数赞同方可进行。

（9）执行委员会由章程第十二条规定选举出来的成员构成，包括：①名誉司库；②六名普通会员；③四名韦斯特敏斯特政治家会员；④四名非韦斯特敏斯特政治家会员；⑤一名选举产生的，有权代表和召集地方费边社的会员；⑥两名由苏格兰费边执行委员会和威尔士费边执行委员会根据章程第十二条分别任命的会员；⑦一名由费边社雇员选出的本社工作人员，任期一年，但秘书长和副秘书长无权参选和投票；⑧一名青年费边社执行委员会任命的会员；⑨一名费边妇女网络执行委员会任命的会员；⑩由执行委员会在确保其人数在任何时候都不超过 22 人时增选的会员。

执行委员有权填补临时空缺，下列情况不包括在内，雇员的代表由雇员选举产生，青年费边社、费边妇女网络、苏格兰费边社和威尔士费边社的代表由各自的执行委员代表任命。

执行委员会在其认为必要时选出该年度的官员，包括一名主席和至少一名副主席。执行委员会开会的法定人数是六名成员。

任何成员缺席三次执行委员会的会议（有合理解释而致歉被接受的缺席会议不包括在内）被视为放弃其席位。

（10）费边社的社长和副社长，如有必要，可以由执行委员会提名并在年会或特别大会上选举产生。他们不在执行委员会中任职。

（11）年度大会在每年 6 月 30 日之后的六个月内举行，开会的具体日期、时间、地点由执行委员会在会议召开至少四个月前决定和公布。在会议上提交议案的会员，在会议召开十周前将议案交送秘书长。所有此类议案均应在会议召开七周前在会员中传阅。对议案提出修正案的会员，在会议召开五周前向秘书长提交书面通知。

（12）每个第二次年会之前（在奇数年），费边社投票选出任期两年的下列职位：①名誉司库；②六名普通会员组成的执行委员会；③四名韦斯特敏斯特政治家会员；④四名非韦斯特敏斯特政治家会员。

这些提名由全国会员和地方分社的付全额会费的会员推选产生，他们的名字应在选举前一个月确定。被选举的普通会员中至少两名应在下次年会召开时未满 31 岁，并且这两名会员是正常提名产生的。如果仅有一名正常提名的这样的会员，该会员应当选。韦斯特敏斯特政治家应为上院或下院议员。此类会员没有资格任职由普通会员组成的执行委员会。非韦斯特敏斯特政治家分别由选举产生的一名苏格兰政治家、一名威尔士政治家、一名英格兰地区政治家和一名地方议员（该会员有权代表和召集有地方议员身份的本社会员）组成。

费边社还通过投票选出一名代表和召集地方分社的执行委员会成员。这部分的提名限于目前附属的地方分社。每个候选人可被一个地方分社提名，此候选人是该分社满意的活跃的会员。该名被选举的会员不应是韦斯特敏斯特政治家。

这些候选人中每个人的声明以及生平细节都与选票一同传阅。

只有已交纳会费，并在提名截止前 90 天仍是费边社员的会员，才可参选或投票。

在威尔士费边社执行委员会和苏格兰费边社执行委员会同时或者其中之一未能提出有效提名的情况下，费边社可以通过投票选出一名代表苏格兰费边社的执行委员会成员，以及一名代表威尔士费边社的执行委员会成员。在选票上有选举这些成员的专属部分，费边社所有正式会员中（包括地方分社会员），会员地址在苏格兰和威尔士的会员应当被邀请投票。

选举采用秘密选票和电子投票的方式。所有的选票必须在由执行委员会决定的日期内投出，这个日期在投票开始后 14—28 天。监票人由执行委员会任命，其职责是监视选票的准确性，并向秘书长核实投票结果。在得票相同的情况下，费边社主席有权投出决定票。

名字被中央办公室记录的地方分社会员，都有权投票选举执行委员会。新的执行委员会在年度会议结束后立即就职。

委员会委员的任期最长为连续八年。

（13）执行委员会主持费边社的日常事务，其工作包括：在必要时任命包括一名秘书长在内的领薪雇员，在需要的时候创建小型委员会和小组来监管研究和编辑战略，任命代表费边社的所有代表。它可以在合适的时候将其职责委派给小型委员会或是秘书长。

执行委员会在遵守费边社章程的情况下，有权制定和修改关于委员

会、办公处、小组、地方分社（包括它们的地区的和其他的委员会）和
费边社其他机构的组成和程序的细则。这些细则在《费边评论》上出版
并在费边社官方网站公示，它们在执行委员会决定后立即生效，但是这
些细则可以在费边社年会或是特别大会上通过议案修正或是废除。

执行委员会在遵从年会或是特别大会决定的情况下，对费边社的事
务进行全面掌控。

（14）递交给费边社的文章、论文、图书、小册子或是短评，只有
在其符合标准，并由执行委员会制定的规则批准后方可出版。所有由费
边社赞助的出版物都应明确声明，费边社不对其中的内容负责，准备这
些出版物的人应当负责。

（15）2019—2020 年度入社的正式会员和准会员全额年费是 58.8 英
镑或者每月 4.9 英镑，23 岁以下会员、学生、领取养老金的低收入者和
领取失业救济金者的优惠年费是 30 英镑或者每月 2.5 英镑。同一地址的
额外会员可享受半价会费（每户接收一份邮件）。拥有海外地址的会员
每年额外支付 12 英镑邮费。订阅出版物的年费是 150 英镑（海外 200 英
镑）。订阅机构须按以下比例缴付最低订阅费：工党选区 30 英镑；拥有
1 万名成员以内的组织 150 英镑（最多三个邮寄地址），拥有 1 万—10 万
名成员的组织 495 英镑（最多六个邮寄地址），拥有 10 万—100 万名成
员的组织 995 英镑（最多十二个邮寄地址），拥有 100 万以上成员的组织
1750 英镑（最多十八个邮寄地址）。随后每年所有类别的价格将按照一
定比例增长，该比例应高于收入增长和价格通胀的比例。行政人员在制
订这些年度增幅时，可视情况调整价格（下年度的增幅将参照实际金额
计算）。

（16）执行委员会可采取其认为必要的纪律措施，以确保所有会员
及职员遵守本社的章程、细则及政策。采取的措施包括书面警告、解除
职务、停职或开除。

本社会员不得从事执行委员会认为对本社不利或严重有害的行为。
执行委员会应制定细则和政策以实施本条款。

（17）执行委员会有权认可一个地方分社，批准其章程，以及为管
理类似的地方分社制定细则。各地方分社每年应向总社交纳会费。此费
用应与会员与准会员的年度优惠费率相同。

执行委员会有权介入地方分社的运行、修改其章程或在其不可接受的行为使总社名誉受损的情况下终止其会员资格。

（18）对章程的解释由执行委员会做出。执行委员会对章程的解释遵从有资格对章程进行修改的会员召开的会议。

条　例

一　委员会

（1）执行委员会任命一个由至少五名其成员组成的财政和多功能委员会，并由名誉司库做主席。该财政和多功能委员会就费边社的财务和一般的行政管理向执行委员会负责，并有权在执行委员会的两次会议期间代理执行委员会行使职责。

（2）执行委员会任命一个由至少五人组成的研究与编辑委员会来监管费边社的研究与编辑战略。

（3）执行委员会在合适的时候任命其他的委员会来组织费边社的活动，这些委员会服从执行委员会的总体调控。

二　参加费边社的活动

（1）执行委员会及其小型委员会有权拒绝任何进入学校、大会或是会议的申请，而无须就其决定做出解释。它也能够禁止他人出版其编辑的内容。

（2）费边社有权因会员的分裂或是暴力行为，阻止其在特定时期内参加费边社的部分或是全部活动。阻止的决定应符合执行委员会规定的程序（可从费边社得到）。

（3）参加本社活动的人员在任何时候都应得到尊严和尊重，不受骚扰或歧视。执行委员会应制定程序，公正处理参与活动人士提出的所有关注或投诉。

三　地方分社

（1）执行委员会有权认可一个递交其章程以待批准的地方分社，该分社的执行委员会应有最少四名乐于服务的全国会员。

（2）地方分社的章程应符合费边社的章程、条例和规定，并确保其正式会员符合章程第四条的规定；准会员没有投票权，不在社内任职，不能被选入分社的日常管理委员会；地方分社没有集体的政策，并且不能提交政治人物的议案。任何代表都不能接受可能使费边社受缚于集体政策的指示。

（3）在地方分社工作，在其执行委员会任职或是代表分社的男、女成员，必须是正式的费边社全国会员。

（4）一个分社应交纳的年度会费应与全国个人会员的优惠费用相同。

（5）地方分社的成员由以下两类人组成：①居住在地方分社地理区域内的费边社全国会员（须经执行委员会同意）（模式1）；②或者根据规则第四条申请成为会员并符合要求的个人，无论其是否为费边社全国会员（模式2）。模式1人员免收入会费；模式2人员入会费由分社决定，最低费用为非费边社全国会员每人每年5英镑，全国会员每人每年0英镑。

（6）设立分社的议案由成立大会上2/3多数的全国会员通过后，方可成立地方分社。会后，新的分社应将会费连同其章程草案和成员名单一同递交总社（如果它愿意按照模式2运作）。该组织章程被执行委员会或是它指定的小型委员会批准后，地方分社才被认可。地方分社应向总社提交其年度大会通告。执行委员会有权派观察员出席分社的年度大会。

（7）每个地方分社的秘书应填写由总社发放的年度报表，并在总社要求的时候提供相关年份关于其活动的类似报告。

（8）地方分社中不是全国会员的会员，在执行委员会的同意下，有权以优惠的价格参加全国的活动。

（9）执行委员会有权在任意时间设立地区或是其他种类的地方分社和批准全国会员。

（10）地方分社每年支付会费、定期集会、完成年度报表、递交会员信息并举办符合规定的年度大会。分社的行为须符合费边社的章程、条例和原则，并采取行动防止其成员的行为使总社或地方分社的名誉受损。如果上述规定没有得到执行，执行委员会有权撤回或者暂停对地方分社的认可，地方分社有权将此决定交付年度大会讨论。

（11）地方分社应始终遵守信息保护法规，尊重其会员、全国会员和公众的个人信息。地方分社只有为了实现费边社的目标，履行其职责时才有权利用全国会员的个人信息。地方分社在遵守信息保护法规的前提下，向总社提供其会员个人信息，以实现费边社的目标。在法律要求的情况下，地方分社必须就总社使用其个人会员信息通知该会员，并在必要时征得本人同意。全国和地方会员可以要求拒收来自总社或分社的信函。

（12）地方费边社独立承担其法律义务及对其会员的责任。在造成第三方人身和财产损害的情况下，被认可的地方分社受总社的公共责任保险的保护。

（13）费边社这一名称是全国费边社的注册商标。只有被认可的费边地方分社可以得到总社的许可来使用这一名称，以及与此相关的文字和图像。

四　费边妇女网络

费边妇女网络的会员资格对所有全国费边社女性会员开放。该团体的事务由其规章来管理，对规章的修正应得到执行委员会的批准。该团体对其组织的活动负责，这些活动包括出版小册子和举办学校、大会、会议等。

五　会员政策组

政策小组是费边社的单位，为会员提供详细讨论特定政策细节的论坛。各组由执行委员会决定成立或解散。每个政策小组的成员资格应向所有费边社全国会员开放。每个政策小组负责组织自己的活动。活动包括举办会议，以及编写文件和文章等。执行委员会可就政策小组的事务做出任何决定，政策小组须定期向委员会汇报工作。

六　苏格兰和威尔士费边社

苏格兰费边团体和威尔士费边团体的会员资格，对所有会员地址分别在苏格兰和威尔士的全国会员和付全额会费的地方分社会员开放。这两个团体的事务由各自的规章来管理，对规章的修正应得到执行委员会的批准。这两个团体对其组织的活动负责，这些活动包括出版小册子和举办学校、大会、会议等。

七　苏格兰和威尔士代表

根据章程第九条和第十二条，费边社选出一名苏格兰代表和一名威尔士代表（头衔待执行委员会决定），分别在苏格兰和威尔士代表费边社。他们必须是费边社的全国会员和工党党员。他们的职责是作为费边社活动和联系的焦点，分别在苏格兰和威尔士进行活动，并在执行委员会中任全国代表。

八　青年费边团体

青年费边团体的会员资格向所有年龄不超过 30 岁的费边社全国会员开放。该团体的事务由其规章来管理，对规章的修正应得到执行委员会的批准。该团体应对其组织的活动负责，这些活动包括按照类似费边社地方分社采用的章程来组织当地团体，出版小册子和举办学校、大会、会议等。

九　对工党的地方附属

（1）地方分社在取得执行委员会的同意后，方可附属于工党的地方机构。任何地方分社在其被认可六个月后才可附属于任何工党机构。地方分社必须取得执行委员会的同意才可附属于工党的附加组织。执行委员会有权撤回对其附属的同意。执行委员会应尊重地方分社将此决定交付年度大会讨论的权利。

（2）所有关于加入工党机构的决定，以及所有关于工党民主程序的决定，应由符合法定人数的会议或全体会员投票做出。如果一个分社的付费会员少于 30 人（在模式 2 下），所有居住在该分社区域内的全国会员均有资格在与工党有关的任何程序中投票。如果一个分社拥有超过 30 名会员，它应制定规则说明不缴纳地方分社会费的全国会员是否有权投票（如无此类声明，他们将有资格）。

（3）派驻工党机构的代表应通过会议或全体会员投票选出。是否居住在工党机构所在区域，不影响参加投票会员的资格。

十　总社的工党选举、遴选和提名

执行委员会制定遴选担任公职的候选人和工党官员的程序。费边社及其相关部门必须遵守这些程序。

（1）总社和地方分社的付全额会费的会员可以费边社员的身份参加工党内部投票，其行为必须遵守工党的相关规定。总社和分社应提升和促进其会员参加投票的能力。

（2）只有总社有权代表费边社在工党内部的地区选举以及更高级别的选举中做出提名。提名不包括工党领袖、副首领或司库，苏格兰工党和威尔士工党的领袖和副首领，以及伦敦市长的候选人。

（3）执行委员会可以决定，为社会主义社团在工党全国执行委员会的席位提名，为工党的全国政策论坛的代表提名，或者为担任工党社会主义社团执委的官员提名。在以上的情况下，费边社的选票将投给被提名人。工党青年和妇女部门的任何提名应由青年费边团体和费边妇女网络的执行人员代表本社做出决定。

（4）积极的费边社员有可能被选中工党地区理事会中社会主义团体的席位时，执行委员会可在适当的情况下咨询相关地方分社后做出提名。在苏格兰和威尔士，该席位的被提名人由苏格兰或威尔士费边团体的执行委员分别提名。在以上的情况下，费边社的选票将投给被提名人。

（5）如果工党制定出其他费边社有资格投票的程序，执行委员会有权决定本社是否参加该程序，如参加，应做相应安排。

（6）总社的代表应由执行委员会任命，除非该职责被授权他人。对于相关工党的大会或论坛，任命的职责应下放给苏格兰费边社、威尔士费边社、青年费边社和费边妇女网络。代表们不会得到强制的指示。

十一　地方分社的工党选举、遴选和提名

执行委员会制定遴选担任公职的候选人和工党官员的程序。地方分社必须遵守这些程序。

（1）对竞选职位在全国或地区以下级别候选人的提名，由费边地方分社在获得其附属的工党机构授权后做出。

（2）地方分社有权提名其所属或有资格提名的任何工党单位潜在的公职候选人（无论是选任还是连任），条件是该工党单位所在地区的全国或地方社员人数为 10 人或以上，并且已经缴纳当年会费。地方分社须向总社发出提名通知，否则提名无效。投票资格由条例第八条决定。此外，会员必须已经交纳至少 90 天的会费（无论其属于总社还是地方分社）。有资格投票的会员名单须提交总社并获得批准。执行委员会保留提供指导或派遣观察员监督整个过程的权利。

（3）在任何工党内部竞争性选举中，地方分社有权代表其会员投票时，分社只有在其会员表决后方可投票。根据费边社章程第三条，费边

社代表不接受强制性的指示。因此，驻地方工党机构的费边代表在对有前途的候选人或其它事务表决时，自行决断。

（4）如有不止一家地方分社有资格提名，由总社决定如何提名。

十二　筹款

执行委员会应制定有关本社筹款行动和标准的程序。

2022 年 11 月修订